Film-Herstellungsleitung

Fabian Post

Film-Herstellungsleitung
Eine Einführung in die Praxis

Fabian Post
München, Deutschland

ISBN 978-3-658-38374-9   ISBN 978-3-658-38375-6 (eBook)
https://doi.org/10.1007/978-3-658-38375-6

Die Deutsche Nationalbibliothek verzeichnet diese Publikation in der Deutschen Nationalbibliografie; detaillierte bibliografische Daten sind im Internet über http://dnb.d-nb.de abrufbar.

Springer VS
© Der/die Herausgeber bzw. der/die Autor(en), exklusiv lizenziert an Springer Fachmedien Wiesbaden GmbH, ein Teil von Springer Nature 2022
Das Werk einschließlich aller seiner Teile ist urheberrechtlich geschützt. Jede Verwertung, die nicht ausdrücklich vom Urheberrechtsgesetz zugelassen ist, bedarf der vorherigen Zustimmung des Verlags. Das gilt insbesondere für Vervielfältigungen, Bearbeitungen, Übersetzungen, Mikroverfilmungen und die Einspeicherung und Verarbeitung in elektronischen Systemen.
Die Wiedergabe von allgemein beschreibenden Bezeichnungen, Marken, Unternehmensnamen etc. in diesem Werk bedeutet nicht, dass diese frei durch jedermann benutzt werden dürfen. Die Berechtigung zur Benutzung unterliegt, auch ohne gesonderten Hinweis hierzu, den Regeln des Markenrechts. Die Rechte des jeweiligen Zeicheninhabers sind zu beachten.
Der Verlag, die Autoren und die Herausgeber gehen davon aus, dass die Angaben und Informationen in diesem Werk zum Zeitpunkt der Veröffentlichung vollständig und korrekt sind. Weder der Verlag, noch die Autoren oder die Herausgeber übernehmen, ausdrücklich oder implizit, Gewähr für den Inhalt des Werkes, etwaige Fehler oder Äußerungen. Der Verlag bleibt im Hinblick auf geografische Zuordnungen und Gebietsbezeichnungen in veröffentlichten Karten und Institutionsadressen neutral.

Lektorat/Planung: Barbara Emig-Roller
Springer VS ist ein Imprint der eingetragenen Gesellschaft Springer Fachmedien Wiesbaden GmbH und ist ein Teil von Springer Nature.
Die Anschrift der Gesellschaft ist: Abraham-Lincoln-Str. 46, 65189 Wiesbaden, Germany

Inhaltsverzeichnis

1 Vorwort und Einleitung 1
2 Der Faktor „Stress" 5
3 Die Teamstruktur 9
4 Das Zylinder Prinzip 13
5 Die Grundlagen der Filmfinanzierung & Produktionsarten 17
   5.1 Einführung 17
   5.2 Die Produktionsarten. 18
      5.2.1 Eigenproduktion 18
      5.2.2 Auftragsproduktion (voll- und teilfinanziert) 18
      5.2.3 Koproduktion 19
   5.3 Arten der Finanzierung 20
      5.3.1 Geld durch Auftraggeber 20
      5.3.2 Eigenmittel 21
      5.3.3 Fördermittel 21
      5.3.4 Weltvertrieb 22
      5.3.5 Lizenzvergabe 23
      5.3.6 Product Placement 23
      5.3.7 Crowdfunding 25
   Literatur 25
6 Die Kalkulation 27
   6.1 Grundlegendes zur Kalkulation 27
   6.2 Der Aufbau einer Kalkulation 30

6.3	Nettofertigungskosten	31
6.4	Handlungskosten und Gewinn	32
6.5	Nettoherstellungskosten	33
6.6	Die Kostenblöcke 0–9 im Detail	34
6.7	Position „zzgl. Buyout"	40
6.8	Position „ohne HU & Gewinn"	41
6.9	Exkurs: Position „Producer" bei öffentlich-rechtlichen Auftragsproduktionen	42
6.10	Exkurs: Position „Gewinnzuschlag" bei ZDF-Auftragsproduktionen	43
6.11	Exkurs: Nachweiskosten	44
6.12	Exkurs: Rahmenverträge und Mengenrabatte	44

7 Filmförderung 47
- 7.1 Einführung 47
- 7.2 Förderungsarten 48
  - 7.2.1 Stoffentwicklungsförderung 48
  - 7.2.2 Projektentwicklungsförderung 49
  - 7.2.3 Produktionsförderung 50
  - 7.2.4 Postproduktionsförderung 51
  - 7.2.5 Verleih-und Vertriebsförderung 51
  - 7.2.6 Weitere Fördermöglichkeiten und Förder-Recherche 51

8 Controlling 53
- 8.1 Kostenstand 53
- 8.2 Liquiditätsplan 58
- 8.3 Purchase Order 59
- 8.4 Tagesberichte 61
- 8.5 Cateringliste 62
- 8.6 Quality-Report 64

9 Software im Rahmen der Filmproduktion 65
- 9.1 Drehplansoftware 65
- 9.2 Kalkulationssoftware 66
- 9.3 Finanzbuchhaltungssoftware 67
- 9.4 Lohnbuchhaltungssoftware 67
- 9.5 Sonstige Controllingsoftware 68

10 Versicherung im Rahmen der Filmproduktion 71
- 10.1 Einführung 71
- 10.2 Film Komplettschutz 72

	10.3	Zusatzversicherungen	74
	Literatur		75
11	**Die Bank als Partner in der Filmproduktion**		**77**
	11.1	Zwischenfinanzierung	78
	11.2	Bürgschaft (AVAL)	80
	11.3	Kreditlinie je Einzelprojekt	80
	11.4	Dauerhafte Projektkreditlinie	81
	11.5	Exkurs: Reverse Factoring	83
	Literatur		84
12	**Verträge**		**85**
	12.1	Verträge in der Entwicklungsphase	86
		12.1.1 Options-und Verfilmungsvertrag	86
		12.1.2 Stoffentwicklungsvertrag	89
	12.2	Verträge im Rahmen der Drehvorbereitung und während des Drehs	94
		12.2.1 Teamverträge	94
		12.2.2 Motivvertrag	102
		12.2.3 Mietvertrag	103
		12.2.4 Dienstvertrag	103
	12.3	Verträge mit Sendern und sonstigen Partnern	104
		12.3.1 Produktionsvertrag	104
		12.3.2 Koproduktionsvertrag	105
		12.3.3 Weltvertriebsvertrag	107
		12.3.4 Lizenzvertrag	108
	Literatur		109
13	**Gesetzlich vorgeschriebene Abgaben sowie sonstige Abgaben**		**111**
	13.1	Lohnsteuer	112
	13.2	Sozialversicherung	113
	13.3	Umsatzsteuer	114
	13.4	Künstlersozialkasse (KSK)	115
	13.5	Exkurs: Pensionskasse Rundfunk (PKR)	116
	13.6	Exkurs: U1 Umlage	118
	13.7	Exkurs: Statusfeststellungsverfahren	119
	Literatur		120
14	**Dreharbeiten im Ausland**		**121**
	14.1	Serviceproduktion: Ja oder Nein?	121
	14.2	Umsatzsteuer bei Auslands-Drehs	123

	14.3	Arbeitsvisa	124
	14.4	Diäten bei Auslands-Drehs	125
	14.5	Sonderfall „Künstlersteuer"	125
15	**Zusätzliche Einnahmequellen für Produzenten**		**127**
	15.1	Einnahmen über Verwertungsgesellschaften	127
	15.2	Erlösbeteiligung bei Auftragsproduktionen	128
	15.3	Rückholung & Auswertung von durch den Auftraggeber nicht genutzten Rechten	129
	Literatur		130
16	**Die Phasen einer Filmproduktion aus kaufmännischer Sicht**		**131**
	16.1	Einleitung	131
	16.2	Exkurs: Die 10er Regel der Fehlerkosten: Adaption auf Filmprojekte	132
	Literatur		134
17	**Die Phasen am fiktiven Beispiel „MORD IN STUDIO 1"**		**135**
	17.1	Entwicklungsphase & Soft Prep	135
	17.2	Pre-Production	147
	17.3	Dreh	156
	17.4	Abwicklung	164
	17.5	Endfertigung	165
18	**Anlage 1: Exemplarischer Herstellungsplan**		**171**
19	**Anlage 2: Exemplarischer Finanzierungsplan**		**173**
20	**Anlage 3: Exemplarische Tagesdisposition**		**175**
21	**Anlage 4: Exemplarischer Tagesbericht**		**177**
22	**Anlage 5: Erläuterung der gängigsten Filmberufe**		**181**
	Literatur		190
Glossar			**193**

Abkürzungsverzeichnis

CFO	Chief Financial Officer
DCP	Digital Cinema Package
DPO	Digital Purchase Order
DRV	Deutsche Rentenversicherung
Euribor	Euro Interbank Offered Rate
FFA	Filmförderungsanstalt
FFF Bayern	FilmFernsehFonds Bayern
FiBu	Finanzbuchhaltung
GMPF	German Motion Picture Fund
GVR	Gemeinsame Vergütungsregel
HOD	Head of Department
HU	Handlungskosten
KB	Kostenblock
KSK	Künstlersozialkasse
KVR	Kreisverwaltungsreferat
LOI	Letter of Intent
NFK	Nettofertigungskosten
NHK	Nettoherstellungskosten
MDM	Mitteldeutsche Medienförderung
PKR	Pensionskasse Rundfunk
PO	Purchase Order
PSV	Projekt-/Stoffentwicklungsvertrag
PVV	Projektvorbereitungsvertrag
SFX	Special Effects
VDD	Verband Deutscher Drehbuchautoren e.V.
VFX	Visual Effects

Vorwort und Einleitung 1

Zu den Themen „Produktionsleitung Film", „Filmfinanzierung" sind bereits einige Publikationen erschienen. In den vergangenen Jahren habe ich mir das ein oder andere dieser Werke zu Gemüte geführt. Jedes einzelne steht für sich, und der Großteil wurde von echten Profis verfasst. Der eine Autor betrachtet das jeweilige Thema von der theoretischen Seite, andere Bücher haben eine stärkere Praxisorientierung. Doch eines haben diese Bücher gemeinsam: die Tiefe in der jeweiligen Thematik. Dies ist für all jene Leser von Nutzen, die auf der Suche nach Rat und Lösungsansätzen für exakt diese spezielle Thematik sind und häufig bereits über ein breit gefächertes, grundlegendes Fachwissen verfügen.

Zu Beginn meiner beruflichen Laufbahn vermisste ich vor allem eins: Ein Fachbuch, das mir einen allgemeinen Überblick über das Thema „Filmproduktion" aus kaufmännischer Sicht vermittelt -und dies vor allem praxisnah und mit konkreten Beispielen aus dem Berufsalltag von Filmschaffenden. Das wurde mir in den letzten Jahren auch immer wieder von Studierenden, Absolventen oder von Teilnehmern einschlägiger Seminare widergespiegelt.

Meiner Meinung nach ist es gerade in unserer Branche nicht immer die formelle Ausbildung, die als Grundlage des Erfolgs gilt, sondern die Fähigkeit, sich schnell mit neuen Problemstellungen auseinanderzusetzen und diese dann gemeinsam im Team zu lösen. Von daher sehe ich den Abschluss einer einschlägigen Studienrichtung oder eines medienspezifischen Ausbildungsberufs für künftige Filmschaffende auch nicht als zwingend erforderlich, wenngleich dieser natürlich einen besseren Einstieg ermöglicht.

© Der/die Autor(en), exklusiv lizenziert an Springer Fachmedien
Wiesbaden GmbH, ein Teil von Springer Nature 2022
F. Post, *Film-Herstellungsleitung*,
https://doi.org/10.1007/978-3-658-38375-6_1

Die genannte Fähigkeit, im Team zu arbeiten, ist ein wichtiges Stichwort. Ich wage zu behaupten, dass es kaum eine andere Branche gibt, in der so viele unterschiedliche Charaktere aus unterschiedlichsten Berufsgruppen zueinander finden, um in kurzer Zeit ein gemeinsames Projekt zu realisieren. Hier kommt es vor allem auf das funktionierende Zusammenspiel von Künstlern und Nicht-Künstlern an.

Nicht jeder Beteiligte am Filmvorhaben verfolgt das gleiche Ziel: Der eine möchte sich künstlerisch verwirklichen, der andere hingegen befindet sich im Zwiespalt zwischen hoher Kunst und kaufmännischen Erfolg. Und wieder ein anderer hat das Projekt nur angenommen, weil er aufgrund seiner Scheidung dringend Geld benötigt. Denn wirklich interessieren tut ihn das Projekt eigentlich nicht.

Es liegt vor allem am Dreigestirn Produzent, Herstellungsleitung und Produktionsleitung, dafür zu sorgen, dass all diese aus unterschiedlichsten Gründen motivierten Beteiligten und deren Arbeit bestmöglich in Einklang gebracht werden, um das Projekt sowohl aus künstlerischer als auch aus kaufmännischer Sicht erfolgreich abzuschließen.

Mit diesem Buch möchte ich allen Interessierten einen Überblick über das Thema „kaufmännische Filmproduktion" vermitteln und dabei den Fokus insbesondere auf die reale Arbeitsweise richten. Es soll ein praxisnaher Leitfaden für all jene sein, denen die bestehende Fachliteratur entweder zu theoretisch oder zu fachspezifisch in einer bestimmten Sparte ist.

Darüber hinaus es mir wichtig, dass der Leser ein Gefühl dafür entwickelt, dass es im Rahmen einer Filmproduktion auch für den Kaufmann um weitaus mehr geht als um Zahlen. Es geht vor allem um die Berücksichtigung vieler weicher Faktoren, die bei Nichtbeachtung durchaus für den Misserfolg – und im Umkehrschluss bei Beachtung für den Erfolg – eines Projektes verantwortlich sein können. In diesem Zusammenhang lässt sich ein schöner Vergleich anbringen: Wir produzieren eben nicht einhundertmal eine Schraube oder ein Bauteil nach dem gleichen Schema und mit haargenau identischen Arbeitsabläufen – wir produzieren jedes Mal ein individuelles, für sich stehendes Gesamtwerk.

Dazu ein kleines Beispiel aus der Praxis:

Oft werde ich gefragt: *„Was kostet denn ein Film"?* Diese Frage löst ein innerliches Schmunzeln in mir aus. Anfangs habe ich noch versucht, etwas auszuholen und die Unterschiede im Rahmen der Produktion aufzuzeigen oder die Frage gestellt: *„Was für ein Film?"*

Mittlerweile habe ich mir eine einfache Gegenfrage angewöhnt: *„Was kostet ein Auto?"*

Der oder die Fragende kann sich dann sofort denken, dass die Spanne von einem „Dacia" bis zu einem „Porsche" reicht und ein Porsche – selbst in Grundausstattung – eben deutlich mehr kostet als das vollausgestattete Dacia-Modell. Oder um es mit den Worten eines ehemaligen Chefs auszudrücken, der überwiegend für Industriekunden produzierte und sich dort immer mit ähnlichen Fragen von Konzerneinkäufern, die sonst technische Bauteile einkauften, konfrontiert sah: *„90 Minuten Film mach' ich dir ab 5000 Euro. Da stell' ich ein Stativ auf, drücke auf „record" und lasse die Kamera 90 Minuten laufen. Und dann hab' ich sogar sehr gutes Geld verdient, gemessen am Aufwand. Du musst immer hinterfragen, was genau der Kunde will. Und da reicht eben keine Aussage wie ‚90 Minuten Film'."*

Es hängt von vielen Faktoren ab, wie viel uns die Produktion eines Filmes kostet. Auf all diese werden wir später eingehen. Aber Sie können sich sicher sein: Niemand kann auf Dauer Geld für einen Porsche auf den Tisch legen, aber erwarten, dass ihm ein Ferrari vor die Tür gestellt wird; und umgekehrt wird der Porschefahrer irgendwann erbost sein, wenn er den Porsche zahlt, aber nur die Leistung eines VW Passat geboten bekommt.

Zum Abschluss der Einleitung möchte ich betonen, dass das vorliegende Buch aufgrund der angesprochenen Umstände weder Anspruch auf Vollständigkeit hat, noch eine Garantie auf die Lösung eines komplexen Problems gibt. Eines sei in diesem Zusammenhang gesagt: Die tiefer gehenden Fachbücher der jeweiligen Sparten haben natürlich ihre Daseinsberechtigung und sind ein wichtiges Handwerkszeug für den Spezialisten. Ich werde versuchen, dem Leser ein praxisnahes, nicht zu theoretisches Gesamtwissen zu vermitteln. Für den Fall, dass ein Leser tiefer in ein Themengebiet einsteigen möchte, werde ich auf weiterführende Literatur verweisen, die mir in all den Jahren treuer Wegbegleiter war, wenn es darum ging, mir Spezialwissen zur Umsetzung in der Praxis anzueignen.

Im ersten Teil des Buches soll zunächst ein breites Grundlagenwissen aufgezeigt und mit Erzählungen aus meiner Berufserfahrung möglichst lebendig veranschaulicht werden. Im zweiten Teil des Buches gehe ich anhand eines fiktiven Projekts auf die kaufmännisch relevanten Themen in chronologischer Abfolge zum Filmherstellungsprozess ein.

Dabei werde ich bereits die dem Drehbuch vorgelagerten Werkstufen thematisieren und erläutern. Sie werden lernen, was es schon in diesem sehr frühen Projektstadium, quasi in Minute 1, und nicht erst bei Zusage eines Senders/Auftraggebers, aus kaufmännischer Sicht zu beachten gibt. Ich lade Sie ein, unser fiktives Projekt *„Mord in Studio 1"* gemeinsam mit mir von der ersten Idee bis hin zur Fertigstellung des Sendebands (= heutzutage Sendefile) kaufmännisch zu begleiten.

Zum Ende der Einleitung noch ein wichtiger, nicht filmspezifischer, aber sehr wichtiger Punkt: Ich habe im gesamten Buch aus Gründen der besseren Lesbarkeit auf die gleichzeitige Verwendung der Sprachformen männlich, weiblich und divers (m/w/d) verzichtet. Sämtliche Personenbezeichnungen gelten gleichermaßen für alle Geschlechter.

Der Faktor „Stress" 2

Zusammenfassung

Im Rahmen der Filmproduktion ist Stress ein sehr häufig vorkommender Faktor. Als Herstellungsleiter müssen Sie trotz stressigen Situationen einen kühlen Kopf bewahren. Im folgenden Kapitel wird Ihnen der Faktor „Stress" lebhaft an einem Praxisbeispiel erläutert und Sie werden aufgezeigt bekommen, wie wichtig die Priorisierung von Themen sowie das Delegieren von Aufgaben im Hinblick auf die Vermeidung oder Bewältigung von Stress ist.

Zunächst möchte ich ein sehr wichtiges, übergeordnetes Thema beleuchten, welches noch – vor allen Zahlen –, ein grundlegendes Problem im Rahmen eines Filmprojektes darstellt: Stress.

Der Stressfaktor verfolgt uns in der Regel über den gesamten Herstellungsprozess eines Filmwerkes. Auch als Kaufmann. Denn es wird in allen Projektphasen immer wieder zu Situationen kommen, die uns psychisch stark herausfordern werden. Gerade als Herstellungsleiter wird man nahezu tagtäglich mit vielen Problemen der unterschiedlichsten Gewerke konfrontiert. Hier gilt es über die Jahre hinweg ein Gefühl für die richtige Priorisierung zu entwickeln und vor allem im richtigen Moment auch an entsprechende Stellen weiter zu delegieren. Denn jeder kennt es von sich: Das eigene Problem erscheint nun mal am allerwichtigsten und ist mit Sicherheit aus eigener Sichtweise mit allerhöchster Priorität zu behandeln!

Zum Thema Stress und Priorisierung eine kleine Anekdote aus meiner beruflichen Anfangszeit: Ein großes Projekt war senderseitig zugesagt, alle wichtigen Parameter wie Budget, Drehzeitraum und Drehort waren geklärt. Alles schien perfekt zu laufen. Seit einigen Tagen hatte ich einen Zettel auf meinem Schreibtisch liegen:

„Gage für Max Mustermann final verhandeln."

Der guten Ordnung halber sei in diesem Moment erwähnt, dass es sich bei „Max Mustermann" um eine wichtige Person im Rahmen des Projekts handelte, die in Wirklichkeit natürlich nicht „Max Mustermann" hieß.

Ich hatte in diesen Tagen einige Sachen zu erledigen, die in meiner Prioritätenliste weiter oben standen. Schließlich hatte ich schon mit Max persönlich gesprochen und wusste, dass es ein echtes Herzensprojekt von ihm ist. Und natürlich kannte man auch die groben Parameter der Gagenforderungen, die sich auch mit den kalkulierten Werten deckten. Und so griff ich an einem Nachmittag kurz vor Feierabend zum Hörer, um mit der Agentur von Max die Details zum Abschluss zu bringen, einen weiteren Punkt auf meiner to-Do Liste abzuhaken und mit einem guten Gefühl nach Hause zu gehen. Doch ich hatte die Rechnung ohne Max' Agentur gemacht. Nachdem wir uns nach einigen Minuten und einem kleinen Schlagabtausch finanziell noch nicht einig waren und ich ein – rückwirkend eher flapsiges „und nun?" in den Raum stellte – bekam ich folgende höfliche, aber bestimmte Antwort, mit welcher das Telefonat auch seitens meines Gegenübers zeitgleich beendet wurde:

„Dann haben Sie jetzt Max nicht mehr für ihr Projekt"

Ich vermute, Sie können sich denken, dass es nichts mehr mit dem entspannten Feierabend wurde. Plötzlich stieg mein Blutdruck rasant an und mir schossen folgende Gedanken durch den Kopf:

„Wenn die Agentur jetzt ernst macht, ist womöglich das Projekt gefährdet. Oh Gott, was hast du nur gemacht?"

Schließlich war Max ein Wunschkandidat des Auftraggebers und somit auch ein nicht unwesentlicher Faktor für das Zustandekommen des Sender-Deals. Außerdem war er viel gefragt und hatte sicherlich auch andere Projekte in der Pipeline. Nun hatte ich ein Problem. Aus einem kleinen Punkt auf meiner to-do-Liste wurde plötzlich „Alarmfaktor Nr. 1".

Nach einer unruhigen Nacht und umfangreichen Fahrt mit dem uns allen bekannten Gedankenkarussell stürmte ich am nächsten Morgen sehr aufgeregt in das Büro meines damaligen Vorgesetzten. Trotz Schilderung meines Problems hatte dieser wohl ganz andere Sorgen. Wie ich erfuhr – und auch nachvollziehen konnte – hatte er wichtigere Themen zu klären. Auf seiner Prioritätenliste war mein Problem

2 Der Faktor „Stress"

deutlich niedriger angesiedelt als seine Themen. *„Du machst das schon"*, sprach er mir zu. Dass dies meine Situation nicht gerade verbesserte, erscheint sicherlich nachvollziehbar. Wieder mehr Stress. Puls. Und der Kaffee zum Wachwerden machte es natürlich auch nicht besser. Nach einigen Momenten der Prokrastination griff ich zum Hörer und sagte die Forderung zu. Das Problem war vom Tisch. Ich wäre in diesem Moment wahrscheinlich sogar bereit gewesen, die zusätzliche Gagenforderung selbst zu bezahlen – nur um das Problem aus der Welt zu schaffen – und wieder einen klaren Kopf zu haben.

Am Abend fragte ich mich: *„Hätte die Agentur wirklich keinen Vertrag abgeschlossen? Wäre es an dieser verhältnismäßig geringen Summe tatsächlich gescheitert?"*

Heute weiß ich: Nein! Denn schließlich arbeitete Max viel für Projekte des auftraggebenden Senders. In einem solchen Stadium abzuspringen hätte die Agentur niemals gemacht, da es das Ansehen ihres Klienten beim Sender zerstört hätte. Und warum weiß ich, dass die Summe nicht ausschlaggebend war? Ganz einfach: Die Agentur wollte einen Zusatzvertrag aufsetzen, der sich auf die besagte Summe bezieht. Das Projekt war längst weiter vorangeschritten, der Hauptvertrag unterzeichnet. Doch der Zusatzvertrag lag mir noch nicht vor. Der guten Ordnung halber möchte ich an dieser Stelle erwähnen, dass ich sogar noch zweimal nachhaken habe lassen. Heute, viele Jahre später, gibt es diesen Zusatzvertrag noch immer nicht. Und die Produktion ist längst fertiggestellt und wurde ausgestrahlt.

In diesem Tagen schmunzle ich über den gesamten Vorgang. Er hat mich geprägt. Und dies in einem relativ frühen Stadium meiner Laufbahn. Sicherlich habe ich hier nicht mit Verhandlungsgeschick aus dem Lehrbuch brilliert. Doch ich habe viel mehr gelernt, als in jedem Lehrbuch steht:

Jede Situation wird von jedem Beteiligten anders wahrgenommen. Für den einen bedeutet diese mehr, für den anderen weniger Stress.

Heute würde ich mich noch vor meinem zweiten Telefonat mit der Agentur in deren Lage versetzen bzw. versuchen, die Situation aus deren Sichtweise zu sehen:

„Ist es mir jetzt diese kleine Summe wert, dass es vielleicht bis zum Auftraggeber durchdringt? Will ich, dass mein Klient dort so wahrgenommen wird?"

Ich weiß, dass die Situation deutlich mehr Stress bei mir ausgelöst hat als bei meinem Gegenüber. Denn ich bin mir zu 99 Prozent sicher, dass auch bei der ursprünglichen Gage eingewilligt worden wäre, wenn ich höflich aber bestimmt genau die o. g. Fragen ins Spiel gebracht hätte.

Somit fuhr ich rund 24 Stress-Runden auf dem Gedankenkarussell, während mein Gegenüber sicherlich entspannt bei einem Glas Wein zu Hause saß – wissentlich, dass die ursprünglich im Raum stehende Summe für den Klienten vollkommen in Ordnung war.

Heutzutage gehe ich – egal wie stressig die Situation ist – einen Moment in mich und stelle mir diverse Fragen. Auch wenn dies bei dem ein oder anderen Gegenüber für Unverständnis sorgt. Denn *„schließlich haben wir es hier mit einer enorm wichtigen Sache zu tun, in der dringend eine Entscheidung her muss"*.

Für mich gibt es nur wenige Situationen, in denen man sich keinen Moment Zeit nehmen kann: Zum Beispiel, wenn man mit dem Auto auf einem Bahnübergang liegen bleibt und ein Zug im Anrollen ist. Oder wenn man die Frau seines Lebens in der U-Bahn sitzen sieht und nachdenkt, ob man zusteigen soll, um sie anzusprechen, es dann jedoch zu spät ist, da sich schon die Türen schließen und die U-Bahn weiterfährt. Bei allen anderen Situationen sollten Sie sich einen Moment Zeit nehmen dürfen und sich nicht überrumpeln lassen. Ich habe mir hier über die Jahre hinweg bei harten, resistenten Verhandlungspartnern folgenden Satz angewöhnt:

„Ich muss noch einmal eine gedankliche Runde drehen und melde mich."

Denn dies kann Ihnen, es sei denn, die Situation ist höchstkritisch oder gar lebensbedrohlich, niemand verwehren. Natürlich sollten Sie selbst darauf achten, dass aus der Runde kein Marathon wird und Sie ihren Verhandlungspartner nach einer angemessenen Zeit verlässlich mit einem Resultat kontaktieren.

Die Teamstruktur 3

> **Zusammenfassung**
>
> In diesem Kapitel erhalten Sie einen Überblick über die klassische Struktur eines Filmteams in Deutschland sowie eine kurze Erläuterung einiger neuer Filmberufe. Eine Erläuterung der klassischen Filmberufe finden Sie in Anlage 5 in Kap. 22 am Ende des Buchs.

Viele von Ihnen werden schon einmal Teil eines Filmteams gewesen sein. Sofern dies bei Ihnen der Fall sein sollte, können Sie dieses Kapitel auch überspringen. Für alle anderen folgt in Abb. 3.1 die Betrachtung einer klassischen Teamstruktur für einen normal budgetierten TV-Film. Diese dient dazu, ein Grundverständnis für die einzelnen Departments zu bekommen und ist von der Teamstärke her als Mindeststandard für Produktionen anzusehen. Natürlich gibt es hier bei höher budgetierten Produktionen Abweichungen nach oben im Hinblick auf die Teamstärke, vor allem innerhalb der einzelnen Departments. Es handelt sich dabei um eine typische, deutsche Teamstruktur. Bei internationalen Produktionen gibt es nicht unerhebliche Abweichungen, auf die ich jedoch aufgrund des begrenzten Umfangs und der eingangs erwähnten Zielsetzung dieses Buches nicht weiter eingehen werde. Bei weiterem Interesse empfehle ich Ihnen die Lektüre des amerikanischen Standardwerks „*Hollywood 101: The Film Industry*" von Frederick Levy.

Auf die in Deutschland gängigsten zusätzlichen, über die in der Abb. 3.1 hinausgehenden Stab-Positionen, werde ich eingehen, insbesondere auch auf einige Berufsbilder, die erst in den vergangenen Jahren entstanden sind.

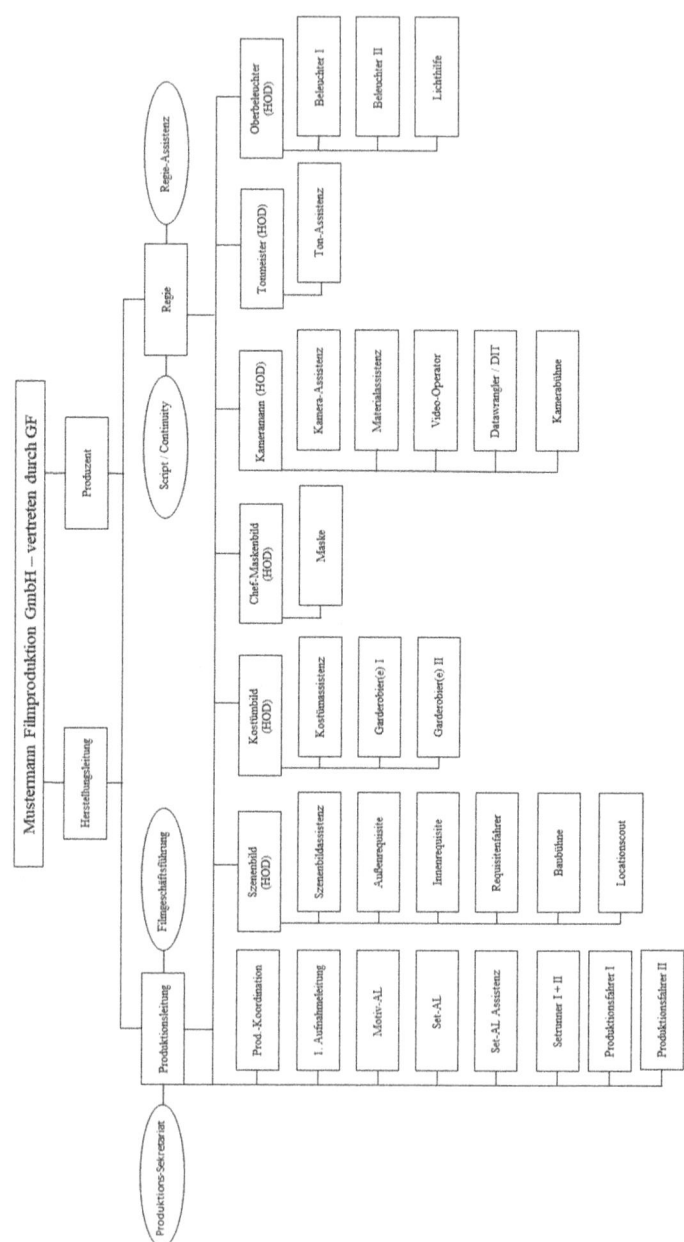

Abb. 3.1 Klassische Struktur eines Filmteams in Deutschland. (Quelle: Eigene Darstellung)

3 Die Teamstruktur

Wie bereits zu Beginn dieses Kapitels erwähnt, stellt Abb. 3.1 einen Mindeststandard (z. B. klassicher TV-Film) im Hinblick auf das Filmteam dar. Je größer und aufwändiger die Produktion desto größer auch die Personalstärke in den einzelnen Departments. Von zusätzlichen Assistenzpositionen (z. B. 2. und 3. Regieassistenz) bis hin zu durchgängigem Zusatzpersonal (größere Beleuchter-Teams, Art-Director im Austattungsdepartment, Set-Decs, 3. Maske, o. ä.) ist hier alles möglich. Bei Produktionen mit vielen Fahrzeugen im Bild gibt es im Ausstattungs-Department auch eigene Positionen wie den sog. „Picture Car Wrangler". Diese Person ist ausschließlich dafür zuständig, dass die benötigten Spielfahrzeuge unversehrt zum richtigen Zeitpunkt einsatzbereit am richtigen Drehort zur Verfügung stehen. Bei normalen TV-Filmen wird dies i. d. R. von der Außenrequisite übernommen, was natürlich ab einem gewissen Fahrzeugvolumen nicht mehr neben all den anderen Aufgaben zu bewerkstelligen ist. Über die Jahre neu entstandene Stab-Positionen sind beispielsweise die sog. „Green Consultants" oder „Intimitäts-Koordinatoren". Erstere sind dafür verantwortlich, die Produktion möglichst umweltfreundlich und nachhaltig durchzuführen – ein Thema, das nicht erst seit Greta Thunberg immer mehr an Bedeutung gewonnen hat. Die Intimitätskoordinatoren wiederum sind dafür verantwortlich, dass von den Darstellern bei intimen Szenen nichts abverlangt wird, was gegen deren Willen verstößt oder es zu sexuellen Nötigungen oder Überschreitung von klar definierten Grenzen im Rahmen der Dreharbeiten unter dem Deckmantel der künstlerischen Freiheit kommt.

Sofern Sie sich einen genaueren Überblick über mögliche, zusätzliche Stabspositionen oder aber auch über die Teamstrukturen von hochbudgetierten High-End-Produktionen verschaffen wollen, empfehle ich Ihnen – unter Angabe ihrer gewünschten Produktion – eine entsprechende Recherche im Branchennetzwerk „Crew United". Dort erhalten Sie eine gute Übersicht aller Mitwirkenden von nahezu allen deutschen Produktionen.

Wichtig im Zusammenhang mit Abb. 3.1 zu erwähnen ist, dass bei vielen mittelständischen Unternehmen – vor allem wenn diese inhabergeführt sind – ein Produzent in Personalunion auch als Geschäftsführer fungiert. In diesem Fall ist er in seiner Doppelfunktion dem Herstellungsleiter formell vorgesetzt. In großen Unternehmen hingegen sind angestellte Produzenten gegenüber der Herstellungsleitung nicht weisungsbefugt. In Abb. 3.1 findet das letztgenannte Firmenmodell Anwendung.

Das Zylinder Prinzip 4

Zusammenfassung

Das Zylinder Prinzip dient zur Veranschaulichung des komplexen Zusammenspiels der unterschiedlichen Departments im Rahmen eines Filmprojekts und zeigt auf, wie wichtig das funktionierende Zusammenspiel dieser für den Erfolg-oder Misserfolg des gesamten Filmvorhabens ist.

Es ist, wie bei allen Großprojekten, gang und gäbe, dass mal etwas schiefläuft. So auch bei Filmproduktionen. Meist sind es Fehler in einzelnen Departments, die dann vom Rest der Crew und mit vereinten Kräften wieder ausgeglichen werden. Dies verlangt von allen Beteiligten höchste Konzentration und vor allem eine hohe Belastbarkeit, einhergehend mit dem Willen, für das Filmprojekt alles zu geben. Doch auch hier sind irgendwann, bei allem Einsatz und starken Willen, Grenzen erreicht.

Vor einigen Jahren versuchte ich einem branchenfremden Bekannten von mir zu erklären, warum ich einige Tage zuvor nicht zu seiner Geburtstagsfeier erschienen bin. Dieser Bekannte hatte wirklich keinerlei Kenntnisse über die Strukturen einer Filmproduktion, weshalb es keinen Sinn gehabt hätte, ihm fachliche Details zu nennen. Und mit Worten wie *„an der Arbeit war viel los"* ließ sich dieser Bekannte erst recht nicht vertrösten, zumal er sowieso der Meinung war, dass ich keiner richtigen Arbeit nachgehe, da ich ja schließlich größtenteils im Büro sitze.

Er war Mechaniker durch und durch, tätig in der Automobilbranche. Und da schoss es mir wie ein Geistesblitz durch den Kopf:

> *„Das ist wie bei einem Vierzylinder-Motor. Wenn ein Zylinder ausfällt, kannst du zwar noch fahren, jedoch belastet dies die anderen Zylinder zusätzlich und die Leistung des Motors ist eingeschränkt."*

Daraufhin staunte er nicht schlecht, da ich ein Beispiel aus der Motorenwelt heranzog. Trotzdem war ich mit meinem Latein schon am Ende.

Auf meine Frage, was passieren würde, wenn man dauerhaft nur mit drei von vier Zylindern fahren würde, antwortete er mir sinngemäß:

„50 Kilometer schafft man schon, dann geht der Katalysator kaputt und irgendwann wird auch der Motor Folgeschäden haben oder ganz defekt sein."

Und so ist es im Prinzip auch in unserer Branche. Basierend auf diesem Beispiel konnte ich den Gedanken dann noch etwas weiterspinnen. Deshalb habe ich die im vorherigen Kapitel gezeigte Teamstruktur etwas zusammengefasst und in fünf Bereiche untergliedert. Die Bereiche „Kostümbild", „Szenenbild" sowie „Maskenbild" habe ich im Bereich „Ausstattung" zusammengefasst.

Diese fünf Bereiche stellen, bezogen auf das Motoren-Beispiel, eben keine Departments, sondern fünf Zylinder dar. Natürlich könnten Sie, je nach Größe des Projekts und Teamstärke, auch noch zusätzliche Zylinder für weitere Departments hinzufügen. Zum besseren Verständnis habe ich mich im folgenden Beispiel auf fünf Zylinder beschränkt.

Das gesamte Filmprojekt ist demnach als Motor anzusehen. Ein komplexes Zusammenspiel vieler bekannter und unbekannter Faktoren, von denen die Zylinder eben auch welche sind.

In der Abb. 4.1 laufen alle Zylinder reibungslos und auf voller Leistung (100 %). Hierbei handelt es sich um den Idealfall bei einem Filmprojekt.

Fällt einer dieser Zylinder aus, oder läuft deutlich unter der Idealleistung, so können die anderen Zylinder noch für eine kurze Zeit und durch erhöhte Kraftanstrengung (&>100 %) den Motor am Leben erhalten.

In Abb. 4.2 dieses Kapitels („kritischer Fall") kommt es innerhalb der Ausstattungsabteilung zu einem signifikanten Leistungsabfall. Dies kann beispielsweise durch einen überforderten Szenenbildner der Fall sein, was sich wiederum auf die Performance der gesamten Abteilung auswirkt. Nur mit vereinten Kräften können die anderen Departments diesen Leistungsabfall kompensieren, da alle anderen Zylinder nun eine Leistung &>100 % abrufen. Kamera und Licht reagieren, indem Sie gemeinsam mit der Regie alternative Auflösungen finden, damit die Mängel in der Ausstattung des Motivs (z. B. nicht erfolgte, rechtzeitige Einrichtung des gesamten Motivs) im Bild nicht auffallen. Die Vertreter der Produktion organisieren zusätzlich erforderliches Equipment und vermitteln in dieser kurzzeitigen Krisensituation zwischen den Departments. Diese temporäre Leistungssteigerung ist jedoch kein Dauerzustand.

Nach einiger Zeit würde es zu sichtbaren Mängeln kommen, was mit dem defekten Katalysator beim PKW zu vergleichen wäre. Wenn wir nun nicht schnells-

4 Das Zylinder Prinzip

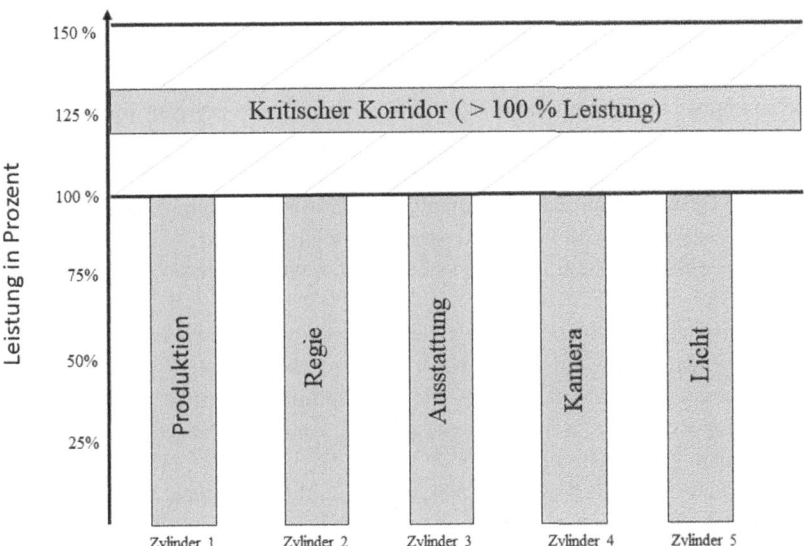

Abb. 4.1 Das Zylinder-Prinzip im Rahmen einer Filmproduktion: Idealfall. (Quelle: eigene Darstellung)

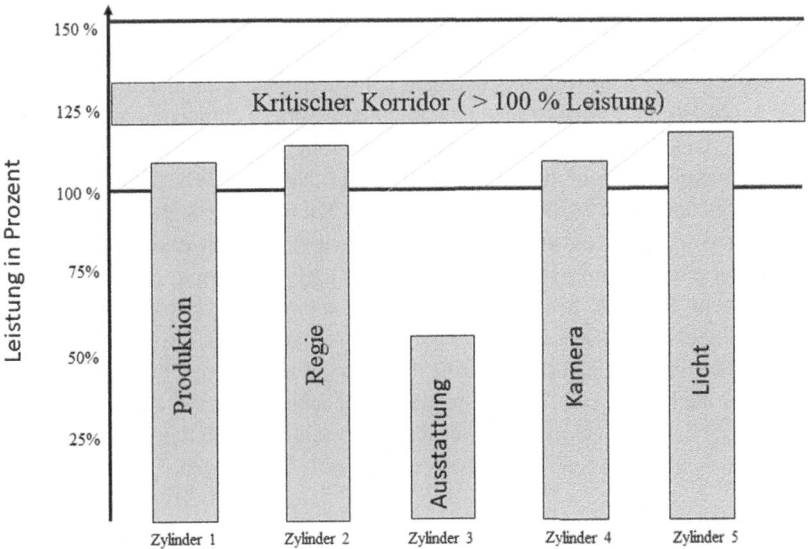

Abb. 4.2 Das Zylinder-Prinzip im Rahmen einer Filmproduktion: Kritischer Fall. (Quelle: Eigene Darstellung)

tens reagieren und den einen kaputten Zylinder – in diesem Fall „Zylinder 3" – reparieren oder austauschen, so wird der Motor dauerhafte Schäden davon tragen, da die anderen Zylinder den Ausfall des einen Zylinders nicht dauerhaft kompensieren können und in Summe keine 100 % Leistung mehr erbracht werden kann, was wiederum kein perfektes Ergebnis zur Folge hätte.

Im kritischen Beispiel würde dies bedeuten, dass seitens der Produktion ausführliche Gespräche mit dem Szenenbildner stattfinden und ihm zusätzliches Personal an die Seite gestellt wird (= Reparatur des Zylinders), oder – im worst case – der Szenenbildner durch einen anderen ersetzt werden muss (= Tausch des Zylinders).

Ein Filmteam ist von der Komplexität durchaus mit der Struktur eines Motors zu vergleichen. Nur wenn alle Mitwirkenden über die gesamte Produktionsdauer funktionieren und harmonieren, wird die volle Leistung abgerufen werden können und am Ende das gewünschte Ergebnis zustande kommen. Dies gilt bei jedem für sich als auch gemeinsam im Team.

Natürlich lässt sich dieses Beispiel, analog zum Motor, auch auf die kleinste Schraube herunterbrechen. Eine kleine Schraube wäre dann z. B. ein einzelner Mitarbeiter innerhalb eines Zylinders, dessen fehlerhafte Leistung sich meist noch innerhalb des Departments auffangen lässt.

Doch eine Sache unterscheidet das Zylinder-Beispiel beim Film vom echten Vier-Zylinder-Motor bei einem PKW: Ausfälle und Schäden können nicht ausschließlich durch einen mechanischen Defekt entstehen, sondern vielmehr durch den weichen Faktor Mensch.

Folglich liegt es an Ihnen, sozusagen als Chefmechaniker, darauf zu achten, dass bei ihrem Filmprojekt sinngemäß möglichst weder Schrauben noch Zylinder ausfallen. Und sollte dies doch einmal der Fall sein, wird Ihr Krisenmanagement und Fingerspitzengefühl zugleich gefordert sein. Notfalls müssen Sie zur Schadensbegrenzung eben auch einen Austausch im Sinne des gesamten Filmprojekts vornehmen oder die Leistung eines einzelnen Zylinders durch zusätzliches Personal wieder erhöhen und somit auf den Stand der übrigen Zylinder bringen.

Und nein: Ich stelle hier keinesfalls Menschen bzw. deren Leistungen auf eine Ebene mit Schrauben oder Zylindern. Ich behaupte auch nicht, dass wir Menschen durch Maschinen ersetzbar sind. Die vorgelagerten Passagen dienen lediglich dazu, ein hochkomplexes Thema möglichst für jedermann, vor allem für Fachfremde, verständlich zu erklären. Aus diesem Grund habe ich das Fünf-Zylinder-Prinzip, bzw. die dazugehörige Visualisierung ins Leben gerufen.

Die Grundlagen der Filmfinanzierung & Produktionsarten 5

> **Zusammenfassung**
>
> Nach einer Betrachtung der wesentlichen Produktionsarten (Eigenproduktion, voll-und teilfinanzierter Auftragsproduktion, Koproduktion) werden Ihnen in diesem Kapitel verschiedene Arten der Filmfinanzierung aufgezeigt. Dabei wird, unter Bezugnahme auf Praxisbeispiele, auf die Vor-und Nachteile der jeweiligen Finanzierungsformen eingegangen.

5.1 Einführung

Zu Beginn stellt sich jeder, der ein Filmvorhaben plant, natürlich die Frage: *Wie bekomme ich das Ganze finanziert?*

In diesem Kapitel werden die verschiedenen Finanzierungsmöglichkeiten angesprochen, wobei ich explizit betonen möchte, dass ich lediglich auf Möglichkeiten im Rahmen von normal- oder hochbudgetierten Produktionen eingehen kann. Ich habe in meiner Laufbahn nie fiktionale „no budget" oder „low budget" Produktionen realisiert. Hier gibt es eigene Experten, welche auch den ein oder anderen kreativen Finanzierungsweg gefunden haben und die an dieser Stelle bessere Ratschläge geben können.

5.2 Die Produktionsarten

Prinzipiell müssen wir in diesem Kapitel zunächst die gängigen Produktionsarten betrachten. Wir unterscheiden hier in Abb. 5.1 zwischen der Eigenproduktion, der Auftragsproduktion (teil-und vollfinanziert) sowie der Koproduktion (national und international).

5.2.1 Eigenproduktion

Bei der Eigenproduktion handelt es sich um eine Produktion, die der Produzent komplett mit eigenen Ressourcen und Mitteln realisiert. In der Praxis findet man diese Variante eher selten, da wohl kaum ein Produzent über so viele Mittel und Ressourcen verfügt, eine Produktion ohne weitere finanziell beteiligte Projektpartner zu realisieren. Fiktionale Eigenproduktionen findet man somit überwiegend bei deutschen TV-Sendern. Ein berühmtes Beispiel sind die Tatorte aus Wiesbaden oder Stuttgart, deren Produktion vollumfänglich vom HR bzw. dem SWR geplant und ohne Beauftragung eines Dritten in eigener, wirtschaftlicher Verantwortung durchgeführt wird.

5.2.2 Auftragsproduktion (voll- und teilfinanziert)

Die Auftragsproduktion (vollfinanziert)
Bei der vollfinanzierten Auftragsproduktion handelt es sich um eine Produktion, die zu 100 % von einem Auftraggeber finanziert und in dessen Auftrag von einem Dritten (hier: Produktionsfirma) produziert wird.

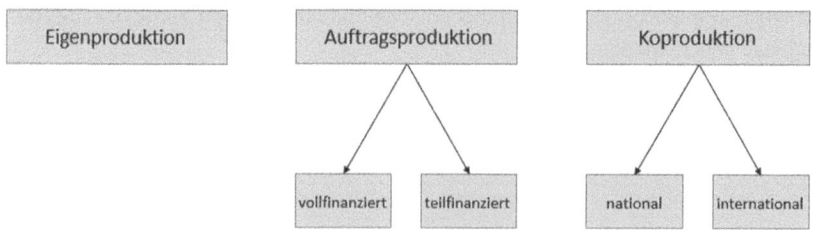

Abb. 5.1 Produktionsarten. (Quelle: Eigene Darstellung)

5.2 Die Produktionsarten

Gegen Zahlung einer fest definierten Summe, bei der es sich um ein von beiden Seiten final verhandeltes Budget auf Basis des redaktionell abgenommenen Drehbuchs handelt, erhält der Auftraggeber eine finale Produktion bzw. die Nutzungsrechte (und i. d. R. sämtliche Nebenrechte) an dieser. Es steht dem Auftraggeber dann frei, wann und wo er die Produktion ausstrahlt oder wie er diese darüber hinaus noch auswertet (VoD, DVD, Weltvertrieb, etc.).

Sofern eine Auswertung über die klassische TV-Ausstrahlung hinaus erfolgt und der Auftraggeber damit zusätzliche Erlöse erzielt, wird die Produktionsfirma nachträglich an den Erlösen dieser Auswertung beteiligt. Dies ist seit 2019 in den sog. „Eckpunkten für ausgewogene Vertragsbedingungen und eine faire Aufteilung der Verwertungsrechte bei Produktionen für die Genres Fiktion, Unterhaltung und Dokumentation" – nachfolgend „Eckpunktepapier" – mit der ARD und den angeschlossenen Landesrundfunkanstalten geregelt.

Die Auftragsproduktion (teilfinanziert)
Eine teilfinanzierte Auftragsproduktion liegt vor, wenn der Großteil der Gesamtherstellungskosten einer Produktion von einem Auftraggeber zur Verfügung gestellt wird und der Auftragnehmer (Produktionsfirma) einen eigenen Finanzierungsteil aufbringt. Dies kann z. B. durch den Rückbehalt von Rechten, die der Auftragnehmer selbst auswertet, geschehen. Beliebte Varianten sind hier die internationale Vermarktung der Produktion, für die der Produzent eine Minimumgarantie seitens eines Weltvertriebs erhält, die er wiederrum in das Gesamtbudget einfließen lässt.

5.2.3 Koproduktion

In der Literatur gibt es zahlreiche, unterschiedliche Ansätze zur Definition einer Koproduktion. Dabei sind kleinste Facetten ausschlaggebend für die unterschiedlichen Definitionsansätze. Sehr grundlegend und verständlich fällt hierbei die Definition von Kallas aus, welche ich in gekürzter Form immer gerne anbringe: „Eine Koproduktion ist ein wirtschaftlicher Zusammenschluss von zwei oder mehreren Produzenten zum Zwecke der Herstellung eines Filmwerks." (Kallas 1992, S. 21).

Diese kann sowohl auf nationaler (ausschließlich Produzenten aus einem Land) als auch auf internationaler (Produzenten aus unterschiedlichen Ländern) Ebene sein.

In der Regel gibt es bei einer Koproduktion einen majoritären Produzenten, der sich um die Planung und Finanzierung des Vorhabens bemüht, indem er federführend weitere Partner (Sender, Weltvertrieb oder weiteren Produzenten) dafür gewinnt, sich finanziell am Vorhaben zu beteiligen und die dadurch zum Koproduzenten werden. In manchen Fällen gibt es auch Koproduktionen, an denen sich zwei Partner das wirtschaftliche Risiko im Verhältnis 50/50 gleichermaßen aufteilen und somit auch jeweils das gleiche Mitspracherecht haben. Dies kann in strittigen und Patt-Situationen jedoch auch zum erschwerenden Faktor im Rahmen der Projektrealisierung werden. Von daher ist bei dieser Variante ein besonderes Augenmerk auf die Wahl des Koproduktionspartners zu legen.

5.3 Arten der Finanzierung

In diesem Kapitel möchte ich mögliche Finanzierungsvarianten für Filmprojekte erläutern. Hierbei gehe ich von einer geschlossenen Finanzierung aus. Es werden nur Finanzierungsarten betrachtet, bei denen das Geld am Ende des Tages bei Ihnen verbleibt. Ausnahme: Bedingt rückzahlbare Darlehen von Förderungen bei überdurchschnittlich erfolgreichen Produktionen (s. Abschn. 7.1) und über das Sie im Rahmen der Filmproduktion verfügen und mit dem Sie ihr Filmprojekt erfolgreich abschließen können.

Nicht betrachten werde ich in diesem Kapitel die Kreditfinanzierung durch eine Bank, da diese nicht zur Schließung einer Finanzierungslücke dient, sondern lediglich ein Element zur temporären Zwischenfinanzierung bis zum Eingang anderer Gelder ist. Auf diese Art der Zwischenfinanzierung gehe ich in Abschn. 11.1 näher ein.

5.3.1 Geld durch Auftraggeber

Bei dieser Art der Finanzierung handelt es sich für eine Filmproduktionsfirma um die charmanteste Art der Finanzierung. Bestenfalls haben Sie einen Auftraggeber, in dessen Auftrag Sie ein Filmwerk gegen Zahlung einer fest definierten Summe herstellen. Vorausgesetzt, Sie haben vor dem Projektstart eine fundierte Kalkulation erstellt und arbeiten für einen seriösen Auftraggeber mit guter Bonität, ist diese Art der Finanzierung eine Variante mit hoher Sicherheit.

In der Praxis ist dies bei allen vollfinanzierten Auftragsproduktionen für TV-Sender der Fall. Alternative Auftraggeber können in manchen Fällen auch Industriefirmen sein, welche mittels „Branded Entertainment" Aufmerksamkeit auf ihre Marke bzw. ein Produkt lenken wollen. Ein populäres Beispiel hierfür ist die Miniserie *„Mercedes-Benz: MacGyver and the new citan"* im Auftrag des Stuttgarter Automobilherstellers aus dem Jahre 2012.

Produktionen dieser Art werden dann meist auf eigenen Kanälen der Industriefirmen ausgewertet. Nicht zu verwechseln ist diese Vollfinanzierung durch einen Industriekunden mit der klassischen Form des „Product Placement", bei dem ein Industrieunternehmen nur einen Teilbetrag zur Gesamtfinanzierung eines Projekts beisteuert. Diese Variante wird im weiteren Verlauf dieses Kapitels genauer betrachtet.

5.3.2 Eigenmittel

Streng genommen brauchen Sie gar keine finanzierenden Partner zur Realisierung eines Filmprojekts. Wenn Sie über genug eigene finanzielle Mittel verfügen, können Sie ihr Filmvorhaben aus eigener Tasche komplett finanzieren. Doch mir ist kein Film, mit Ausnahme von Kurz- oder Debütfilmen, bekannt, der auf diese Art und Weise von einem Produzenten finanziert wurde. Eine Ausnahme stellen die Eigenproduktionen der Sender (s. Abschn. 5.2.1) dar.

Eigenmittel in einer gewissen Höhe sind jedoch sehr häufig Finanzierungsbestandteil bei teilfinanzierten Auftragsproduktionen oder werden auch bei Produktionen mit Förderbestandteil seitens der Förderinstitutionen gefordert. Hierbei handelt es sich nicht zwingend um Barmittel, die zum Zeitpunkt des Produktionsbeginns auf ihrem Konto verfügbar sein müssen. Eine häufige Form, Eigenmittel in eine teilfinanzierte Auftragsproduktion einzubringen ist eine Minimumgarantie eines Weltvertriebs. Näheres dazu finden Sie einige Abschnitte weiter in der Rubrik „Weltvertrieb".

Im Rahmen der Darstellung von Eigenmitteln gegenüber Förderinstitutionen ist es meist so, dass Sie hier Kalkulationspositionen deklarieren, die Sie entweder selbst oder mit internem Personal abdecken, sodass der dafür kalkulierte Wert die seitens von Ihnen in die Produktion eingebrachten Eigenmittel darstellt. Hier können Sie nicht beliebige Positionen als Eigenmittel deklarieren. Dies muss belegt und die Positionen müssen wahrheitsgemäß und nach bestem Wissen und Gewissen ausgewählt werden. Für diese deklarierten Positionen darf kein Geldfluss stattfinden, sie müssen zurückgestellt werden.

5.3.3 Fördermittel

Fördermittel sind ein in der deutschen Filmwirtschaft sehr häufiger Finanzierungsbestandteil. Über die unterschiedlichsten Varianten und Möglichkeiten der Förderung gehe ich in Kap. 7 detailliert ein.

In diesem Kapitel hier ist es jedoch besonders wichtig zu erwähnen, dass Sie ihre Produktion nicht in beliebiger Höhe aus Fördermitteln finanzieren können. Das Filmförderungsgesetz (FFG) sieht hier – bis auf wenigen Ausnahmeregelungen – einen maximalen Förderanteil in Höhe von 50 Prozent des Gesamtbudgets vor. (§ 67 Abs. 2 S. 1 FFG).

Ferner sollten Sie etwaige Förderbestandteile bei Produktionen, an denen sich auch ein Sender finanziell beteiligt, zwingend im Vorfeld mit diesem abklären. Denn es gibt immer wieder vermeintliche „Förderungen", die sich nach genauerer Betrachtung als finanzielle Bezuschussung eines regionalen Tourismusverbandes, o. ä. entpuppen und die dann aufgrund des Grundsatzes der Trennung von Werbung und Programm speziell aus Sicht der öffentlich-rechtlichen Sender nicht zulässig sind.

5.3.4 Weltvertrieb

Die Teilfinanzierung eines Filmprojekts durch das an Bord holen eines Weltvertriebs kann ein sehr gutes Instrument sein, vor allem wenn es darum geht, kleinere Finanzierungslücken zu schließen. Dies trifft jedoch nur zu, wenn der Weltvertrieb bereit ist, Ihnen im Vorfeld der Produktion eine Minimumgarantie auf die noch fertigzustellende Produktion zu gewähren.

Dies bedeutet, dass Sie als Produktionsfirma von dem Weltvertrieb eine fest definierte Summe für Auslandsverwertungsrechte erhalten, da dieser davon überzeugt ist, die Produktion im Ausland gut vermarkten zu können. Der Weltvertrieb geht mit dieser Minimumgarantie ein Risiko ein, da er Ihnen diese in jedem Fall schuldig ist, selbst im „worst case", wenn es ihm nicht gelingen sollte, den Film international zu vermarkten.

Bei einer teilfinanzierten Auftragsproduktion zeigen Sie die Minimumgarantie mittels eines Finanzierungsplans in Kombination mit einem LOI (vgl. Abkürzungsverzeichnis) des Weltvertriebs gegenüber dem Auftrag gebenden Sendern an und bringen diese als Eigenmittel in das Produktionsbudget ein.

Ein Beispiel hierzu: Eine Produktion hat ein kalkuliertes Produktionsbudget in Höhe von 2 Mio. Euro. Ursprünglich war vorgesehen, diese als vollfinanzierte Auftragsproduktion durchzuführen. Der Sender kann aus wirtschaftlichen Gründen jedoch lediglich 1,8 Mio. Euro bezahlen. Bedingung für diese finanzielle Senderbeteiligung ist, dass Sie die Finanzierungslücke schließen und die benötigten 2 Mio. Euro zur Verfügung stehen, sodass der Film ohne Qualitätsverluste produziert werden kann.

5.3 Arten der Finanzierung

Nun können Sie dem Sender vorschlagen, dass Sie die verbleibenden 200.000 Euro auftreiben und in die Produktion einbringen – beispielsweise in Form von einer Minimumgarantie eines Weltvertriebs. Die 200.000 Euro, die Ihnen in unserem Beispiel seitens eines Weltvertriebs zugesagt werden und die Ihnen von diesem zu einem vertraglich vereinbarten Stichtag auf ihr Bankkonto überwiesen werden, bringen Sie nun zu 100 Prozent in das 2 Mio. Euro Budget ein. Somit ist aus Sendersicht die Finanzierungslücke geschlossen und dem Vertragsabschluss über 1,8 Mio. Euro zwischen Ihnen und dem Sender steht nichts mehr im Wege.

5.3.5 Lizenzvergabe

Die Lizenzvergabe kann auch ein Bestandteil der Finanzierung eines Filmvorhabens sein, spielt jedoch eher bei sehr populären Ausgangswerken eine Rolle. Ansonsten handelt es sich bei Lizenzvergaben meist um eine zusätzliche Einnahmequelle über das Produktionsbudget hinaus.

Sie können als Produzent, sofern es keine vertraglichen Einschränkungen gibt, für nahezu alles Lizenzen vergeben, das auf ihrem Filmwerk basiert. Beliebte Lizenzen sind Lizenzen für das Buch zum Film, die DVD-Auswertung oder aber auch für Merchandising. Letzteres ist insbesondere bei Kinderfilmen eine nicht zu unterschätzende Lizenz. Sicherlich haben Sie schon Artikel wie Bettwäsche, Schreibblöcke, o. ä. im Einzelhandel gesehen, die beispielsweise auf der Produktion „Die wilden Kerle" basieren.

Doch nicht immer werden Sie als Produzent über alle Lizenzrechte zur Weitergabe verfügen. Insbesondere wenn Ihr Film auf einer erfolgreichen Buchvorlage basiert, wird Ihnen der Verlag niemals das Recht am „Buch zum Film" übertragen. Aber auch auf anderer Seite kann es zu Einschränkungen kommen. So geben Sie bei einer vollfinanzierten Auftragsproduktion i. d. R. alle Rechte- und somit auch die Rechte zur Weitergabe von Lizenzen – an den Auftrag gebenden Sender ab.

Zusammengefasst stellt die Finanzierung durch Lizenzvergabe im Vorfeld der Produktion eher eine Seltenheit dar.

5.3.6 Product Placement

Gerade Branchenneulinge haben die kreativsten Gedanken im Hinblick auf Product Placement und vermuten dahinter einen tollen Finanzierungsbestandteil für ihr Filmwerk. Doch hier ist absolute Vorsicht geboten, insbesondere aufgrund der Tatsache, dass an einem Großteil der in Deutschland realisierten Filmvorhaben auch deutsche TV-Sender finanziell beteiligt sind. Und diese sind im Rahmen des Rundfunkstaatsvertrages dazu verpflichtet, auf die Trennung von Werbung und Programm zu achten (§ 7 Abs. 3 S 3 RStV). In Deutschland gibt es hierzu eine ganz klare Regelung: Sobald eine Produktion durch Produktplatzierungen mitfinanziert wurde, so ist diese zu Beginn jeder Ausstrahlung und nach jeder Unterbrechung mit einem sichtbaren „P", welches für „Unterstützung durch Produktplatzierungen" steht, zu kennzeichnen. Dies ist am häufigsten bei eingekauften Hollywoodproduktionen oder aber auch bei erfolgreichen deutschen Kinoproduktionen der Fall, die vom Sender lediglich für eine Ausstrahlung über einen Lizenzdeal eingekauft wurden.

Ich kann nur nachdrücklich darauf hinweisen, sich den Einsatz von Product Placements gut zu überlegen. Bei Produktionen mit deutscher, insbesondere öffentlich-rechtlicher Senderbeteiligung, sollten Sie diesen als absolutes Tabu sehen – insbesondere da im Jahr 2005 ein großer Product Placement/Schleichwerbe-Skandal in der ARD mit der Serie „Marienhof" bekannt wurde (Hanfeld 2005). Neben Konsequenzen für einige involvierte Personen hatte dieser Skandal auch zur Folge, dass die Sender seitdem sensibilisiert sind und lieber gänzlich auf Produktplatzierungen verzichten, bevor sie sich angreifbar machen. Ein aus meiner Sicht berechtigtes Verhalten. Schließlich zahlt Ihnen der Sender die ganze Produktion oder zumindest einen Großteil davon und folglich kann er auch die Bedingungen vorgeben.

In Einzelfällen kommt es vor, dass bei öffentlich-rechtlichen Produktionen z. B. eine unentgeltliche Unterstützung seitens eines Automobilherstellers stattfindet, indem dieser neben einem oder mehreren Spielfahrzeugen auch einige Teamfahrzeuge zur Verfügung stellt, was den Produktionsetat entlastet. Die Abklärung der Zulässigkeit läuft dann über die eigens dafür eingerichteten Clearingstellen bei den Sendern. Hier wird vor allem sichergestellt, dass kein werblicher Charakter existiert und das ein Spielfahrzeug nicht zum „heimlichen Hauptdarsteller" wird, indem es durch eine entsprechende Inszenierung zu prominent in Szene gesetzt wird. Sofern entsprechende Clearingstelle im Sender die Unterstützung für zulässig und unbedenklich hält, dürfen Sie als Produzent diese sogenannte „Produktionshilfe" – ordnungsgemäße Dokumentation im Abschlussbericht der Produktion vorausgesetzt – in Anspruch nehmen. Dies geschieht mittels des Abschlusses einer sogenannten „Kooperationsvereinbarung" mit dem Unternehmen, dass die Produktionshilfe leistet. Bei der späteren Ausstrahlung erkennen Sie dies bei Auftragsproduktionen mit dem Vermerk *„Für diese Produktion wurden Produktionshilfen seitens der Firma XYZ geleistet"*. Im Gegensatz zur deutlichen Kennzeichnung zu Beginn der Ausstrahlung muss bei dieser Form der Unterstützungen der Hinweis lediglich im Abspann der Produktion erfolgen.

5.3.7 Crowdfunding

Häufiger werde ich von jungen Filmschaffenden gefragt, ob Crowdfunding nicht auch ein Weg sei, seinen Film zu finanzieren. Im Hinblick auf einen normal budgetierten, abendfüllenden Film, an dem Sie als Produzent auch etwas verdienen möchten, lautet meine Antwort hier ganz eindeutig: Nein!

Anders sieht es bei Kurz- und Debütfilmen mit geringem Budget aus, bei denen es ausschließlich darum geht, durch Crowdfunding die Kosten für die Produktion zu decken. Hier kann das Einsammeln von Geld bei Freunden, Familie und Bekannten durchaus ein Weg sein, sich seinen Traum vom eigenen Kurzfilm zu ermöglichen. Gerade angesichts der Möglichkeiten, die heutzutage zur Verfügung stehen Beträge auf diversen Internet-Plattformen digital einzusammeln.

Es gibt jedoch auch einige prominente Beispiele von höher budgetierten Produktionen, die erst durch das Schließen einer Finanzierungslücke durch Crowdfunding finanziert werden konnten. Dies sind jedoch Einzelfälle und es bedarf unzweifelhaft einer großen Fangemeinde, die beispielsweise ihren Serienliebling im Kino sehen möchte. So geschehen bei „Stromberg – Der Film" aus dem Jahre 2014. Hier wurden innerhalb einer Woche sage und schreibe 1 Mio. Euro via Crowdfunding eingesammelt (Joho 2011). Durch den großen Erfolg des Films konnten sich alle Crowdfunder nicht nur über eine Rückzahlung ihres Beitrags freuen konnten, sondern sogar eine Rendite in Höhe von rund 17 Prozent erzielen. (Bartl 2014).

Fernab des finanziellen Aspekts war diese Crowdfunding-Kampagne natürlich auch ein geschickter Marketing-Schachzug, da der Film somit schon vor Entstehen eine große Medienpräsenz zu verzeichnen hatte.

Literatur

Bartl, M. (2014) „Stromberg – Der Film": 170.000 Euro Gewinn für Schwarm-Finanzierer. https://kress.de/news/detail/beitrag/128331-stromberg-der-film-170000-euro-gewinn-fuer-schwarm-finanzierer.html. Abgerufen am 19.03.2022

Hanfeld, M. (2005) Der „Marienhof"-Skandal erschüttert die ARD. https://www.faz.net/aktuell/feuilleton/kino/schleichwerbung-der-marienhof-skandal-erschuettert-die-ard-1233865.html. Abgerufen am 19.03.2022

Joho, K. (2011) „Ein Schwarm von Finanziers". https://www.wiwo.de/erfolg/gruender/crowdfunding-ein-schwarm-von-finanziers/5984910.html. Abgerufen am 19.03.2022

Kallas, C. (1992) Europäische Film-und Fernsehkoproduktionen

Die Kalkulation 6

> **Zusammenfassung**
>
> Die Kalkulation ist das Herzstück der Arbeit der Herstellungsleitung. Nach einer Erläuterung der grundlegenden Herangehensweise an die Kalkulation eines Filmprojekts erhalten Sie in diesem Kapitel ein Verständnis für den Aufbau einer Filmkalkulation sowie einen Überblick über die verschiedenen, existierenden Kalkulationsschemata. Darüber hinaus findet eine detaillierte Erläuterung der Inhalte der einzelnen Kostenblöcke im Kalkulationsgerüst anhand von Praxisbeispielen statt. Des Weiteren werden Ihnen einige spezifische Kalkulationspositionen, die ausschließlich bei Auftragsproduktionen für öffentlich-rechtliche TV-Sender zum Tragen kommen, aufgezeigt.

6.1 Grundlegendes zur Kalkulation

Bevor man in die Tiefen einer Kalkulation einsteigt, sollte man sich im Vorfeld immer einige Fragen stellen. Ich habe diese als die „3 magischen Ws" definiert, nämlich:

1. Wer ist er Empfänger der Kalkulation (bzw. für WEN kalkuliere ich?)
2. Welches Kalkulationsschema ist zu wählen?
3. Welche Kalkulationspositionen/Konten sind zwingend vom Empfänger vorgegeben?

Diese Fragen bauen mehr oder weniger aufeinander auf und man sollte diese nicht vernachlässigen. Dies spart eine Menge Zeit und unter Umständen auch viel Ärger. Hierzu eine kleine Anekdote: Während meiner Ausbildung wollte ich durch besonderen Fleiß glänzen und so begann ich voller Tatendrang über das Wochenende auf Basis eines Drehbuchs und eines groben Drehplanentwurfs fleißig Zahlen in SESAM KALK einzugeben. Als Vorlage diente mir hier eine frühere Kalkulation. Als ich dann eines Morgens in Büro kam, sagte mein damaliger Kollege zu mir: *„Du kannst mich die Tage bei der Kalkulation unterstützen".*

Innerlich freute ich mich natürlich sehr und sagte voller Freude: *„Kein Problem, hab' alles schon angelegt".* Sichtlich erstaunt schaute mich der Chef an: *„Wie? Zeig' mal her!".* Noch stolzer – da ich tatsächlich viel Fleißarbeit hineingesteckt hatte – öffnete ich die Datei und bekam folgende Antwort:

> *„Also ich habe eine gute und eine schlechte Nachricht für dich! Die gute zuerst: Du hast einen Fleißpunkt verdient! Die schlechte: Du hast leider das falsche Kalkulationsschema gewählt und somit ist der Großteil nicht zu gebrauchen."*

Das konnte ich in diesem Moment nicht wirklich verstehen. Doch kurze Zeit später wusste ich: Hätte ich doch nur mal gefragt, für wen die Kalkulation angelegt wird. Ich nutzte eine Vorlage für das FFA-Schema (vgl. Abkürzungsverzeichnis), da ich dieses noch aus einem Beispiel von einem Wochenendkurs, den ich besuchte, verinnerlicht hatte. Im jugendlichen Leichtsinn verdrängte ich aber, dass der Großteil des Geldes von einem großen deutschen TV-Sender beigesteuert wird und dieser ein eigenes Kalkulationsschema vorgibt. Zunächst dachte ich, ähnlich wie bei Word oder Excel „copy & paste" zu machen, doch begab mich damit aufs Glatteis. Denn so gut SESAM KALK auch für die Erstellung von Kalkulationen ist, so unflexibel ist die Übertragung – auch von einzelnen Bestandteilen – in ein anderes Schema, wenn man einmal in einem bestimmten angefangen hat. Das Fazit lautet also: Bevor Sie mit einer Kalkulation starten, denken Sie immer an die 3Ws!

Weil es seit dem Produktionsstart von Streamingdiensten eine Rolle spielt: In diesem Stadium sollte schon die Entscheidung getroffen werden, ob Sie in SESAM oder in Movie Magic kalkulieren. Bis vor einigen Jahren hätte sich diese Frage, mit Ausnahme von internationalen Koproduktionen gar nicht gestellt, aber – Stand heute – existiert bei Netflix- und Amazon-Auftragsproduktionen eine verbindliche Movie Magic-Pflicht. Zu den Vor- und Nachteilen beider Softwarelösungen erfahren Sie mehr in Abschn. 9.2.

Wichtig zu wissen ist, dass wir – zumindest bei einer vollfinanzierten Auftragsproduktion – in der Praxis zwei Kalkulationen anlegen müssen: Eine interne sowie eine externe Kalkulation. Dies ist dem Umstand geschuldet, dass vor allem bei Produktionen für öffentlich-rechtliche Sender die Tarifgagen – mit einigen Aus-

6.1 Grundlegendes zur Kalkulation

nahmen bei einzelnen Head of Department-Positionen – zugrunde gelegt werden, in der Realität jedoch höhere Gagen anfallen. Zuerst sollten Sie immer eine interne Kalkulation mit den Ihnen bekannten tatsächlichen Kosten und Gagen anfertigen, damit Sie am Ende wissen, wie viel Sie diese Produktion real kosten wird. Auf der anderen Seite wird in den Sendergesprächen meist schon eine ungefähre Hausnummer im Hinblick auf das verfügbare Budget genannt, sodass Ihnen bewusst sein muss, dass ihre interne Kalkulation keinesfalls den vom Sender genannten Wert überschreiten darf. Sobald Sie die interne Kalkulation fertig gestellt haben geht es an die externe Senderkalkulation. Hier ist es als Produktions- oder Herstellungsleiter ihre Aufgabe, den Gagenbereich auf Tarifgagenniveau anzupassen und auf der anderen Seite das somit entstandene GAP in diesem Bereich in anderen Kalkulationspositionen einzupreisen, von denen Sie wissen, dass diese in der Realität geringer ausfallen. Man könnte hier auch aus betriebswirtschaftlicher Sicht von einer Mischkalkulation sprechen. Wichtig ist, dass die interne und die externe Kalkulation in der finalen Summe in etwa übereinstimmen, aus Produzentensicht bestenfalls die interne Kalkulation minimal geringer ausfällt, damit Sie noch über einen kleinen Puffer für etwaige Budgetüberschreitungen in einzelnen Kalkulationsbereichen verfügen. Den Verantwortlichen bei den Sendern ist durchaus bewusst, dass die Tarifgagen nicht den realen Markt abbilden, weshalb Ihnen hier in der Regel auch als Produzent die Möglichkeit eingeräumt wird, diese durch leichte Zuschläge in anderen Bereichen aufzufangen.

Anders sieht es bei Produktionen für Streamingdiensten sowie Kino- oder TV Koproduktionen mit Förderanteil aus. Hier gibt es in den meisten Fällen nur eine Kalkulation mit Realgagen-Ansätzen sowie sehr genau geschätzten Kostenansätzen in den anderen Bereichen. Dies hat den Grund, dass ihre Kalkulation Grundlage für die Gewährung von Fördermitteln ist und die Förderinstitution davon ausgeht, dass sie die kalkulierten Werte auch möglichst in gleicher Höhe tatsächlich ausgeben. Bei den Streamingdiensten stellt es sich ähnlich dar. Hier werden normalerweise reale Gagen akzeptiert. Im Umkehrschluss bekommt der Streamingdienst auch vollen Einblick in die Projektzahlen, um sicherzustellen, dass die Ausgaben auch mit den kalkulierten Werten übereinstimmen.

Die Vor-und Nachteile beider Kalkulationsansätze liegen auf der Hand: Während Sie bei einer Auftragsproduktion für einen öffentlich-rechtlichen oder privaten Sender in der Regel auf Basis einer verhandelten Kalkulation eine definierte Summe für die Produktion erhalten und dann innerhalb der Produktionsphase, unter Wahrung des Production Values, schalten und walten können wie Sie wollen, müssen Sie bei einer Produktion mit Förderbeteiligung oder für einen Streamingdienst mehr oder weniger gläsern sein. Dies geschieht, indem Sie die interne Kalkulation und die Kostenstände offenlegen. Bietet Variante 1 die Möglichkeit durch gutes Wirtschaften möglicherweise noch den einen oder anderen Euro über den kalkulierten Projektgewinn hinaus zu erwirtschaften, so ist dies bei Variante 2 nur sehr eingeschränkt der Fall.

Ich kann und will mir hier abschließend nicht erlauben, über Für und Wider der beiden Varianten zu urteilen. Dies möchte ich Ihnen als künftiger Produzent, Produktions- oder Herstellungsleiter situationsbedingt überlassen.

6.2 Der Aufbau einer Kalkulation

Nachdem wir im vorherigen Abschnitt schon die generelle Herangehensweise sowie essenzielle Fragen zum Thema Kalkulation aufgegriffen haben, kommen wir nun zum klassischen Aufbau einer Kalkulation. Hier sei vorab gesagt, dass es hier von Sender zu Sender bzw. von Produktionsart (Kino vs. TV vs. Streamingdienst) Unterschiede, bzw. minimale Abweichungen gibt. Dies betrifft sowohl die Benennung der Kostenblöcke als auch die Existenz zusätzlicher Kalkulationspositionen. Im Grunde genommen beinhalten fast alle Kalkulationen – mit wenigen Ausnahmen – die gleichen Positionen, wenngleich die Darstellung manchmal auch ein wenig anders ist. Der Einfachheit halber gehe ich im Folgenden auf das einfachste, existierende Kalkulationsschema ein. Sobald Sie diesen Aufbau und die Begrifflichkeiten verinnerlicht haben, wird es Ihnen im Laufe der Zeit immer einfacher fallen, sich in andere, teilweise komplexere Kalkulationsschemata hineinzudenken.

Was Sie sich auf jeden Fall schon einmal merken können: Wir reden bei einer Filmkalkulation immer von „Kostenblöcken" (nachfolgend „KB"), welche sich aus Unterkategorien zusammensetzen, die dann wiederum bis ins kleinste Detail aus einzelnen Kalkulationspositionen in jeder Kategorie bestehen. Die Kostenblöcke ermöglichen Ihnen einen ersten Überblick darüber, wie sich das Gesamtbudget zusammensetzt. Einzelne Kostentreiber lassen sich hingegen erst identifizieren, wenn sie immer kleinteiliger in die Unterkategorien der jeweiligen Blöcke einsteigen.

Über die Jahre hinweg und mit steigender Berufserfahrung wird es Ihnen jedoch immer leichter fallen, schon mit wenigen Blicken zu erkennen, wo die kritischen Positionen bei jedem Projekt aufzufinden sind; und auch, in welchen Positionen sich noch Spielraum versteckt. Diesen Punkt erlernt man nicht mithilfe eines Lehrbuchs oder einer Ausbildung, sondern im Laufe der Berufsjahre – insbesondere auch basierend auf jeglicher Erfahrung, die Sie fernab des Büros am Set gesammelt haben. Denn nur, wenn Sie sich mit den Abläufen vor Ort auskennen, werden Sie diese auch richtig beziffern und bewerten können.

6.3 Nettofertigungskosten

Klassisches Kalkulationsschema

KB 0. Nutzungsrechte

KB 1. Gagen & Honorare

KB 2. Atelier Bau

KB 3. Atelier-Dreh

KB 4. Außenaufnahmen

KB 5. Ausstattung

KB 6. Synchronisation, Musikaufnahme, Mischung

KB 7. Bild und Tonmaterial Bearbeitung

KB 8. Versicherungen

KB 9. Allgemeinen Kosten

A. Nettofertigungskosten

B. Handlungskosten 6 % von A.

C. Zwischensumme

D. Gewinn 7,5 % von C.

E. Zwischensumme

F1. Zzgl. Buyout

F2. Zzgl. ohne HU (vgl. Abkürzungsverzeichnis) & Gewinn

G. Nettoherstellungskosten

Bevor ich tiefer in die einzelnen Kostenblöcke einsteige, gilt es zunächst ein Grundverständnis für die übrigen Kalkulationspositionen zu entwickeln.

6.3 Nettofertigungskosten

Bei den Nettofertigungskosten handelt es sich schlichtweg um die Summe der Einzelwerte aus den Kostenblöcken 0–9. In Bezug auf eine interne Realkalkulation stellen die Nettofertigungskosten (zzgl. der Positionen F1 und F2) den Betrag dar, den der Film aus Sicht des Produzenten tatsächlich kostet.

6.4 Handlungskosten und Gewinn

Diese Begriffe werden Ihnen im Laufe ihrer Karriere. Insbesondere, wenn Sie für deutsche TV-Sender produzieren, immer wieder begegnen. Oftmals auch unter der Abkürzung „HU & Gewinn". Hierbei handelt es sich um zwei essenzielle Bestandteile einer Kalkulation; insbesondere bei einer Auftragsproduktion würde ich diese beiden Positionen gar als wichtigste Positionen bezeichnen. Sie zeigen Ihnen auf, welcher Betrag Ihnen nach Deckung aller Produktionskosten noch aus dem jeweiligen Projekt verbleibt. Aus betriebswirtschaftlicher Sicht könnte man die Positionen HU & Gewinn auch als Projektdeckungsbeitrag betrachten. Basis zur Berechnung von HU & Gewinn sind die Nettofertigungskosten. Auf diese wird dann ein fest definierter Prozentsatz „HU" und „Gewinn" aufgeschlagen. Wichtig zu wissen ist, dass die beiden Positionen getrennt voneinander zu sehen sind. Die 6 % HU werden auf die Nettofertigungskosten (NFK) aufgeschlagen. Auf die daraus resultierende Zwischensumme (NFK+HU) werden dann 7,5 % Gewinn hinzuaddiert. Machen Sie hierbei nicht einen häufig gesehenen Fehler und rechnen nicht einfach 13,5 % auf die Nettofertigungskosten. Dies mag verlockend sein, jedoch ergibt dies ein anderes Ergebnis, als wenn Sie die Positionen einzeln und der Reihe nach aufsummieren.

Nach Verabschiedung der finalen Kalkulation werden diese beiden Positionen eingefroren und dienen fortan als Ziel-Deckungsbeitrag des Projekts. Eine Überschreitung der Nettofertigungskosten schmälert folglich ihren Projektdeckungsbeitrag, wohingegen eine Unterschreitung der Nettofertigungskosten diesen erhöht.

Dies gilt jedoch nur bei Eigen- oder Auftragsproduktionen. Eingeschränkt gilt dies bei Produktionen mit Förderbestandteilen, da eine etwaige Unterschreitung der Nettofertigungskosten unter Umständen auch eine Kürzung der Fördermittel zur Folge hat, sofern die Unterschreitung aus förderrelevanten Kalkulationspositionen resultiert. Sofern Sie mit einem Streamingdienst zusammenarbeiten, handelt es sich streng genommen – die Form der Auftragsproduktion vorausgesetzt – um eine Abrechnungsproduktion, bei der Sie Unterschreitungen, sofern Sie eine gewisse Größe übersteigen, an den Streamingdienst zurückgeben müssen.

Aus rein wirtschaftlicher Sicht können Sie sich folgende Faustregel merken: Überschreiten Sie nie die kalkulierten Nettofertigungskosten, da Sie sonst ihren Projektdeckungsbeitrag – und somit den wirtschaftlichen Erfolg ihres Projektes – schmälern. Eine Ausnahme stellen hier abgestimmte und genehmigte Mehrkosten dar.

Natürlich gibt es auch für Fälle, in denen die Faustregel bewusst gebrochen wird: Eine Überschreitung der Nettofertigungskosten aus strategischen Beweggründen zum Beispiel. Dies schmerzt zwar die kaufmännische Seele, doch wenn es darum geht, ein hochwertiges Produkt an den Sender abzuliefern, welches unter Umständen auch der Auftakt für ein langlaufendes Reihenformat sein könnte, kann man den Einschnitt in HU & Gewinn auch als Investment in die Zukunft betrachten. Dennoch ist äußerste Vorsicht geboten bzw. sollten Grenzen klar gesetzt werden. Solch ein Investment muss wohl bedacht gewählt werden und nicht ins Unermessliche ausufern. Vor allem ist es in solch einem Fall ratsam, gerade zu Beginn ihrer unternehmerischen Tätigkeit, die Wirtschaftsplanung für Ihre Firma eher konservativ ansetzen. Dies bedeutet, dass Sie bei den entsprechenden Projekten von vornherein etwas weniger Deckungsbeitrag einplanen. Sollte dieser letztendlich doch höher ausfallen, können Sie diese positive Nachricht tiefenentspannt zur Kenntnis nehmen.

6.5 Nettoherstellungskosten

Bei den Nettoherstellungskosten handelt es sich um jene Summe, die der Film aus Sicht des Auftraggebers – sofern dieser vorsteuerabzugsberechtigt ist – kostet.

Doch wie berechnet man die Nettoherstellungskosten? Nachdem auf die Nettofertigungskosten HU & Gewinn aufgeschlagen wurde, ergibt sich eine Zwischensumme, zu welcher nun noch die Positionen „Buyout" sowie „ohne HU & Gewinn", deren zustande kommen im weiteren Verlauf des Kapitels erläutert wird, aufgeschlagen werden. Die sich dann ergebene Summe stellen die Nettoherstellungskosten dar. Bei nahezu allen Sendern und Streamingdiensten stellt diese Summe auch das Budget dar, über das verhandelt wird.

Bei Produktionen für die ARD oder deren Landesrundfunkanstalten sind für Budgetgespräche noch 7 % Umsatzsteuer hinzuzuaddieren, da diese Sender als finales Budget die Nettoherstellungskosten zzgl. Umsatzsteuer als Gesamtbudget ansehen.

Wenn Sie sich nicht sicher sind, wovon ihr Gegenüber spricht, wenn der Begriff „Budget" fällt, fragen Sie lieber einmal mehr nach als zu wenig. Sieht ihr Gegenüber die NHK als Budget? Oder die NHK zzgl. Umsatzsteuer? Für Sie als Produzent stellt die Umsatzsteuer lediglich einen durchlaufenden Posten dar, den Sie an die Finanzbehörden im Rahmen ihrer Umsatzsteuerpflicht abführen müssen.

Sollten Sie einmal in die Situation kommen, dass Sie ein Projekt, welches ursprünglich für das ZDF angedacht und kalkuliert wurde, nun doch einem Sender aus dem ARD-Verbund anbieten:

Schlagen Sie auf das Budget, welches Sie beim ZDF eingereicht hatten, die Umsatzsteuer auf und kommunizieren Sie gegenüber dem Sender aus dem ARD-Verbund stets die Summe inkl. Umsatzsteuer als Projektbudget. Die Nettoherstellungskosten bleiben identisch, somit auch das tatsächliche Budget aus Sicht ihrer Produktionsfirma.

Um dies an einem fiktiven Zahlenbeispiel zu verdeutlichen:
Ihr Projekt beim ZDF war mit Nettoherstellungskosten in Höhe von 1.000.0000 Euro kalkuliert. Diese Summe stellte für das ZDF zugleich das Budget der Produktion dar. Nachdem das Projekt beim ZDF doch noch abgesagt wurde, bieten Sie es dem WDR an. Sofern Sie nun vom WDR nach dem Budget gefragt werden, wäre es fatal, hier 1.000.000 Euro zu kommunizieren, da die dortigen Verantwortlichen als Budget die Summe inkl. Umsatzsteuer verstehen. Das Budget für den WDR wäre folglich 1.070.000 Euro.

Über die Jahre hinweg kamen mir immer wieder Geschichten von Produzenten zu Ohr, die erstmalig für einen Sender aus dem ARD-Verbund kalkulierten und von dort ein Zielbudget kommuniziert bekamen, dieses dann jedoch als Nettoherstellungskosten ansahen und folglich auch entsprechend üppig kalkulierten. Zum Leidwesen aller Beteiligten. Ich empfehle Ihnen, für den Fall, dass Sie unsicher sind, dem Senderverantwortlichen zu Beginn bzw. beim ersten Kontakt eine ganz einfache Frage zu stellen:

„Reden wir beim Budget von brutto oder netto?"

Dies erspart Ihnen später eine böse Überraschung. Nun können Sie entgegnen, dass es unprofessionell wirken könnte, wenn Sie dies nicht wissen. Hierzu sage ich jedoch: Unprofessionell wäre es, wenn Sie einfach kalkulieren würden, ohne diese Frage zu stellen.

6.6 Die Kostenblöcke 0–9 im Detail

KB 0 Nutzungsrechte
In KB 0 sind unter anderem die Kosten für das Drehbuch zu kalkulieren oder auch die Kosten für die Musikkomposition. Weitere Positionen, die hier anzusetzen sind, sind etwaige Kosten für Archivmaterial oder, im Falle einer Romanverfilmung, die Kosten für die entsprechenden Verfilmungsrechte.

KB 1 Gagen und Honorare
In KB 1 werden jegliche Kosten für auf Produktionsdauer angestelltes Personal sowie Honorare für Freie und Selbstständige im Rahmen der Produktion kalkuliert. Zum angestellten Personal gehören auch die Darsteller. Wichtig zu wissen ist, dass in KB1 nicht nur die Löhne, Honorare, o. ä. kalkuliert werden, sondern auch die gesamten Lohnnebenkosten wie Arbeitgeberanteile zur Sozialversicherung oder

6.6 Die Kostenblöcke 0–9 im Detail

Künstlersozialkasse. Ferner finden Sie hier Beträge für die Urlaubsabgeltung der Mitarbeiter oder die kalkulierten Überstunden. Vereinfacht ausgedrückt: Alles was aus finanzieller Sicht in Zusammenhang mit dem Arbeitsverhältnis der Mitwirkenden an der Produktion steht, findet sich kalkulatorisch in KB 1 wieder.

Der KB 1 stellt bei Produktionen mit üblichem Aufwand in der Regel auch mit Abstand den größten Teil der Kosten für eine Produktion dar. Kein Wunder, wenn Sie überlegen, dass bei einem normalen TV-Film rund 35–40 Stabmitglieder beschäftigt sind, die Darsteller noch nicht eingeschlossen.

Obendrein hat sich die Situation in diesem Kostenblock in den letzten Jahren im Hinblick auf die interne Kalkulation drastisch verschärft. Stand 2022 herrscht in Deutschland ein sehr großer Fachkräftemangel in der Filmbranche. Dies ist unter anderem auf die zunehmende Anzahl an Auftragsproduktionen der Streamingdienste, bei nahezu gleichbleibenden Auftragsvolumen der bisherigen Auftraggeber, zurückzuführen. Hier kommt das Gesetz von Angebot und Nachfrage zum Tragen. Die Filmschaffenden können sich vor Projektangeboten kaum noch retten, was sich natürlich aufgrund der Personalknappheit auch in deren Gagenforderungen widerspiegelt.

Rund zehn Jahre zuvor war es noch umgekehrt. Damals kam es zu einem großen Auftragsstopp seitens der ARD Degeto, da der Programmetat verfrüht aufgebraucht und das Produktionsvolumen für ein bis zwei Jahre deutlich eingeschränkt war. Seinerzeit klingelte bei meiner damaligen Produktionsfirma regelmäßig das Telefon und Filmschaffende fragten sinngemäß: *„Habt ihr demnächst ein Projekt und noch Bedarf für dieses oder jenes Department?"*

Damals konnte man mit den Filmschaffenden spezielle Konditionen verhandeln, wenn man Ihnen gleich die Durchbeschäftigung für zwei aufeinander folgende Projekte anbot.

Die aktuelle Entwicklung stellt natürlich gerade bei Auftragsproduktionen für öffentlich-rechtliche Sender eine große Herausforderung dar, weil dort in der externen Kalkulation nur mit Tarifgagen kalkuliert wird, die Lücke zwischen Tarifgagen und Realgagen aufgrund der o. g. Umstände immer größer wird. Aus diesem Grund kam aber über die Jahre auch Bewegung ins Spiel. Die öffentlich-rechtlichen Sender verhandelten mit den Vertretern der Produzentenverbände im Rahmen des sog. „Eckpunktepapiers" Ausnahmeregelungen im Hinblick auf die Gagen für Head of Departments. Diese dürfen inzwischen auch bei einer öffentlich-rechtlichen Senderkalkulation nach vorheriger Rücksprache übertariflich angesetzt werden.

Wie sich die Situation im KB1 in Zukunft entwickeln wird, wage ich nicht zu prognostizieren. Ich erfahre jedoch in den letzten zwei Jahren von verstärkten Aus- und Fortbildungsaktivitäten von Produktionsfirmen; außerdem werden immer neue filmspezifische Zertifikatslehrgänge und Studiengänge angeboten, die auch einen großen Zulauf verzeichnen. Unter der Annahme, dass das Produktionsvolumen auf dem deutschen Markt irgendwann nicht mehr exponentiell ansteigt oder gar stagniert, kann es möglich sein, dass sich in einigen Jahren wieder eine andere Situation darstellt, wenn die neuen Nachwuchskräfte ihre Ausbildungen oder Studiengänge abgeschlossen haben. Darüber hinaus lässt sich noch nicht absehen, ob alle Streamingdienste, die in den letzten Jahren im Rahmen ihrer Marktdurchdringungsstrategien sehr stark in eigenen Content investiert haben, ihre Ziele erreichen und weiterhin auf dem deutschen Markt existieren und vor allem produzieren werden. Noch dazu bleibt die Frage, wie hoch das Auftragsvolumen der – historisch betrachtet – klassischen Auftraggeber wie den öffentlich-rechtlichen TV-Anstalten oder den Privatsendern in Zukunft aussehen wird.

KB 2 Atelier Bau
Dieser Kostenlock ist nur relevant bei Produktionen mit Studioanteil. Sofern Sie ein serielles Format produzieren, kann dieser Kostenblock gerade in einer ersten Staffel durchaus überdurchschnittlich hoch zu Buche schlagen, da Sie hier den kompletten Studiobau ansetzen. Sofern Sie ein serielles Format kalkulieren, welches zwar über einen hohen Innenanteil mit wenigen Motiven verfügt, es sich jedoch dabei nicht um ein Format aus dem Bereich „Daily" handelt, sollten Sie auch immer Alternativen zu einem möglichen Studiobau suchen. Ein Kollege von mir hatte beispielsweise einmal ein serielles Format kalkuliert, bei dem sich rund 60 % des Inhalts immer in den gleichen Wohnungen abspielte. Schnell wurde hier das Thema „Studio" in den Raum gestellt. Natürlich kalkulierte er den Bau in Rücksprache mit einem erfahrenen Szenenbildner. Am Ende fand die Produktion ein leer stehendes Haus mit acht Wohnungen. Grundrisse nahezu perfekt. Ersparnis war in diesem Fall, rund 35.000 Euro.

Natürlich mag es manchmal verlockend sein, an ein Studio zu denken. Gerade aus technischer und logistischer Sicht. Aber unterschätzen Sie nie die hohen Baukosten, da Sie ja auch an Hintersetzer (vgl. Glossar), etc. denken müssen. Und dann müssen Sie sich natürlich immer die Frage stellen: Wohin mit den Bauten zwischen einer ersten und einer möglichen zweiten Staffel? Die Lagerkosten sind ebenfalls nicht zu unterschätzen – schließlich reden wir nicht ausschließlich von Kleinrequisiten, die es bis zur Fortsetzung einzulagern gäbe.

KB 3 Atelier Dreh
Auch dieser Kostenblock spielt ausschließlich bei einem Studiodreh eine Rolle. Im Gegensatz zu KB 2 werden hier jedoch nicht die Bauten, sondern die Kosten für Studiomiete sowie die damit verknüpften Nebenkosten und technischen Geräte

6.6 Die Kostenblöcke 0–9 im Detail

kalkuliert. Auch da gilt: Sehen Sie sich immer nach möglichen Studio-Alternativen um und entscheiden Sie sich niemals für eine Drehvariante im Studio, ohne vorher einmal die Alternativen durchdacht und gegengerechnet zu haben.

KB 4 Außenaufnahmen
Die Bezeichnung dieses Kostenblocks empfinde ich persönlich als eher unglücklich gewählt. Denn auf den ersten Blick suggeriert diese Bezeichnung, dass hier nur Kosten anzusetzen sind, die tatsächlich außen, sprich unter freiem Himmel, anfallen. Dem ist jedoch in der Praxis nicht so.

Am einfachsten merken Sie es sich so: In diesem Kostenblock werden alle Kosten kalkuliert, die für Dreharbeiten anfallen, die nicht im Studio stattfinden.

Von Motivmieten und Nebenkosten, über allgemeine Drehgenehmigungen bis hin zu allem technischen Equipment, das am Drehort zum Einsatz kommt. Die wichtigsten und meistgenutzten Unterkategorien sind hier „Mieten, Entschädigungen", „Kamera und Zubehör", „Tonapparatur", „Beleuchtungstechnik" sowie „sonstige produktionstechnische Geräte". Die meisten dieser Unterkategorien erklären sich von selbst, zur letzten Kategorie möchte ich einige Beispiele nennen: Hier können Sie Dinge wie Trailer für Fahrtaufnahmen, Kamerakräne, Steiger (vgl. Glossar) oder Drohnen kalkulieren.

KB 5 Ausstattung
In diesem Kostenblock fließen die Kosten, die von den jeweiligen Head of Departments aus dem Ausstattungsbereich für Sie kalkuliert wurden, ein. Neben Kosten für Kostümkauf und -miete sind dies Kosten für Möbel, Requisiten und Stoffe sowie Schminkmaterial. Ferner sind hier etwaige Kosten für Special Effects (Pyrotechnik, Feuer, wet down (vgl. Glossar), Regen, etc.) anzusetzen. Vereinfacht können Sie es sich so merken: Mit Ausnahme der Schauspielergagen (KB 1) sowie der Motivmieten (KB 4) sind hier Kosten für all jenes vor der Kamera zu kalkulieren, das Sie später als Zuschauer im Bild sehen können.

KB 6 Synchronisation, Musikaufnahme, Mischung
Bei den Kostenblöcken 6 und 7 handelt es sich um Kosten, die im Rahmen der Endfertigung nach Abschluss der Dreharbeiten anfallen. In KB 6 wird die gesamte Tonendfertigung kalkuliert. Vom Sounddesign bis hin zur Tonmischung. Diese Bestandteile sind Teil eines Standard-Angebots für die Tonpostproduktion eines Filmprojekts. Ebenfalls im Standard-Angebot inkludiert sind ein bis zwei Tage technischer Synchron. Die Betonung liegt auf technisch. Denn Sie können den besten Tonmeister engagiert haben. Leider gibt es manchmal Nebengeräusche am Set, die ein sauberes Aufzeichnen des Schauspielerdialogs nicht möglich machen.

Für diesen Fall gibt es dann die sogenannten „technischen Synchronaufnahmen", bei denen die entsprechenden Szenen von den Schauspielern im Tonstudio im Nachgang eingesprochen werden.

Sofern Sie bilingual drehen, müssen hier gesonderte „nicht technische" Synchronkosten für Studio und vor allem auch Sprecher kalkuliert werden. Dies ist z. B. der Fall, wenn Sie eine deutsche Produktion im Ausland drehen und lokale Schauspieler in Landessprache zum Einsatz kommen. Hier findet der Dialog am Set seitens des deutschen Haupt-Cast in deutscher Sprache statt, der lokale Schauspieler gegenüber spricht den Dialog in seiner Landessprache und wird später in der Endfertigung von einem deutschsprachigen Synchronschauspieler nachsynchronisiert. Dies ist für die Schauspieler vor Ort zwar nicht immer die einfachste Art des Arbeitens, bei deutschen Produktionen, die auch überwiegend für den deutschen Markt bestimmt sind, jedoch gängige Praxis.

Der Obergriff „Musikaufnahme" bezeichnet hier nicht die Kosten für die Score-Musik in Gänze, welche in KB 0 anzusetzen sind. Hier in KB 6 sind lediglich zusätzliche Kosten für Studiomusiker oder Orchester anzusetzen, die keinen urheberrechtlichen Anspruch an der Komposition für sich beanspruchen, sondern lediglich im Auftrag des Komponisten aktiv werden. In der Praxis wird es jedoch meist so gehandhabt, dass diese Kosten in einer Unterkategorie bei der Komposition in KB 0 kalkuliert werden und hier in KB 6 ausschließlich Kosten für die Tonpostproduktion angesetzt werden. Somit lassen sich die Kosten für die reine Tonpostproduktion besser produktionsübergreifend, bzw. mit Produktionen ohne gesonderte Musikaufnahmen, vergleichen. Wenn Sie sich hier unsicher sind, empfehle ich Ihnen, sich im Vorfeld mit der Produktionsfirma, für die Sie arbeiten, abzustimmen, bzw. ggf. auch mit dem Auftrag gebenden Sender.

KB 7 Bild- und Tonmaterialbearbeitung
In KB 7 werden die Kosten für die Bildpostproduktion kalkuliert. Zwar enthält der Name des Kostenblocks auch den Begriff „Ton", aber über die Jahre hinweg hat sich eingebürgert, dass in KB 7 ausschließlich die Kosten für die Bildpostproduktion kalkuliert werden. Dies hat auch den Vorteil, dass man auf einen Blick die Kosten zwischen Bild- und Tonendfertigung separat betrachten und mit anderen Projekten vergleichen kann.

Über die klassischen Bildpost-Positionen können in einer Unterkategorie noch etwaige VFX-Kosten (vgl. Abkürzungsverzeichnis) in KB 7 erfasst werden.

Noch ein Hinweis auf das Einholen von Angeboten für Bild- und Tonpostproduktion im Rahmen ihrer Kalkulation. Hier birgt sich ein großes Risiko im Hinblick auf ein mögliches Verkalkulieren. Fragen Sie immer im Voraus der Abgabe der Kal-

6.6 Die Kostenblöcke 0–9 im Detail

kulation bei ihrem Auftraggeber die sogenannten „Deliveries" an. Hierbei handelt es sich um eine Auflistung von Art und Umfang des abzuliefernden Bild- und Tonmaterials. Dies bezieht sich sowohl auf die technischen Anforderungen als auch auf den Umfang des Materials. Hier sind sehr schnell einige Euro unnötig ausgegeben, wenn sich im Nachgang herausstellt, dass zu viele Ausspielungsarten angeliefert wurden. Ein in den letzten Jahren häufig erlebtes Beispiel ist, dass in manchen schriftlichen Anforderungen noch DVD-Kopien für den Sender enthalten sind, diese jedoch faktisch nicht mehr benötigt werden. Ich empfehle Ihnen aus diesem Grund auch immer noch einen Doppelcheck der Delivery-Liste in Form einer kurzen, persönlichen Rücksprache mit einer senderseitig verantwortlichen Person.

Eine Besonderheit, die ich über die Jahre kennenlernte und die insbesondere bei Kalkulation für das ZDF zum Tragen kommt: Zwar ist im Bildpost-Angebot die Miete für den Schnittplatz inkludiert. Das ZDF wünscht sich jedoch explizit, dass der Schnittplatz aus KB 7 rausgerechnet und in KB 3 aufgenommen wird. Klären Sie dies auch in jedem Fall mit ihrem Kalkulations-Ansprechpartner bei dem jeweiligen Sender ab.

KB 8 Versicherung
Bei einer klassischen, vollfinanzierten Auftragsproduktion bleibt dieser Kostenblock in der Regel leer, da Ihnen als Produktionsfirma seitens des Senders das „Film Komplettschutz" Versicherungspaket (s. Abschn. 10.2) losgelöst vom Gesamtbudget beigestellt wird.

Bei Eigen-, Ko- oder Kinoproduktionen sieht dies anders aus. Hier müssen Sie die Kosten für den Film-Komplettschutz in KB 8 einstellen, da diese Teil des Budgets sind.

Ansonsten gibt es hin und wieder zusätzliche Versicherungen, die Sie als Produzent abschließen, die aber vom Sender nicht in der Kalkulation akzeptiert werden. Diese tauchen dann nur in der internen Kalkulation auf. Ein häufiges Beispiel hierfür ist die „Vollkasko SB 0"-Versicherung oder aber die zusätzliche Versicherung von HU & Gewinn (s. Abschn. 10.3).

KB 9 Allgemeine Kosten
Der Begriff „Allgemeine Kosten" legt die Annahme nahe, dass man alles kalkulieren kann, was nirgendwo anders hineinpasst. Dies verleitet weniger erfahrene Produktionsleiter dazu, bei externen Kalkulationen einige Positionen einzubauen, die so in keinem Fall vom Auftraggeber akzeptiert werden würden. Ein berühmtes Paradebeispiel hierfür ist die Position „Feste". Natürlich gibt es bei jeder Produktion ein „Warm Up" und ein Abschlussfest, bei langlaufenden Produktionen manchmal auch noch ein Bergfest. Und natürlich fallen für diese Kosten an. Es gibt

jedoch keinen Sender, der diese Position bei einer vollfinanzierten Auftragsproduktion in der externen Kalkulation akzeptiert, da diese Kosten aus Sendersicht vom Produzenten aus seinen HUs getragen werden müssen. Besonders ärgerlich ist es, wenn Sie hier z. B. 4000 Euro in der externen Kalkulation berechnen und diese komplett – und schneller als Sie schauen können – vom Sender gestrichen werden. Dies ist aber nur das prominenteste Beispiel für senderseitige Streichungen in diesem Kostenblock. In nahezu keinem anderen Kostenblock können Sie sich in einer externen Kalkulation angreifbarer machen als in diesem. Hier lautet mein Tipp erneut: Stimmen Sie sich, sofern Sie sich nicht sicher sind, bei fraglichen Positionen im Vorfeld mit dem Sender ab!

Kommen wir nun aber zu den üblichen Kalkulationspositionen in KB 9. Prinzipiell, sofern Sie mit SESAM kalkulieren, errechnet sich schon ein großer Teil der Positionen in KB 9 automatisch. Dies ist z. B. bei den Positionen „Beförderungs- und Transportkosten" sowie „Reisekosten" der Fall. Hier haben Sie im Laufe der Kalkulation Preise für Reisen (z. B. Zugfahrt München – Berlin – München, 5x Übernachtung á 80 Euro) oder Fahrzeuge (z. B. PKW-Monatsmiete, 200 Liter Diesel) definiert, welche Sie in KB 1 einzelnen Personen zugeordnet haben. Diese tauchen dann jedoch nicht in KB 1 auf, sondern in KB 9 mittels einer Verknüpfung zu der jeweiligen Position in KB 1. In der Praxis würde dies so aussehen, dass bei den Reisekosten dann z. B. beim Unterpunkt „Hotelkosten" alle Kosten für Übernachtungen der Personen aus KB 1, für die Übernachtungen anfallen würden, aufgelistet werden (z. B. „14x Übernachtung" Produktionsleitung, 7x Übernachtung Hauptdarsteller 1, 5x Übernachtung Nebendarsteller 2). Dies geschieht dann auch automatisch in den anderen Unterkategorien wie „Diäten", „Fahrtkosten", o. ä.

Eine weitere, sich automatisch aus den Löhnen in KB 1 errechnende Position in KB 9 sind die Berufsgenossenschaftsbeiträge.

Alle personenbezogenen Fahrzeuge finden Sie in der Kategorie „Personentransporte" und nicht in der Kategorie „Fahrtkosten". Diese ist Zugfahrten oder Flügen vorbehalten.

Weitere übliche und akzeptable Kosten in Unterkategorien in KB 9 sind Ausgaben für Anmietung von Produktionsbüros sowie dort benötigtes Büromaterial und Internetanschlüsse, Miete für Bürogeräte, Kopier- und Vervielfältigungskosten oder aber auch Kosten für eine Sicherheitsunterweisung des Personals.

6.7 Position „zzgl. Buyout"

Wie bereits zum Einstieg in dieses Kapitel erwähnt, sind in den „Nettofertigungskosten" nicht immer alle Kosten vollumfänglich enthalten. Dies hat den Hintergrund, dass es manche Positionen gibt, auf die kein HU & Gewinn vom Sender gewährt wird, weshalb diese erst am Ende der Kalkulation auftauchen, nachdem auf die klassischen Nettofertigungskosten HU & Gewinn aufgeschlagen wurde.

Solch eine Position ist auch das „Buyout". Diese findet man nicht bei jeder Produktion vor. Ein Beispiel für eine solche Position ist das Drehbuchhonorar. Der Autor erhält in jedem Fall, selbst wenn die Produktion nicht realisiert wird, selbstverständlich sein Drehbuchhonorar. Dieses ist in KB 0 eingestellt und taucht auch in diesem auf. Wird die Produktion nun realisiert, erhält der Autor nun ein weiteres, sog. „Buyout"-Honorar, welches kalkulatorisch jedoch nicht in KB 0 angesiedelt wird, sondern in der gesonderten Kategorie „Buyout". Dies hat den Grund, dass es nur auf das Basishonorar für den Produzenten einen „HU & Gewinn"-Zuschlag gibt. Schließlich hatte er damit einen erheblichen Aufwand in Form der Vertragserstellung, Buchentwicklungsarbeit o. ä. zu leisten, währenddessen das Buyout eine Position ist, die 1:1 dem Autor zufließt und dafür kein weiterer Aufwand von Seiten des Produzenten zu erfolgen hat.

Weitere Positionen in der Kategorie „Buyout" können anteilige Honorare für Regie oder Darsteller sein. Dies ist jedoch von Sender zu Sender unterschiedlich und abhängig davon, ob Sender mit (Teil-)Buyout- oder Wiederholungshonoraren arbeiten.

Erfragen Sie deshalb unbedingt im Vorfeld ihrer Kalkulationserstellung beim jeweiligen Sender, ob in der Kalkulation bestimmte Position aus KB 0 oder KB 1 anteilig auf die Kategorie „Buyout" entfallen. Sollten Sie hier fälschlicherweise auf Buyout kalkulieren obwohl dies vom Sender nicht gefordert wird, entgeht Ihnen hier womöglich HU & Gewinn aufgrund eines simplen Abstimmungsfehlers. Wobei hier senderseitig dann meist im Rahmen des Kalkulationsgesprächs noch zu Gunsten des Produzenten umgestellt wird. Es macht jedoch aus meiner Sicht keinen professionellen Eindruck, wenn Sie beim Sender eine Kalkulation mit solchen Fehlern abgeben, die man mit einem Telefonanruf hätte vermeiden können.

6.8 Position „ohne HU & Gewinn"

Diese Position stellt eine weitere Kategorie dar, in der sich Kosten wiederfinden, für die der Produzent keinen HU & Gewinnzuschlag erhält. In der Praxis kommen diese Positionen sehr selten vor. Ein übliches Beispiel ist die Nutzung von senderseitig zur Verfügung gestellten Archivmaterial, welches Sie in Ihrer Produktion nutzen. Zwar ist dies nahezu kostenlos, dennoch fallen sog. „Archivgebühren" für die Ausspielung etc. an, welche Ihnen der Sender zwar in KB 0 gewährt und zahlt, darauf jedoch kein HU & Gewinn aufgeschlagen wird, weil auf Seiten des Produzenten kein Aufwand für Recherchen, Organisation, o. ä. entsteht.

6.9 Exkurs: Position „Producer" bei öffentlich-rechtlichen Auftragsproduktionen

Konnte man früher bei allen Auftragsproduktionen explizit keinen Producer kalkulieren, so ist dies bei den öffentlich-rechtlichen Sendern seit Existenz der Eckpunktepapiere möglich. Der Producer ist nicht mit einer Wochengage, o. ä. zu kalkulieren, sondern in einer separaten Kostenposition, welche zwischen KB 9 und den Nettofertigungskosten angesiedelt ist. Von daher erwähne ich diese Position hier explizit, da sie seit einigen Jahren ein fester, eigener Bestandteil der Kalkulationsschemata bei ARD & ZDF ist und explizit nicht in KB1 kalkuliert werden soll.

Bei fiktionalen Produktionen können Sie den Producer mit 1 % der Nettofertigungskosten kalkulieren. Bei ARD sowie den Landesrundfunkanstalten ist diese in unbegrenzter Höhe möglich, beim ZDF ist diese Position bei 15.000 Euro gedeckelt. Das bedeutet: Selbst wenn ihre Nettofertigungskosten sehr hoch sind und 1 % davon eigentlich mehr als 15.000 Euro ergeben würden, so ist für die Position Producer beim ZDF die Obergrenze bei 15.000 Euro angesiedelt.

Bezogen auf das eingangs erwähnte Kalkulationsschema wäre die Position Producer an folgender Stelle zu kalkulieren:

....

KB 8 Versicherung

KB 9. Allgemeinen Kosten

= Summe

+ Producer (1 % von Summe, bei ZDF gedeckelt bei 15.000 Euro")

A. Nettofertigungskosten

B. Handlungskosten 6 % von A.

C. Zwischensumme

D. Gewinn 7,5 % von C.

E. Zwischensumme

F1. Zzgl. Buyout

F2. Zzgl. ohne HU & Gewinn

G. Nettoherstellungskosten

6.10 Exkurs: Position „Gewinnzuschlag" bei ZDF-Auftragsproduktionen.

Bei ZDF-Produktionen gibt es seit einigen Jahren einen Gewinnzuschlag i. H. v. 1 % für alle fiktionalen Auftragsproduktionen. Dieser Gewinnzuschlag dient zur Abgeltung der längeren Onlinestellung der Produktion in der ZDF-Mediathek. Waren es früher maximal drei Monate, die das ZDF die Produktion ab linearem Erstausstrahlungstermin in die Mediathek einstellen durfte, sind es seitdem 1 % Gewinnzuschlag zwölf Monate ab Erstausstrahlung. Über diese Regelung haben sich die Produzentenverbände mit Vertretern des ZDF geeinigt. Seit Mai 2022 beträgt der Gewinnzuschlag 1,3 %.

Bezogen auf das eingangs erwähnte Kalkulationsschema wäre die Position Producer an folgender Stelle zu kalkulieren:

......

KB 8 Versicherung

KB 9. Allgemeinen Kosten

= Summe

+ Producer (1 % von Summe, bei ZDF gedeckelt bei 15.000 Euro)

A. Nettofertigungskosten

B. Handlungskosten 6 % von A.

C. Zwischensumme

D. Gewinn 7,5 % von C.

D1. Gewinnzuschlag 1,3 % von C

E. Zwischensumme

F1. Zzgl. Buyout

F2. Zzgl. ohne HU & Gewinn

G. Nettoherstellungskosten

6.11 Exkurs: Nachweiskosten

Es gibt bei vollfinanzierten Auftragspositionen, insbesondere, wenn diese für öffentlich-rechtliche Sender produziert werden, eine Reihe von Positionen, welche nicht Bestandteil der Kalkulation sind, die jedoch trotzdem vom Sender gezahlt werden. Auf Nachweis gegen Vorlage der entsprechenden Belege. Meist erfolgt die Erstattung dieser sog. Nachweiskosten am Ende der Produktion.

Klassische Beispiele für Nachweiskosten sind Bürgschaftskosten oder Beiträge für die Pensionskasse Rundfunk. Bei manchen Sendern ist es auch möglich, die Beiträge für die Künstlersozialkasse (KSK) auf Nachweis erstattet zu bekommen, vorausgesetzt Sie basieren auf Positionen (z. B. Honorar für Komponist), die Sie in der Kalkulation angesetzt haben. In der Regel sind die KSK-Kosten jedoch im Budget enthalten. Klären Sie dies bitte, vor allem wenn es sich um eine ZDF-Auftragsproduktion handelt, mit dem zuständigen Produktionsmanager ab. Sofern die KSK auf Nachweis erstattet wird, müssen Sie die entsprechenden Beträge im SESAM auf „nicht rechnen" setzen, damit diese nicht in das grundsätzliche Budget einfließen. Gleiches gilt für die Pressearbeit. Bei ZDF-Produktionen ist es i. d. R. so, dass Sie in die externe Kalkulation keine Kosten für Pressearbeit in ihr einstellen, Ihnen jedoch am Ende der Produktion 50 % auf Nachweis vom ZDF gegen Rechnungsstellung erstattet werden.

Die einzigen Kosten, die Sie sowohl beim ZDF als auch den ARD-Sendern auf Nachweis erstattet bekommen, sind die Beiträge für die Pensionskasse Rundfunk. Alle weiteren, oben genannten Kosten, sollten Sie immer im Rahmen der Kalkulationserstellung mit den Senderverantwortlichen abklären. Fragen Sie dazu einfach ihren Ansprechpartner, ob Nachweiskosten akzeptiert werden und wenn ja, welche dies sind. Nur so können Sie sicher sein, dass Ihnen dahingehend keine Fehler bei der Erstellung der Kalkulation unterlaufen.

6.12 Exkurs: Rahmenverträge und Mengenrabatte

Auch wenn es sich hier um ein im Hinblick auf die Kalkulation übergeordnetes Thema handelt, möchte ich es dennoch ansprechen. Denn indirekt spielt es im Hinblick auf die Kalkulation eine Rolle. Zumindest auf die Interne.

Sofern Sie regelmäßig produzieren, sollten Sie als Herstellungsleiter versuchen, mit den Key Account Managern der Equipmentverleiher oder der Postproduktionshäuser Mengenrabatte oder gar Rahmenverträge auszuhandeln. Hierzu ist es erforderlich, dass Sie zum Jahresbeginn ihrem Gegenüber ein bestimmtes Auftragsvolumen zusagen. Entweder werden die Rabatte dann in die jeweiligen Tagespreise

6.12 Exkurs: Rahmenverträge und Mengenrabatte

für Equipment, Dienstleistungen, o. ä. eingepreist oder Sie verhandeln einen Cashback zum Jahresende, welcher Ihnen bei Erfüllung des avisierten Auftragsvolumens mittels einer Gutschrift im Rahmen des letzten Projekts des Jahres zukommt. Der Vorteil an Variante 1 ist, dass der Rabatt auch direkt in die jeweiligen Projekte einfließt und somit auch eine positive Auswirkung auf die Projektkostenstände hat. Variante 2 empfehle ich, wenn Sie mehrere Projekte haben, bei denen der avisierte Projektdeckungsbeitrag unterschiedlich ausfällt. Dann können Sie den vollen Cashback auf das Projekt buchen, dessen Ergebnis am schlechtesten ausfiel. Prinzipiell ist dies jedoch auch eine Thematik, die Sie mit der Geschäftsleitung oder dem direkten Vorgesetzten besprechen sollten. In jedem Produktionshaus wird mit diesem Thema anders umgegangen. Manchmal aufgrund firmenpolitischer Gründe, manchmal aber auch schlichtweg aus buchhalterischer Sicht.

Filmförderung 7

Zusammenfassung

Filmförderung ist ein zentraler Bestandteil im Rahmen der Filmfinanzierung. Sie ist somit ein wichtiges Werkzeug im Tagesgeschäft der Herstellungsleitung. In diesem Kapitel wird auf die unterschiedlichen Fördermöglichkeiten im Rahmen eines Filmprojekts eingegangen. Dabei findet eine Abgrenzung zwischen bedingt rückzahlbaren Darlehen und nicht rückzahlbaren Zuschüssen im Rahmen der Filmförderung statt und Ihnen werden Möglichkeiten zur Recherche von Förderungen innerhalb Deutschlands sowie über die Grenzen hinaus aufgezeigt.

7.1 Einführung

Die Filmförderung stellt ein sehr wichtiges Instrument zur Realisierung von Filmvorhaben dar. Wir unterscheiden zwischen Förderungen auf nationaler und auf internationaler Ebene, wobei wir im weiteren Verlauf den Fokus auf die nationalen Fördermöglichkeiten legen werden, da diese in der Praxis deutlich häufiger beantragt und genutzt werden. Im Rahmen der Filmförderung unterscheiden wir prinzipiell zwei Formen. Die häufigste Form der Filmförderung wird als sogenanntes bedingt rückzahlbares Darlehen gewährt, wohingegen es vereinzelt auch zur Gewährung von nicht rückzahlbaren Zuschüssen kommt. Ein bedingt rückzahlbares Darlehen ist, wie der Name schon vermuten lässt, unter gewissen Umständen vom Förderempfänger an die gewährende Stelle zurückzuzahlen. In manchen Fällen zuzüglich Zinsen. Gewisse Umstände lassen sich grob mit dem Erfolg eines Filmes

© Der/die Autor(en), exklusiv lizenziert an Springer Fachmedien
Wiesbaden GmbH, ein Teil von Springer Nature 2022
F. Post, *Film-Herstellungsleitung*,
https://doi.org/10.1007/978-3-658-38375-6_7

definieren. Nur wenn der Film über eine bestimmte, kalkulierte Summe (in der Regel die eingebrachten und in der Kalkulation akzeptierten Eigenmittel) hinaus zusätzlich Erlöse erwirtschaftet, ist das Darlehen zurückzuzahlen. Hierbei sprechen wir auch von der sogenannten Rangfolge. Die Deckung der eingebrachten und kalkulierten Eigenmittel des Produzenten steht im 1. Rang, d. h. alle zusätzlichen Erlöse stehen zunächst zur Deckung dieser zur Verfügung. Erst wenn der 1. Rang vollständig gedeckt ist, ist das Darlehen durch weitere Erlöse im 2. Rang zurückzuführen. Abhängig von der jeweiligen Förderinstitution können sich Besonderheiten hinsichtlich der Rückzahlungsbedingungen ergeben. Diese müssen Sie sich in den jeweiligen Förderrichtlinien genauestens anschauen bzw. diese im Gespräch mit dem jeweils zuständigen Förderreferenten besprechen.

Ein Gespräch mit dem Förderreferenten ist vor jeder Förder-Beantragung unerlässlich und gehört zum gesamten Förderprozess dazu. Hierbei geht es zum einen um die Besprechung von formellen Faktoren, zum anderen kann Ihnen der Förderreferent auch wichtige Infos zukommen lassen, wie viele Anfragen für die nächste Förderentscheidung bereits vorliegen, o. ä.

So kann es zum Jahresende schon einmal der Fall sein, dass die Mittel des Fördertopfes schon sehr erschöpft sind und es strategisch günstiger sein könnte, ihr Projekt erst in die erste Förderrunde des Folgejahres einzureichen. Im Umkehrschluss kann aber auch einmal genau das Gegenteil der Fall sein. Geld befindet sich noch im Topf und bisher sind in ihrer gewünschten Kategorie noch keine Einreichungen bekannt. Natürlich ist dies keine Garantie, die Förderung auch zu erhalten, da natürlich trotzdem die formellen, inhaltlichen und kulturellen Aspekte im Gremium geprüft werden müssen.

7.2 Förderungsarten

Oftmals wird unter dem Begriff „Filmförderung" die Förderung der Produktionskosten verstanden. Es gibt jedoch weitere Fördermöglichkeiten. Zum einen während des Entwicklungsstadiums, zum anderen nach Abschluss der Produktion. Auf die unterschiedlichen Förderbereiche wird nachfolgend – chronologisch anhand des jeweiligen Stadiums des Filmherstellungsprozesses – genauer eingegangen.

7.2.1 Stoffentwicklungsförderung

Diese Art der Förderung ermöglicht es Produzenten und/oder Autoren, bei der Entwicklung eines Drehbuchs finanziell unterstützt zu werden. Umgangssprachlich,

7.2 Förderungsarten

bzw. auch bei manchen Förderinstitutionen, wird diese Förderung auch als „Drehbuchförderung" bezeichnet. Anders als bei einer klassischen TV-Auftragsproduktion, bei der meist durch den Sender die komplette Autorenleistung finanziert wird, dient diese Art der Förderung vor allem der Entwicklung von Drehbüchern für abendfüllende Kinoproduktionen und stellt einen wichtigen Faktor dar, da es wohl nur wenige Produzenten in Deutschland gibt, die über die finanziellen Mittel verfügen, eine Drehbuchentwicklung vollumfänglich auf eigene Kosten und auf eigenes Risiko zu finanzieren.

Die Stoffentwicklungsförderung wird als bedingt rückzahlbares Darlehen gewährt und ist bei Realisierung des Projektes in der Regel zum Drehbeginn zurückzuzahlen. Dies klingt auf den ersten Blick vielleicht merkwürdig, bzw. werden Sie sich nun fragen, was Sie dann überhaupt durch die Förderung haben? Ganz einfach: Sie hätten das Projekt, bzw. die Entwicklung des Drehbuchs sonst womöglich nie starten können. Sehen Sie diese Förderung sozusagen als „Anschubfinanzierung" für vielversprechende Projekte. Oder sehen Sie es einmal von dieser Seite: Die Kosten für das Drehbuch sind zu diesem Zeitpunkt natürlich bereits sowieso in die Gesamtkalkulation eingeflossen und somit durch Mittel weiterer Dritter (Sender/Verleih/andere Förderungsarten o. ä.) finanziert. Folglich können Sie das ursprünglich gewährte Darlehen natürlich auch zurückzahlen, ohne dass Ihnen ein finanzieller Verlust entsteht.

Die Stoffentwicklungsförderung ist somit ein essenzieller Motor der deutschen Kreativwirtschaft, ohne den es viele erfolgreiche Kinofilme sicherlich niemals gegeben hätte.

Über die Gewährung der Förderung entscheidet ein sogenannter Förderausschuss Grundlage für die Förderentscheidung ist die fristgerechte Einreichung aller relevanten Unterlagen nebst Antrag sowie – auch hier – zwingend ein Vorabgespräch mit dem zuständigen Förderreferenten.

7.2.2 Projektentwicklungsförderung

Anders als bei der Stoffentwicklung muss bei dieser Art der Förderung bereits ein möglichst verfilmbares Drehbuch vorliegen. Die Projektentwicklungsförderung dient dazu, das Projekt dahingehend voranzutreiben, dass es letztendlich verfilmt werden kann. Kosten, die durch diese Art der Förderung finanziert werden können, sind z. B. Casting-Kosten, Recherche-Reisen oder aber auch schon erste Gagen für Regie, Produktions- oder Ausstattungsstab im Hinblick auf Location-Suche, Kalkulationserstellung oder Probeaufnahmen (z. B. für einen Teaser). Die Projektentwicklungsförderung wird ebenfalls in der Regel. als bedingt-rückzahlbares Darlehen gewährt.

7.2.3 Produktionsförderung

Bei der Produktionsförderung handelt es sich um eine Förderung der eigentlichen Dreharbeiten. Diese muss stets vor avisierten Drehbeginn beantragt sein. Sobald schon ein Drehtag stattgefunden hat, ist es nicht mehr möglich, Produktionsförderung zu beantragen.

In der Praxis findet die Beantragung daher vor dem avisierten Drehbeginn statt. Denn schließlich sind Produktionsförderungen oft ein wesentlicher Bestandteil der Projektfinanzierung, ohne welche die Projektfinanzierung erst gar nicht geschlossen werden kann.

Bis vor einigen Jahren waren Produktionsförderungen meist Kinoproduktionen vorbehalten. Über die Jahre hinweg hat hier ein Umdenken seitens der Förderinstitutionen stattgefunden, da die Nachfrage nach hochbudgetierten TV- und Streamingproduktionen immer größer geworden ist und die Produktion dieser mittlerweile auch einen großen Wirtschaftsfaktor in Deutschland darstellt.

Bei der Produktionsförderung unterscheiden wir prinzipiell in bedingt rückzahlbare Darlehen (z. B. klassische Produktionsförderung der MDM (vgl. Abkürzungsverzeichnis), des FFF Bayern (vgl. Abkürzungsverzeichnis), o. ä.) und nicht rückzahlbare Zuschüsse (z. B. German Motion Picture Fund – GMPF – des Bundeswirtschaftsministeriums). Gerade letztere Förderung wurde speziell als Anreiz zur Produktion hochwertiger Serien in Deutschland seitens der Bundesregierung ins Leben gerufen, dementsprechend sind die Barrieren zum Erlangen dieser Förderung auch sehr hoch, vor allem geknüpft an ein überdurchschnittliches Budget – das wiederum natürlich überdurchschnittliche Ausgaben der Produktionsfirmen im eigenen Land – mit sich bringt.

Alle angebotenen Produktionsförderungen im Detail zu betrachten, würde den Rahmen sprengen. Auch hier gilt: Es hängt individuell von jedem Projekt ab, welche Förderung ggf. in Frage kommt.

Vereinfacht können Sie sich merken, dass jede Produktionsförderung natürlich an gewisse Bedingungen des gewährenden Bundeslandes bzw. der Bundesregierung geknüpft ist, sei es inhaltlicher oder wirtschaftlicher Natur. Wobei zu betonen ist, dass gerade letzteres eigentlich bei jeder Produktionsförderung eine Rolle spielt. So müssen Sie im Vorfeld, im Rahmen Ihrer Antragsstellung, in Ihrer Kalkulation darstellen, wie viel Prozent ihres Budgets Sie im jeweiligen Bundesland ausgeben werden. Wir sprechen hier vom sogenannten Fördereffekt. Dieser liegt oft bei rund 200 %, was bedeutet, dass Sie mindestens das Doppelte der Ihnen später gewährten Fördersumme im Bundesland, aus dem Sie die Förderung erhalten, ausgeben müssen. Je höher ihr kalkulierter Fördereffekt ausfällt, desto größer ist die Wahrscheinlichkeit, dass Ihnen die jeweiligen Gremien auch eine Förderung gewähren.

7.2 Förderungsarten

Ich empfehle Ihnen vor Einreichung ihres Förderantrags ausführlich in den Dialog mit den jeweilig zuständen Förderreferenten zu treten.

7.2.4 Postproduktionsförderung

Während die vorgelagerten Fördermöglichkeiten in der Regel von nahezu allen Förderinstitutionen angeboten werden, wird die Postproduktionsförderung nur von einigen angeboten. Sie wird entweder als bedingt-rückzahlbares Darlehen oder in Einzelfällen (z. B. bei HessenFilm) anteilig auch als nicht rückzahlbarer Zuschuss gewährt. Bedingung für diese Art der Förderung ist in der Regel ein bereits abgeschlossener Dreh.

7.2.5 Verleih- und Vertriebsförderung

Diese Art der Förderung soll vor allem dazu beitragen, den Erfolg von Kinofilmen nachhaltig zu unterstützen, indem die Verleih- und Vertriebsfirmen bei der Vermarktung finanzielle Unterstützung erhalten. Sie dient vor allem dazu, die Vorkosten des Verleihs zu finanzieren und ist somit auch als eine Art „Anschubfinanzierung" – nur eben für den Vertrieb zu sehen. Hiermit können Kosten des Verleihers für Werbung und Marketing oder aber die Erstellung von DCP-Files (vgl. Glossar) mitfinanziert werden. In den meisten Fällen wird die Verleih- und Vertriebsförderung als bedingt-rückzahlbares, verzinsliches Darlehen gewährt.

7.2.6 Weitere Fördermöglichkeiten und Förder-Recherche

Natürlich gibt es noch eine Vielzahl an Spezial- und Nischenförderungen wie z. B. die Nachwuchs-, Debüt- oder Paketförderung, um nur einige zu nennen. Auf all diese detailliert einzugehen, kann an dieser Stelle nicht geleistet werden; ich möchte mich vielmehr auf die Detailbetrachtung der vorausgegangenen Förderarten beschränken. Für weitere Recherchen empfehle ich die Förderdatenbank des Bundesministeriums für Wirtschaft und Energie, auf der alle Förderangebote auf Bundes- und Landesebene sowie Programme der europäischen Union (z. B. Creative Media Europe) zu finden sind.

Die gängigsten Förderinstitutionen auf Bund- und Länderebene finden Sie auf einen Blick in Tab. 7.1.

Tab. 7.1 Übersicht Filmförderung in Deutschland (Bund-und Länderebene)

Bundesebene	Länderebene
BKM (DFFF I & DFFF II)	FFF Bayern
FFA (klassisch + GMPF)	Filmstiftung NRW
Kuratorium junger deutscher Film	Filmbüro Bremen
	Filmbüro Mecklenburg-Vorpommern
	Filmbüro NW
	Hessenfilm
	MDM
	Medienboard Berlin-Brandenburg
	MFG Baden Württemberg
	Moin Filmförderung Hamburg Schleswig-Holstein
	Nordmedia
	Saarland Medien

Quelle: Eigene Darstellung

Controlling 8

> **Zusammenfassung**
>
> Neben einer fundierten Kalkulation ist das professionelle, kontinuierliche Controlling eines Filmprojekts einer der zentralen Aspekte im Hinblick auf den wirtschaftlich erfolgreichen Abschluss von diesem. In diesem Kapitel erhalten Sie eine Übersicht über die wichtigsten Controlling-Instrumente im Rahmen der Filmproduktion und bekommen diese anhand von Beispielen praxisnah erläutert. Insbesondere eingegangen wird auf den Kostenstand als Herzstück des Filmcontrollings, und damit einhergehend, die Wichtigkeit der Zusammenarbeit zwischen Herstellungs-und Produktionsleitung mit der Filmgeschäftsführung sowie der Head of Departments.

8.1 Kostenstand

Kostenstand
Beim Kostenstand handelt es sich um eines der wichtigsten Controlling-Instrumente für den Produktionsleiter, da er direkt aus der FiBu (vgl. Abkürzungsverzeichnis) erstellt wird und somit – taggenaue Buchung vorausgesetzt – ein aktuelles Abbild der bisher angefallenen Kosten darstellt.

Der branchenübliche Kostenstand enthält sieben Spalten. Die übliche Gliederung finden Sie in Abb. 8.1.

Kostenart		Kalkulation 1	Ges. Kosten	zu erw. Kost.	Endkosten	Abweichung	Proz.
32544	Büromaterial	250,00	261,81	0,00	261,81	11,81	4,72
32545	Miete Bürogeräte/ Lizenzen	0,00	355,00	0,00	355,00	355,00	0
Büromaterial		250,00	616,81	0,00	616,81	366,81	146,72

Abb. 8.1 Kostenstand. (Quelle: Eigene Darstellung, erstellt in SESAM)

Die Spalte „Kostenart"

In dieser Spalte sehen Sie die Bezeichnung der jeweiligen Position. Diese ist 1:1 identisch mit der Bezeichnung aus ihrer Kalkulation. Generell händigen Sie zu Beginn einer jeden Produktion die verabschiedete Kalkulation an die Filmgeschäftsführung aus, damit die Anordnung der Kostenarten innerhalb des Kostenstands mit der Reihenfolge der Positionen aus der Kalkulation übereinstimmt.

Die Ziffer vor der Bezeichnung ist die Kontennummer, welche die Filmgeschäftsführung für diese Kostenart angelegt hat. In vielen Fällen, insbesondere bei großen Produktionsfirmen, werden die Kontennummern bzw. die Kontenrahmen in Gänze bereits vorgegeben und sind von der Filmgeschäftsführung nicht individuell anzulegen. Deshalb ist es besonders wichtig, dass Sie sich in ihrer Position als Produktions- oder Herstellungsleiter zu Beginn des Projekts mit der Filmgeschäftsführung bei der Hauptbuchhaltung des Produktionsunternehmens erkundigen, ob es irgendwelche Vorgaben gibt. Sollten Sie eine abrechnungsähnliche Produktion durchführen, müssen Sie sich ebenfalls bei ihrem Auftraggeber erkundigen, ob es Vorgaben oder sogar Vorlagen für den Kontenrahmen gibt.

Natürlich kommt es auch vor, dass Kosten für Positionen anfallen, die bisher nicht in ihrer Kalkulation berücksichtigt waren. In diesem Fall wird hier im Kostenstand eine neue Kostenart nebst dazugehöriger Kontennummer hinzugefügt.

In der Praxis ist es so, dass die Rechnungen vom Produktionsleiter meist vorkontiert werden. Dafür gibt es auch standardisierte Kontierungsstempel (vgl. Abb. 8.2) mit entsprechend freigelassenen Feldern. Dort können Sie als Produktionsleiter die gewünschte Kontonummer eintragen. Natürlich ist die Filmgeschäftsführung final für die korrekte Buchhaltung verantwortlich, sodass hier auch Korrekturen seitens dieser möglich sind.

Die Spalte „Kalkulation 1"

Hier befinden sich alle Werte aus der abgenommenen Kalkulation, d. h. diese Spalte stellt in Summe das verhandelte Budget dar. Die Werte in dieser Spalte werden von der Filmgeschäftsführung aus der Kalkulation, die sie vom Produktions-oder Herstellungsleiter erhält, erfasst.

8.1 Kostenstand

Projekt	Kostenstelle	Steuer	Konto-Soll
sachl. + rechn. richtig	angewiesen		Konto-Haben
bezahlt am	Auszug-Nr.		ok Buchh.

Abb. 8.2 Klassischer Kontierungsstempel. (Quelle: Eigene Darstellung)

Die Werte sind folglich, sofern einmal angelegt, als statisch anzusehen und dienen als Ausgangs- und Vergleichsbasis für die weiteren Spalten und somit auch zur Feststellung des finanziellen Erfolgs oder Misserfolgs des Projekts.

Die Spalte Gesamtkosten
Diese Spalte stellt alle buchhalterisch erfassten Kosten taggenau dar und dient als wichtiger Anhaltspunkt für den Produktionsleiter, in frühem Stadium eine Über- oder Unterschreitung der jeweiligen Kostenart zu prognostizieren. Achten Sie zum einen darauf, dass ihr Filmgeschäftsführer stets mit dem Buchen von Eingangsrechnungen und V-Geldabrechnungen auf dem aktuellsten Stand ist. Und noch viel wichtiger – wenn es auch auf den ersten Blick simpel erscheint: Erstellen Sie als Projektverantwortlicher stets einen festen Workflow für Eingangsrechnungen! Die Praxis hat gezeigt, dass hin und wieder Rechnungen untergehen, da diese von Projektmitarbeitern nicht an die Filmgeschäftsführung weitergeleitet wurden. Weisen Sie ihre Projektmitarbeiter stets dazu an, sich an den Workflow zu halten. Ich empfehle Ihnen, dass digitale Eingangsrechnungen vom Lieferanten/Dienstleister ausschließlich per Mail an eine eigens für das jeweilige Projekt angelegte Mailadresse zu senden sind (z. B. fibu_projektname@firma.de), per Post ausschließlich an die postalische Adresse der Produktion mit dem Vermerk „Projektname".

Die Spalte „zu erwartende Kosten"
Zu Beginn eines Projekts stellt diese Spalte im Prinzip ein Abbild der internen Kalkulation dar. Sie ermöglicht somit einen direkten Vergleich mit der externen Kalkulation (= vom Sender bewilligt), welche von der Filmgeschäftsführung bereits in der Spalte „Kalkulation 1" erfasst wurde.

Sobald erste Rechnungen eingehen und eingebucht werden, wandert der Rechnungsbetrag automatisch von dieser Spalte in die Spalte „Gesamtkosten".

Hier ist aber Vorsicht geboten. Oftmals können Sie als Produktionsleiter schon abschätzen, dass die Kosten in einzelnen Bereichen höher oder niedriger als ursprünglich kalkuliert ausfallen. Entsprechend muss die Spalte „zu erwartende Kosten" kontinuierlich von Ihnen überwacht und seitens der Filmgeschäftsführung unter Umständen auf Basis Ihrer Anweisung manuell angepasst werden. Deshalb ist es wichtig, dass mindestens einmal wöchentlich ein gemeinsamer Termin zwischen Filmgeschäftsführung und Produktionsleitung stattfindet. Hierzu möchte ich Ihnen zwei Beispiele geben – ein negatives und ein positives Beispiel – jeweils bezogen auf den gleichen Fall. Die Änderungen im Fall sind im Positivbeispiel zum besseren Verständnis *kursiv geschrieben.*

Das Negativbeispiel

Der Produktionsleiter weiß, dass eigentlich noch drei Rechnungen des Kostümverleihers ausstehen, was in Summe 5000 Euro ausmacht und somit eine Punktlandung der Kalkulation im Bereich „Kostüme" bedeuten würde. Die Spalte „zu erwartende Kosten" verzeichnet somit noch 5000 Euro vor dem wöchentlichen Termin mit der Filmgeschäftsführung. Nun sind, wie sich am gemeinsamen Termin mit der Filmgeschäftsführung herausstellt, jedoch bereits zwei Rechnungen des Kostümverleihers eingegangen, die in Summe schon 4500 Euro ausmachen. Die Filmgeschäftsführung hat diese Rechnungen bereits vorerfasst und die Spalte „zu erwartende Kosten" hat sich somit auf 500 Euro verringert. Dem Produktionsleiter kommt dies komisch vor, da er ursprünglich davon ausging, dass die drei Rechnungen alle in etwa die gleiche Summe haben würden. Nach einem Telefonat mit dem Kostümdepartment stellt sich heraus, dass es zu Komplikationen kam. Eine Abfrage des Kostümdepartments ergibt, dass die dritte und letzte Rechnung noch 1500 Euro betragen wird. Somit muss der Produktionsleiter der Filmgeschäftsführung die Anweisung geben, die „zu erwartenden Kosten" manuell von 500 Euro auf 1500 Euro nach oben zu korrigieren. Ärgerlich, weil dies in Summe eine Überschreitung des Kostümbudgets bedeutet. Aber so kann der Produktionsleiter nun zumindest einen tatsächlichen Kostenstand für seinen Vorgesetzten (HL oder Geschäftsführer) aufsetzen und die böse Überraschung kommt nicht erst ganz am Schluss. Unter Umständen hat er auch die Möglichkeit in anderen Bereichen auf die Kostenbremse zu treten um die 1000 Euro Budgetüberschreitung im Kostümbereich wieder aufzufangen. ◄

8.1 Kostenstand

Das Positivbeispiel

Der Produktionsleiter weiß, dass eigentlich noch drei Rechnungen des Kostümverleihers ausstehen, was in Summe 5000 Euro bedeutet und somit eine Punktlandung der Kalkulation im Bereich „Kostüme" bedeuten würde. Die Spalte „zu erwartende Kosten" verzeichnet somit noch 5000 Euro vor ihrem wöchentlichen Termin mit der Filmgeschäftsführung. Nun sind, wie sich am gemeinsamen Termin mit der Filmgeschäftsführung herausstellt, *jedoch bereits drei Rechnungen des Kostümverleihers eingegangen*, die in Summe 4500 Euro ausmachen. Die Filmgeschäftsführung hat diese Rechnungen bereits vorerfasst und die Spalte „zu erwartende Kosten" hat sich somit auf 500 Euro verringert. *Der Produktionsleiter möchte deshalb auf Nummer sicher gehen.* Nach einem Telefonat mit dem Kostümdepartment stellt sich heraus, *dass beim Fundus zwei spezielle Kostüme deutlich günstiger als gedacht geliehen werden konnten.* Eine Abfrage des Kostümdepartments beim Fundus ergibt, *dass tatsächliche keine weiteren Positionen mehr offen und somit keine weiteren Rechnungen zu erwarten sind.* Somit kann der Produktionsleiter der Filmgeschäftsführung die Anweisung geben, die „zu erwartenden Kosten" *manuell von 500 Euro auf 0 Euro zu setzen. Sehr positiv, weil dies in Summe eine Unterschreitung des Kostümbudgets bedeutet, welche der Produktionsleiter natürlich gerne an seine Vorgesetzten kommuniziert. Somit hat er unter Umständen auch noch die Möglichkeit in einem anderen Bereich die eingesparten 500 Euro zusätzlich auszugeben, z. B. dem Regisseur die ursprünglich versagte Drohne für einen Drehtag zu ermöglichen. Oder er freut sich gemeinsam mit seinen Vorgesetzten über einen zusätzlichen, positiven Beitrag zum ursprünglich avisierten Projektdeckungsbeitrag.*

In diesem Zusammenhang möchte ich betonen, dass es sich hierbei aus Verständnisgründen um ein sehr vereinfachtes Beispiel handelt. Ganz so einfach ist es in der Praxis nicht bzw. natürlich lässt sich durch solch kleine Einsparungen oder Erhöhungen kein Projekt per se besser oder schlechter abschließen. Ein Kostenstand besteht aus zig solchen Bestandteilen und es bedarf einer langjährigen Berufserfahrung und eines guten Gesamtüberblicks, bis man es als Produktionsleiter wagen sollte von einem „besseren" oder „schlechteren" Projektergebnis zu sprechen. ◄

Die Spalten „Endkosten", „Abweichung" und „Prozent"
Diese Spalten hängen unmittelbar miteinander zusammen. Zum Projektende, bzw. nach Eingang aller Rechnungen entspricht die Spalte „Endkosten" 1:1 der Spalte „Gesamtkosten". Bis dies so weit ist, errechnen sich die „Endkosten" aus der Spalte „Gesamtkosten" und „zu erwartende Kosten". Die Spalte „Abweichung"

stellt die Differenz zwischen den Spalten „Kalkulation 1" und „Endkosten" dar und zeigt uns die Budgetüber- oder Unterschreitung in einer absoluten Zahl an. Die Spalte „Prozent" stellt die Abweichung zur ursprünglichen „Kalkulation 1" in einem Prozentwert dar.

Die Spalten „Abweichung" und „Prozent" sind somit zum Projektende die wichtigsten Spalten, wenn es darum geht, den finanziellen Abschluss des Projekts auf einen Blick zu erfassen.

In unserem o. g. Kostümbeispiel würde dies wie folgt aussehen:

Kalkulation 1	Ges. Kosten	zu erw. Kosten	Endkosten	Abweichung	Proz.
5.000,00 €	4.500,00 €	- €	4.500,00 €	- 500,00 €	.-10%

8.2 Liquiditätsplan

Bei einem Liquiditätsplan müssen wir zwei Varianten unterscheiden: Den übergeordneten Liquiditätsplan und den Projektliquiditätsplan. Erstgenannter wird in den Produktionshäusern meist seitens der Hauptbuchhaltung auf Anweisung des CFO (vgl. Abkürzungsverzeichnis) oder der kaufmännischen Leitung zum Jahresbeginn erstellt und unterjährig kontinuierlich aktualisiert. In diesen bekommen Sie als auf Projektbasis befristet angestellter Produktionsleiter auch keinen Einblick.

Basis für diesen Plan ist jedoch der vom Produktionsleiter und der Projektfilmgeschäftsführung erstellte Projektliquiditätsplan. Mit diesem meldet die Produktionsleitung an, wie viel Liquiditätsbedarf in welcher Kalenderwoche für das Projekt besteht.

Besonders hoch ist der Liquiditätsbedarf zum Monatsende, da dort die zahlreichen Löhne und Sozialversicherungsbeiträge beglichen werden müssen. Aufgabe des Herstellungsleiters, bzw. des kaufmännischen Leiters ist es, den Bedarf mit den verfügbaren liquiden Mitteln abzugleichen und unter Umständen weitere liquide Mittel bereitzustellen. Insbesondere wenn die Zahlungseingänge für das jeweilige Projekt verspätet erfolgen, kann es hier erforderlich sein, kurzfristig liquide Mittel aus anderen Quellen zur Verfügung stellen zu müssen, um anstehende Löhne, SV-Beiträge oder Rechnungen pünktlich begleichen zu können. Dies kann aus Rückstellungen oder Spareinlagen der Produktionsfirma oder aber auch durch kurzfristige Projektkreditlinien (s. Abschn. 11.3 ff.) erfolgen. Letzteres ist in der Praxis am häufigsten der Fall, da die wenigsten Produktionsfirmen über große Mengen ungenutztes Kapital verfügen.

In jedem Fall müssen Sie den Projekt-Liquiditätsbedarf möglichst wochengenau in einem Plan darstellen. Dies dient Ihnen zur Planungssicherheit und ist auch Bedingung seitens der Bank zur Gewährung von kurzzeitigen Projektkreditlinien. Abschließend ist zu erwähnen, dass Sie den Liquiditätsplan kontinuierlich überwachen und ggf. anpassen müssen. Sobald es Veränderungen im Hinblick auf die Projektliquidität gibt, muss der Plan umgehend angepasst, an den Herstellungsleiter/die kaufmännische Leitung und an die Bank gesendet werden.

8.3 Purchase Order

Die Purchase Order (PO) ist ein System zur Kostenkontrolle im Rahmen von Bestellvorgängen. Vereinfacht ausgedrückt handelt es sich hierbei um ein System, dass Kontrolle darüber bietet, Ausgaben vor Entstehen zu genehmigen und den Budgetverantwortlichen ermöglicht, einen besseren Überblick darüber zu haben, ob gewisse Ausgaben noch in ihrem ursprünglich kalkulierten Budget sind. Empfehlenswert ist ein PO-System für Departments, von denen in kurzer Zeit sehr viel Geld ausgegeben wird. Insbesondere das Kostüm- und Ausstattungsdepartment ist geradezu prädestiniert dafür.

Bei niedriger budgetierten Produktionen oder einfachen TV-Auftragsproduktionen wird i. d. R. nicht mit einem PO-System gearbeitet, da der Aufwand dafür in keiner Relation zu dem Mehrwert steht. Bei großen Kino- oder Streaming-Produktionen mit hohen Kostüm- und Ausstattungsbudgets empfiehlt sich hingegen ein solches System.

Doch wie funktioniert dieses System? Sie müssen sich PO als eine Art Genehmigungsverfahren vorstellen. Bevor ein Außenrequisiteur beispielsweise einen großen, antiken Schrank für mehrere tausend Euro ausgeben darf, muss er sich diesen Kauf vorab genehmigen zu lassen. Je nach Höhe der Ausgabe benötigt er dazu verschiedene Unterschriften vor dem Kauf. Die Unterschriftenklassen können Sie als Produzent nach eigenem Ermessen definieren. Meist empfiehlt sich hier ab einer gewissen Ausgabengröße mindestens ein Vier-Augen-Prinzip. Bei unserem Beispiel mit dem Schrank würde dies bedeuten, dass der Szenenbildner als HOD (vgl. Abkürzungsverzeichnis) und Budgetverantwortlicher in seinem Bereich sowie der Produktionsleiter als Kontrollinstanz über den Szenenbildner den Kauf vor Auslösen der Bestellung genehmigen muss.

Natürlich müssen Sie sicherstellen, dass die Freigabe auch zeitnah erfolgen kann, da es sonst zu erheblichen Verzögerungen im Projektablauf kommt. In früheren Jahren wurde jede Purchase Order auf einen gesonderten Zettel ausgefüllt und musste dann von den Unterzeichnungsberechtigen unterschrieben werden.

Die Durchschläge gingen dann sowohl zurück an den Beantragenden (= „Go" für „den Kauf") als auch an den Filmgeschäftsführer, damit dieser den Wert in die Rubrik „zu erwartende Kosten" im Kostenstand einbuchen konnte.

Im Zeitalter der Digitalisierung gibt es hier inzwischen jedoch auch Software- bzw. App-gesteuerte Lösungen, die ein zügiges Freigeben und Erfassen am PC oder sogar am Smartphone ermöglichen (s. Abschn. 9.5).

Man sollte erwähnen, dass das PO-System in anderen Ländern, wie z. B. den USA deutlich ausgereifter ist. Dort sind die HODs von der Produktionsfirma meist angewiesen, nur in bestimmten Fundus auf Einkaufstour zu gehen. Die dortigen Angestellten sind nur befugt Bestellungen für Kostüme, Requisiten, o. ä. anzunehmen, wenn der jeweilige HOD eine genehmigte Purchase Order vorlegt, aus der die Genehmigung der jeweiligen Summe hervorgeht. Somit hat das PO-System bei amerikanischen Produktionen einen deutlich höheren Stellenwert, wobei man fairerweise auch dazu sagen muss, dass in den dortigen Film-Metropolen die Filmindustrie einen ganz anderen Stellenwert genießt und einen deutlich höheren Wirtschaftsfaktor darstellt als hierzulande.

Das beste System funktioniert nur, wenn es auch gelebt wird. Hierzu eine weitere Anekdote aus der Praxis: Ein Kollege erzählte mir einmal schmunzelnd, dass er sich bei einem größeren Projekt gewundert hatte, wie es sein kann, dass die einzelnen POs eines Departments immer nahezu auf den Cent genau mit den späteren Rechnungen übereinstimmen. Nach einer kurzen Nachforschung stellte sich heraus, dass die Requisiten bereits schon angemietet oder gekauft und die POs immer erst im Nachgang erstellt wurden. In diesem Fall sei es zum Glück gut ausgegangen, da der HOD ein erfahrener Profi war und sein Budget auch ohne PO im Blick hatte. Somit waren die Genehmigungen seitens des Produktionsleiters mehr oder weniger nur Formsache, da dieser anhand der diversen POs ebenfalls nur feststellen konnte, dass sämtliche „angeblich geplanten" Anschaffungen im Budget sind. Natürlich wusste der Produktionsleiter über das Vorgehen des HODs Bescheid, duldete es aber, da er schon öfters mit dieser Person zusammengearbeitet hatte und ihr vertraute. Die POs waren für dieses Department aufgrund der Vorgaben der Produktionsfirma eher kosmetischer Natur. Was im Umkehrschluss nicht heißt, dass der Kollege bei anderen Departments nicht genauer hingeschaut hat.

Nun haben Sie das Für und Wider des Purchase Order Systems kennengelernt und ich stelle Ihnen eine eigene Wertung frei, bzw. lade Sie dazu ein, sich vor ihrem anstehenden Projekt genau zu überlegen, ob es in Ihrem Fall sinnvoll ist oder nicht.

8.4 Tagesberichte

Aus der Zeit als Praktikant oder Auszubildender bei einem Filmproduktionsunternehmen hat man den Tagesbericht wohl eher als lästigen Papierkram anstatt als wichtiges Controlling-Instrument gesehen. Doch neben dem kontinuierlich zu aktualisierenden Kostenstand ist der Tagesbericht aus kaufmännischer Sicht eines der wichtigsten Controlling-Instrumente während der Dreharbeiten und vor allem auch im Rahmen der Schlussauswertung eines Filmprojekts.

Tagesberichte werden zu jedem Drehtag erstellt und liegen i. d. R. am nächsten Tag vor. Die wesentlichen Inhalte werden dabei sowohl von der Script/Continuity am Set als auch von der Aufnahmeleitung geliefert.

Tagesberichte enthalten u. a. wichtige Angaben zu Dreh- und Arbeitszeiten, gedrehten Minuten, gedrehten Takes je Bild oder aber auch zu besonderen Vorkommnissen. Dies können Schäden, Verletzungen, Drehunterbrechungen oder aber auch Dinge wie das Verschieben eines Bildes auf den nächsten Drehtag (sog. „hängen bleiben" von Bildern) sein.

Auf die Arbeitszeiten und die gedrehten Bilder bezogen stellt der Tagesbericht im Idealfall ein 1:1-Abbild der Dispo für den jeweils abgedrehten Drehtag dar. Dies würde im Umkehrschluss bedeuten, dass man alles wie geplant und „in time" drehen konnte.

Aus kaufmännischer Sicht stellt das Ablesen des Drehbeginns und des Drehendes einen wichtigen Punkt dar – denn darauf basierend lassen sich etwaige Überstunden ableiten und der spätere Abgleich mit den Stundenzetteln der Filmcrew wird vereinfacht. Über die Jahre hinweg entwickelt man ein Gefühl dafür, wie lange bestimmte Gewerke nach Drehschluss noch mit Abbautätigkeiten o. ä. beschäftigt sind. Sollte Ihnen z. B. ein Beleuchter einen Stundenzettel abgeben, der besagt, dass er bis 19:45 Uhr gearbeitet hat, obwohl der Drehschluss um 18:30 Uhr war, kommt Ihnen das zurecht komisch vor. Sofern es sich nicht um ein sehr aufwändiges Set handelt, gibt es eigentlich kein Department, das noch deutlich länger als 30 min nach Drehschluss beschäftigt ist. Und noch ein Hinweis in diesem Zusammenhang: Arbeitsbeginn und Arbeitsende sind immer am Set. Wegzeiten gelten nicht als Arbeitszeit, es sei denn, ein Teammitglied bewegt auf Ihre Anweisung hin ein produktionsrelevantes Fahrzeug, wie z. B. das Garderobenmobil, zum Set. Eine weitere Ausnahme liegt gemäß Tarifvertrag vor, wenn der jeweilige Drehort mehr als 20 Kilometer von der Wohnortsgrenze entfernt liegt. Die Betonung liegt hierbei auf dem Wort Grenze, was gerade in Metropolen wie Berlin, München oder Hamburg durchaus von erhöhter Relevanz bei der Diskussion mit Filmschaffenden im Hinblick auf den Arbeitsbeginn ist.

Der Tagesbericht gibt auch Auskunft über das Drehverhältnis des jeweiligen Drehtags, bzw. der abgedrehten Bilder. Das Drehverhältnis besagt, wie oft eine Szene wiederholt wurde, bis sie aus Sicht des Regisseurs im Kasten war. Ein hohes Drehverhältnis hatte früher noch mehr Auswirkungen auf die Kosten als heute, da die Filmmaterial-und Entwicklungskosten deutlich höher waren als die heutigen Speicher- und Überspielungskosten. Allerdings sollte man als Produzent bei häufigen Überstunden einen Blick auf das Drehverhältnis werfen. Denn unter Umständen kann man hier durch ein Gespräch mit dem Regisseur entgegenwirken, indem man mit ihm gemeinsam einen Weg findet, die Anzahl der Takes je Bild – und damit einhergehend – die Anzahl der Überstunden, zu verringern. Die Erfahrung hat gezeigt: Wie in jedem Job gibt es auch unter den Regisseuren Perfektionisten und Handwerker. Die Ansprüche eines jeden Regisseurs sind verschieden – und dies sollte schon im Vorfeld Ihrerseits bei der Regie-Auswahl bedacht werden. Der eine Regisseur wiederholt einen Take unendlich oft, bis er die kleinste Nuance perfekt eingefangen hat, der andere hingehen ist zufrieden mit dem 95-prozentigen Ergebnis, was wohlgemerkt für den Großteil der Zuschauer als 100 Prozent durchgeht. Umgangssprachlich könnte man bei Ersterem auch davon reden, dass er sich verkünstelt. Ich möchte keinen Berufsstand anprangern. Aber ebenso wie Sie sich überlegen sollten, was Sie mit ihrem Film erreichen wollen, sollten Sie sich immer überlegen, wer der richtige Regisseur für genau dieses Ziel ist. Haben Sie wenig Budget, und somit auch nur eine begrenzte Anzahl an Drehtagen zur Verfügung, sollten Sie nicht mit einem Regisseur der „Kategorie 1" zusammenarbeiten, wohingegen Sie mit dem Pragmatiker aus „Kategorie 2" sicherlich keinen außergewöhnlich renommierten Filmpreis gewinnen. Freilich gibt es vereinzelte Ausnahmen, aber grundsätzlich lässt sich sagen, dass sich die Zusammenarbeit mit bestimmten Regisseuren eben automatisch – aufgrund hohem Drehverhältnis und hoher Überstundenanzahl – nicht mit niedrig budgetierten Produktionen vereinbaren lässt.

Einen exemplarischen Tagesbericht finden Sie in Anlage 4 in Kap. 21.

8.5 Cateringliste

Diese Liste dient Ihnen zum einen zum Abgleich der ausgegebenen Mahlzeiten seitens des Catering-Dienstleisters und der Ihnen für den jeweiligen Tag in Rechnung gestellten Kosten. Zum anderen dient diese Liste zu Berechnungen etwaiger, finanzieller Catering-Beteiligungen oder aber auch zur Berechnung etwaiger Spesenabzüge bei auswärtigen Mitarbeitern.

In der Praxis hat sich in den vergangenen Jahren bewährt, dass Sie im Vorfeld der Produktion bei den Filmschaffenden abfragen, ob sie am Catering teilnehmen

8.5 Cateringliste

möchten oder nicht. Dies kann auch mittels eines vertraglichen Passus erfolgen, welcher besagt, dass Sie davon ausgehen, dass am Catering teilgenommen wird, sofern Sie bis zu einem bestimmten Stichtag (z. B. ein Tag vor Drehbeginn) nichts Gegenteiliges mitgeteilt bekommen. Gleiches gilt für den sog. „Cateringabzug". Hierbei handelt es sich um eine finanzielle Beteiligung des Filmschaffenden am Catering. Über die Jahre hinweg hat es sich eingebürgert, dass sich die Filmschaffenden mit einem gewissen Betrag am Catering beteiligen, den die Produktionsfirma am Monatsende vom Nettolohn einbehält. Dies ist darauf zurückzuführen, dass die von den Sendern gewährten Tagescateringsätze zwar ausreichend für eine Grundversorgung der Filmschaffenden sind, jedoch die von den Filmschaffenden gewünschte Qualität sowie die gewohnte Vielfältigkeit des Angebots nicht abzudecken wäre. Aus diesem Grund sind die meisten Filmschaffenden gerne bereit, einen kleinen finanziellen Betrag für ein hochwertigeres Catering beizusteuern. Im Kostenstand empfehle ich Ihnen hierzu eine Erlösspalte mit der Bezeichnung „Cateringerlöse" einzustellen, damit Sie ein reales Abbild der Cateringkosten erhalten. Würden Sie dies nicht so handhaben, würde der Kostenstand fälschlicherweise zu hoch ausfallen, da Sie auf der anderen Seite bei der Kostenart „Catering" die tatsächlich anfallenden, höheren Cateringkosten einbuchen, die jedoch durch die Beteiligung der Filmschaffenden nicht vollständig zu ihren Lasten gehen.

Exkurs: Zusammensetzung der Cateringkosten & Möglichkeit des taggenauen Controllings

Zu den Abrechnungsmodalitäten der Caterer gilt folgendes: In der Regel berechnen die Caterer einen festen Tagessatz für das Vollcatering je Person. Für Komparsen wird i. d. R. der halbe Satz berechnet. Viele Caterer verlangen inzwischen eine Mindest-Abnahmezahl an Essen pro Drehtag. Selbst wenn Sie an einem Drehtag weniger Personen zu versorgen haben, fällt diese Summe an.

Beim Catering spricht man i. d. R. vom sog. „Hot and Ready"-Zeitraum. In diesem Zeitraum steht der Service der Caterer ohne Aufpreis zur Verfügung. Jede weitere Stunde wird dann nach vereinbartem Satz abgerechnet. Bei besonders langen Drehtagen wird es erforderlich, eine sog. „Second Meal" zuzubereiten, welche ebenfalls nicht im Tagessatz enthalten ist und zusätzlich anfällt. Weitere Kosten für den Caterer entstehen durch die sog. Rüstzeiten, d. h. die Zeiten für den Auf-und Abbau. Die meisten Caterer stellen darüber hinaus ihr Fahrzeug inkl. Nebenkosten in einer Tagespauschale mit dem Titel „Fuhrpark" in Rechnung. Wie in allen anderen Bereichen gilt auch hier: Je öfter Sie mit einem Caterer zusammenarbeiten bzw. je länger Sie ihn buchen, umso besser lassen sich bessere Pro-Kopf-Sätze oder auch der Wegfall einiger Pauschalansätze verhandeln.

8.6 Quality-Report

Wahrscheinlich werden Sie sich nun fragen, weshalb ein Quality-Report, den wir täglich vom Postproduktionshaus erhalten, als Controlling-Instrument angesehen werden kann. Hier geht es nicht um direktes Finanzcontrolling, sondern eher um eine Kontrolle des gedrehten Materials im Hinblick auf technische und qualitative Mängel, die unter Umständen Auswirkungen auf die Kosten haben. Dies können Fehler im Material durch ein beschädigtes Objektiv sein, die am Set auf den Monitoren nicht aufgefallen sind. In diesem Fall würde unter Umständen das gesamte Material des Drehtags unbrauchbar sein. Solch einen Fall sollten Sie immer im Rahmen der Negativversicherung (s. Abschn. 10.2) unmittelbar an die Versicherung melden. Selbst wenn sich durch spätere, ausgiebige Überprüfungen feststellen lässt, dass der Schaden durch Retuschen behoben werden kann. Dann wären die Kosten für den Retusche-Aufwand über die Versicherung abgedeckt. Im schlimmsten Fall und nach entsprechendem Gutachten wäre die Versicherung jedoch sogar für einen erforderlichen Nachdreh der betroffenen Szenen aufgekommen.

Weitere Mängel, die Sie dem Quality-Report entnehmen können, sind Störgeräusche in Tonaufnahmen oder aber auch Teammitglieder bzw. Gegenstände (z. B. Ton-Angel) im Bild. Erstere können unter Umständen am nächsten Tag noch direkt am Set vom Tonmeister im Rahmen einer sog. „Nur Ton"-Aufnahme behoben und nachgeliefert werden. Bei Gegenständen oder Teammitgliedern im Bild muss geprüft werden, inwiefern dieses Problem durch das Nutzen anderer, vorhandener Einstellungen im Schnitt gelöst werden kann. Ist dies nicht der Fall, wird unter Umständen auch hier eine Retusche notwendig. Diese würde dann durch keine Versicherung bezahlt werden, da deren Notwendigkeit, anders als bei einem Bildfehler durch einen technischen Defekt, ausschließlich durch Eigenverschulden entstanden ist.

Software im Rahmen der Filmproduktion

9

Zusammenfassung

In diesem Kapitel wird die möglich Anwendung von Software zur Planung, Durchführung und Kontrolle eines Filmprojekts aus kaufmännisch-organisatorischer Sicht aufgezeigt. Darüber hinaus werden die Vor-und Nachteile einzelner Softwarelösungen im Hinblick auf nationale und internationale Filmprojekte sowie die verpflichtende Nutzung bestimmter Software im Rahmen von Auftragsproduktionen für Streamingdienste erläutert.

Im kaufmännisch-organisatorischen Bereich der Filmproduktion begleiten uns über den gesamten Herstellungsprozess unterschiedliche Softwarelösungen, welche es uns ermöglichen eine Produktion bestmöglich zu planen, durchzuführen und abzuschließen.

Die meisten von Ihnen werden vermuten, dass die wichtigste Software die Kalkulationssoftware ist und diese auch an erster Stelle steht. Sie ist in der Tat wichtig, jedoch gibt es noch weitere Softwarelösungen, welche sich auch grob dem chronologischen Verlauf des Herstellungsprozesses (s. Kap. 16) einer Filmproduktion zuordnen lassen.

9.1 Drehplansoftware

Bevor Sie überhaupt mit einer Kalkulation starten können, muss zunächst ein Drehplan erstellt werden. Schließlich ist die Anzahl der Drehtage ein wesentlicher Faktor für den späteren Kalkulationsansatz. Außerdem können mithilfe von gängigen Drehplan-Softwarelösungen auch schon wichtige, kostenrelevante Punkte erfasst werden. Um nur einige davon zu nennen: Nachtdreh, Schauspieler und dazugehörige Anzahl an Drehtagen (sog. Day out of Days, kurz: DOODs), Komparsen-Schätzung, Stunts, besondere Requisiten wie z. B. Spielfahrzeuge, Special Effects, etc. Wichtig ist, dass der Drehplan von einem erfahrenen 1. Aufnahmeleiter oder Regieassistenten erstellt wird, bestenfalls steht auch schon der Regisseur fest, sodass sich Produktions- und Aufnahmeleitung, Produzent und Regie über die möglichen, täglichen Pensen und gewisse Vorstellungen der Regie abstimmen können. Gängige Software zu Erstellung von Drehplänen nebst Auszügen sind SESAM DREH, Movie Magic Scheduling sowie Fuzzlecheck. Die Erfahrung hat gezeigt, dass insbesondere bei deutschen Produktionen mittlerweile letztere am häufigsten genutzt wird. Bei internationalen Produktionen ist das Standardwerkzeug Movie Magic Scheduling. Tatsächlich habe ich in meiner Laufbahn nur sehr wenige Drehpläne zu Gesicht bekommen, die mit SESAM DREH erstellt wurden. Laut vielfachen Auskünften von Kollegen aus der Aufnahmeleitung stellt sich Fuzzlecheck als die bedienungsfreundlichste und zugleich übersichtlichste Lösung dar.

9.2 Kalkulationssoftware

Der deutsche Branchenstandard für die Kalkulationserstellung ist seit Ende der 90er-Jahre SESAM KALK. Nahezu alle deutschen TV-Sender präferieren die eingereichten Kalkulationen im SESAM Format (.sik) und haben sogar in Zusammenarbeit mit der SESAM SOFTWARE GMBH eigene Kalkulationsschemata erarbeitet, welche den Kalkulatoren (i. d. R. Produktions- oder Herstellungsleitung) in der Bedienoberfläche mit wenigen Mausklicks zur Verfügung stehen. Somit ist gewährleistet, dass die Anforderungen des jeweiligen TV-Senders an die Kalkulation erfüllt werden (s. Abschn. 6.1).

Ebenfalls enthalten ist das gängige FFA-Kalkulationsschema, welches überwiegend für Kinoproduktionen (mit oder ohne Förderung) genutzt wird. Seit einigen Jahren, um genauer zu sein, seit 2017, kommt bei deutschen Produktionen auch vermehrt die Kalkulationssoftware MOVIE MAGIC BUDGETING (MMB) zum Einsatz. Ursache dafür ist die Tatsache, dass immer mehr Streamingdienste „german originals" produzieren und manche von diesen die Kalkulationserstellung in MMB anstelle von Sesam Kalk verpflichtend auferlegen. Stand 2021 ist dies bei deutschen „originals" für Amazon Prime und Netflix der Fall. Vor 2017 war es ausschließlich hin und wieder bei internationalen Produktionen erforderlich, in MMB zu kalkulieren. Man kann festhalten, dass es sich bis dato bei SESAM

KALK um den deutschen und bei MOVIE MAGIC BUDGETING um den internationalen Branchenstandard handelt. Hat es für deutsche Produktions-und Herstellungsleiter bislang ausgereicht, Sesam Kalk zu beherrschen, wird die Fähigkeit, in Movie Magic kalkulieren zu können, in Zukunft eine immer wichtigere Rolle spielen.

Abschließend möchte ich noch einen unschlagbaren Vorteil von SESAM KALK im Vergleich zu MOVIE MAGIC BUDGETING ansprechen. In SESAM werden Ihnen mit nur wenigen Mausklicks die jeweils tagesaktuellen Sätze für die deutsche Sozialversicherung, KSK, etc. eingelesen und automatisch auf alle relevanten Kalkulationsparameter (z. B. Teamgagen) angewendet.

In MOVIE MAGIC besteht diese Möglichkeit zum heutigen Zeitpunkt noch nicht. Hier müssen Sie sich jedes Mal die aktuell gültigen Werte besorgen und manuell in den Konstanten im Bereich „fringes" einpflegen. Wert für Wert. Oder aber mit Tageshöchstsätzen arbeiten.

Gibt es nun unterjährig eine Änderung seitens der Sozialversicherungsträger und Sie vergessen das manuelle Updaten in MMB, so entsteht Ihnen sehr schnell ein kalkulatorischer Fehler, wohingegen in SESAM KALK mit nur einem Update alle Werte automatisch angepasst werden.

9.3 Finanzbuchhaltungssoftware

Gehen wir nun ein Stück weiter im Herstellungsprozess der Produktion. Wir haben den Drehplan und die Kalkulation erstellt und der Drehbeginn steht kurz bevor. Alle laufenden Kosten müssen schon buchhalterisch erfasst werden. Branchenstandard in Deutschland ist hier SESAM-Fibu. Mit dieser Software lässt sich sowohl die laufende Finanzbuchhaltung abwickeln als auch die zwingend erforderlichen Kostenstände erstellen. Dieser ist sowohl für Sie intern von enormer Wichtigkeit als auch für das Reporting gegenüber Dritten (z. B. Förderinstitutionen oder Versicherungen).

9.4 Lohnbuchhaltungssoftware

Egal, was Ihnen ein Steuerberater oder ein branchenfremder Buchhalter empfiehlt: Lassen Sie Lohnabrechnungen und alle Lohnunterlagen ihrer Filmschaffenden und Darsteller ausschließlich in „SESAM-Lohn" erstellen. Dies erspart Ihnen viel Ärger und vor allem doppelte Arbeit. Denn keine andere Lohnbuchhaltungssoftware ist so auf die Anforderungen und Besonderheiten unserer Branche eingestellt, wie SESAM-Lohn. Ich habe tatsächlich einmal versucht, bei einem kleinen Projekt einige verbleibende Löhne über ein der Produktionsfirma angeschlossenes Steuerbüro via DATEV abrechnen zu lassen. Sie glauben gar nicht, wie sehr ich dies bereut habe. Vor allem begründet durch die für die Filmschaffenden völlig ungewohnt ausschauenden Lohnabrechnungen und den damit einhergehenden, zahlreichen Rückfragen. Ganz abgesehen von der fehlenden Möglichkeit, direkt aus DATEV heraus via Schnittstelle Meldungen an die Pensionskasse Rundfunk vorzunehmen oder dem Übertrag der Zahlen in den Kostenstand.

Auch wenn ich sonst in vielerlei Hinsicht ein flexibler Mensch bin: Bei der Wahl der Lohnbuchhaltungssoftware in der Filmbranche bin ich es nicht! Sie können hier gerne die gleiche Erfahrung machen wie ich. Oder Sie sparen sich Mühe, Zeit und – damit einhergehend auch Mehrkosten – indem Sie meinen Ratschlag befolgen und Löhne ausschließlich über SESAM-Lohn abrechnen.

9.5 Sonstige Controllingsoftware

Digital Purchase Order
Wie bereits erwähnt ist die Purchase Order, früher noch in Papierform, schon immer ein wichtiges Controlling-Werkzeug bei größeren Filmprojekten gewesen.

Seit einigen Jahren gibt es hierfür auch eine Softwarelösung namens „Digital Purchase Order", welche eine Ankündigung, Freigabe und Kontrolle von Ausgaben der Departments in Echtzeit ermöglicht. Genutzt werden kann diese Software sowohl am PC als auch am Tablet oder Handy via App. Für den Fall, dass Sie sich bei einem Projekt generell für Purchase Order entschieden haben, erspart Ihnen diese digitale Lösung sowohl Zeit als auch Papier.

Die Frage, die Sie sich grundsätzlich stellen sollten, ist, ob sich der Einsatz einer Purchase Order Systematik bei ihrem Projekt lohnt. Ich habe die Erfahrung gemacht, dass es sich erst bei überdurchschnittlichen Budgets im Ausstattungsbereich als sinnvoll erweist. Diese sind meist nur bei aufwändigeren Produktionen gegeben. Dort ist dann auch innerhalb der Departments mehr Personal vorhanden, welches sich auch um die Purchase Orders kümmern kann. Die dünne Personaldecke ist ein gerne genutztes Argument seitens der Head Ofs, wenn es darum geht, sich gegen ein Purchase Order System auszusprechen. Meiner Meinung nach ist es immer eine Frage der Organisation innerhalb der Departments. Dazu ein Beispiel:

Ich hatte bei einer durchschnittlich budgetierten Produktion in Kombination mit der Tatsache, dass ich mit einem Head Of aus dem Ausstattungsbereich noch nie zusammengearbeitet hatte, DPO bei dieser Produktion vorgesehen. Vor allem auch,

9.5 Sonstige Controllingsoftware

weil diese Person in dieser Produktion erstmalig als Head Of tätig war und ich mir dachte, dass ich da lieber einmal mehr drüber schauen sollte. Als nach der ersten Vorbereitungswoche noch nichts ins DPO-System eingestellt wurde, hakte ich nach. Es stellte sich heraus, dass diese Person tatsächlich nicht nur mit DPO sondern mit dem ganzen Job überfordert war. Die Tatsache, dass *„nun auch noch alles eingegeben werden müsse, würde bei der eigentlichen Arbeit behindern und eigentlich bräuchte man dafür ja eine eigene Assistenz, die den ganzen Tag arbeitet"*.

Wie weiter oben bereits erwähnt, handelt es sich dabei um ein Standard-Gegenargument im Hinblick auf PO, bzw. DPO. Aber diese Person war, wie sich nach einigen weiteren Tagen herausstellte, sowieso fehl am Platz. Diese spiegelte sich einige Tage später auch in einer Freistellung dieser Person wider. Da hätte die beste Assistenz, die DPO pflegt, nichts genutzt.

Auch eine Software wie DPO ersetzt kein professionelles und erfahrenes Personal, bzw. ist nicht die Allerweltslösung im Hinblick auf Fehler.

Bei einem durchschnittlich budgetierten TV-Movie würde ich, sofern es sich um erfahrenes Personal in den Departments handelt, auf diese Software verzichten und stattdessen öfter zum Hörer greifen oder wöchentlich einen Kostenstand des Departments in klassischer Form anfordern, Präsenz vor Ort zeigen und im engen Austausch mit den Head Ofs stehen. Außerdem können Sie ja z. B. mit dem Szenenbildner vereinbaren, dass er Gegenstände >Summe X nicht ohne vorherige Genehmigung ihrerseits bestellt.

Doch angenommen, Sie haben es mit einer großen Produktion, womöglich über mehrere Länder und Städte verteilt, zu tun, dann bietet DPO durchaus Vorteile. Sie können im System für jedes Department die jeweiligen Ausgabelimits pro Vorgang definieren bzw. die entsprechenden Freigabebefugnisse hinterlegen. Ein Beispiel: Einzelausgaben >1000 Euro je Vorgang müssen seitens der Produktionsleitung freigegeben werden, >5000 Euro gemeinsam von Produktions- und Herstellungsleitung, ab 10.000 Euro wird zusätzlich noch eine Freigabe des Produzenten benötigt.

In der Praxis läuft dies dann so, dass z. B. der Szenenbildner einen Traktor für 11.000 Euro kaufen möchte. Über seinen Assistenten lässt er diesen geplanten Kauf dann in das DPO-System mit weiteren Infos und dem Preis einstellen. Nun erscheint auf den Endgeräten von PL, HL & Geschäftsführer/Produzent eine Nachricht in der App, dass es eine neue Freigabe zu erteilen gibt. In der App können die Verantwortlichen dann sämtliche Informationen, die vom Szenenbildassistenten eingegeben wurden, einsehen. Erst wenn alle drei Personen die Freigabe erteilt haben, darf der Szenenbildner den Traktor für 11.000 Euro kaufen. In diesem Zusammenhang ist es noch wichtig zu erwähnen, dass das System auch so eingestellt werden kann, dass die Freigaben chronologisch nach Hierarchie erteilt werden.

Erst wenn der Produktionsleiter freigegeben hat, bekommt der Herstellungsleiter die Nachricht zur Freigabe und erst, wenn dieser freigegeben hat, wird der Geschäftsführer/Produzent zur finalen Freigabe aufgefordert. Vor allem wenn man an Projekten arbeitet, bei denen die Verantwortlichen an unterschiedlichen Orten verteilt sitzen, vereinfacht diese chronologische Freigabekette doch einiges und beschleunigt den gesamten Vorgang, da man sich viele gemeinsame Abstimmungen und Telefonate erspart.

Zusammengefasst betrachtet ist DPO ein tolles Feature, jedoch sollte man es wohldosiert und immer individuell auf das jeweilige Projekt abgestimmt einsetzen. Mein Tipp: Wenn Sie DPO nutzen, wählen Sie die Freigabegrenzen nicht zu niedrig aus. So viel Vertrauen in ihre Head Ofs der Ausstattung sollten Sie haben. Alles andere würde sich sowieso kontraproduktiv auf die Motivation und auch auf die Schnelligkeit der Arbeitsabläufe auswirken. Denn sind wir mal ehrlich: Wenn ein Kostümbildner zwei Paar Standardschuhe kaufen möchte, wäre es wohl ein schlechter Witz, wenn er erst auf eine Freigabe im DPO-System warten müsste. Anders sieht es aus, wenn er plötzlich statt der Standardschuhe zwei Luxuspaare kaufen möchte, die den Preis der Standardmodelle um das Zwanzigfache oder mehr übersteigen. Dann würde die Freigrenze sicherlich überschritten werden und ich würde sagen: Vertrauen ist gut, Kontrolle ist besser!

Komparsen-App
Wer kennt ihn nicht? Den Papierkram im Rahmen der Komparsen-Abrechnung. Am Set ist es meist die Aufgabe einer zweiten Regieassistenz, die Papiere der abgedrehten Komparsen final auszufüllen und die Durchschläge an die Komparsen sowie an das Produktionsbüro weiterzuleiten. Dort wurden diese dann in Form von Erfassung in den Kostenstand und Weitergabe an den Abrechnungsdienstleister weiterbearbeitet.

Mittlerweile gibt es auch hier verstärkte Tendenzen zu diversen App-Lösungen, mit welchen der Workflow vereinfacht werden soll. In der Praxis sieht es dann so aus, dass sowohl die Komparsen als auch die Regieassistenten die App installiert haben, und sobald die Komparsen Drehschluss haben, wird diese via App von den Regieassistenten in die App eingetragen. Im Anschluss daran erhalten sowohl die Komparsen ihre Stundenbestätigung in digitaler Form als auch die weiteren Beteiligten Stellen wie das Produktionsbüro oder der Abrechnungsdienstleister.

Neben Papier-Einsparungen haben diese App-Lösungen den Vorteil, dass es keinen zeitlichen Verzug zwischen Dreh-Ende des Komparsen und manuellen Ausfüllen des Komparsen-Scheins kommt. Das Dreh-Ende wird direkt vom Set kommuniziert und sofort in der App eingestellt.

Versicherung im Rahmen der Filmproduktion

10

Zusammenfassung

Ein umfassender Versicherungsschutz eines Filmprojekts ist unabdingbar und der Abschluss einer individuellen Versicherung für jedes Projekt sowie der Umgang mit Versicherungsschäden sollte von jedem Herstellungsleiter beherrscht werden. In diesem Kapitel erhalten Sie einen Überblick über die verschiedenen Bestandteile eines Film-Komplettschutz Versicherungspakets sowie einige weitere Zusatzversicherungen, die über den klassischen Film-Komplettschutz hinausgehen.

10.1 Einführung

Versicherungen – das weiß man aus dem privaten Bereich – gibt es wie Sand am Meer. Oftmals belächelt, würde sich manch einer im Schadensfall wünschen, eine Versicherung abgeschlossen zu haben. Im Rahmen der kaufmännischen Filmproduktion ist eine umfangreiche Versicherung ein unabdingbarer Bestandteil eines jeden Projekts. Zum einen wäre es als verantwortlicher Produzent oder Herstellungsleiter grob fahrlässig ein Projekt ohne Versicherung zu starten, auf der anderen Seite ist dies – außer bei einer Eigenproduktion – gar nicht möglich, da ein umfangreicher Versicherungsschutz eine unabdingbare Bedingung seitens der Auftraggeber und der finanzierenden Bank ist. Und selbst bei einer Eigenproduktion: Starten Sie niemals ein Filmprojekt ohne Versicherung! Doch was lässt sich überhaupt versichern? Und was kostet dies? Darauf werde ich im Folgenden detailliert eingehen.

Es gibt kein Schema F bei der Versicherung ihres Filmvorhabens. Jedes Projekt muss immer von Ihnen als Herstellungs- oder Produktionsleiter individuell betrachtet werden. Gibt es besondere Gefahren? Sind wertvolle Requisiten im Einsatz? Drehen wir in einem Wüstengebiet oder unter Wasser? Dies sind nur einige exemplarische Fragen, die Sie sich im Vorfeld ihrer Produktion stellen sollten und die unter Umständen einen erweiterten Versicherungsschutz erfordern.

Bei Auftragsproduktionen hat der Sender meist einen Rahmenvertrag mit einem Versicherer abgeschlossen und Sie bekommen das komplette Versicherungspaket vom Sender gestellt, Hier reden wir von einer sog. „Beistellung", die in den meisten Fällen losgelöst vom kalkulierten Budget vom Sender getragen wird.

10.2 Film Komplettschutz

Das gängigste Versicherungspaket, welches auch durch die o. g. Sender-Beistellung bereitgestellt wird, nennt sich „Film-Komplettschutz". Dieses deckt folgende Bereiche/Schäden ab:

- Personenausfall
- Apparate
- Filmmaterial
- Requisiten
- Produktionskasse
- Haftpflicht (inkl. Feuer)
- Sach-Versicherung für Büroeinrichtung

Die jeweiligen Haftungssummen hängen vom Rahmenvertrag ab, den der Sender mit dem Versicherer abgeschlossen hat. Ebenso wie die Höhe der Selbstbeteiligung des Produzenten im Schadensfall. Hier haben Sie bei einer Auftragsproduktion i. d. R. keine Anpassungsmöglichkeiten. Sie sollten jedoch in jedem Fall prüfen, ob im Falle eines Totalschadens der Produktion über die Police auch die kalkulierten Handlungsunkosten sowie der Gewinn mitversichert sind.

Meist ist dies nicht der Fall und gegen einen Aufpreis, der dann vom Produzenten selbst getragen werden muss, kann dieser zusätzliche Schutz abgeschlossen werden. Ich empfehle Ihnen auf jeden Fall, diesen zusätzlichen Schutz abzuschließen, da die Höhe der Mehrkosten in keiner Relation zum wirtschaftlichen Verlust steht, der im Totalschadensfall zu Buche schlagen würde.

10.2 Film Komplettschutz

Auch hier eine kleine Anekdote aus meiner Laufbahn:
Ein Projekt hatte grünes Licht bekommen, das Kalkulationsgespräch verlief erfolgreich. Prompt danach kam der Fragebogen der Versicherung und wurde auch schleunigst ausgefüllt, damit Versicherungsschutz für Regie und avisierte Schauspieler bestehen. Ich hätte schwören können, dass ich HU & Gewinn (vgl. Abkürzungsverzeichnis) voll mitversichert habe. Einige Wochen später kam es zum worst case: Personenausfall. Und vor allem keiner der einfachen Art. Für einen Moment wurde sogar geprüft, ob ein Abbruch der gesamten Produktion einen geringeren Schaden anrichten würde als eine Fortsetzung mit einer anderen Person. Sagte ich noch zu meiner Assistentin:

„So schwierig und hart die Situation ist und so wichtig die Gesundheit der Person: Im worst case sind wir aus wirtschaftlicher Sicht gegen einen Totalschaden abgesichert"

Natürlich mag sich der ein oder andere denken: *„Wie kann man in so einer Situation nur an die wirtschaftliche Sicht denken?"*. Aber bei aller Tragik und Menschlichkeit müssen Sie wissen, dass Sie auch immer als Krisenmanager agieren müssen. Und da gehört es eben auch dazu, ohne die menschliche Komponente aus dem Blick zu verlieren, immer einen nüchternen Blick auf die Situation zu werfen, um Rückschlüsse auf den Fortgang des Projektes oder wirtschaftliche Folgen abzuleiten. Kommen wir nun aber zurück zur Assistentin: Am nächsten Morgen merkte ich sofort, dass sie etwas unruhig wirkte, als ich ins Büro kam. Und siehe da: Einige Minuten später war ich es auch. Denn dort, wo im Versicherungsfragebogen eigentlich ein Kreuz im Kästchen „restlichen HU & Gewinn auf eigene Kosten mitversichern" hätte sein müssen, war das Kästchen leer. Sprich: Im Schadensfall hätte die Versicherung lediglich die angefallenen Kosten + 4 % der kalkulierten HUs erstattet. Aus wirtschaftlicher Sicht ein Super-GAU – hatte mein Auftraggeber schließlich den avisierten HU & Gewinn (6 % + 7,5 %) in die Jahresplanung des Unternehmens einfließen lassen. Sie können sich sicherlich denken, dass ich in den folgenden Nächten ziemlich schlecht schlief. Doch zum Glück – zum einen aus menschlicher Sicht wegen der Verbesserung des Zustandes der ausgefallenen Person – zum anderen aus meiner Sicht aufgrund meines Fehlers, trat der worst case nicht ein.

Nun können Sie sich denken: *„Wie konnte der nur diesen Fehler machen?"*. Hier kann ich auch wieder nur auf Kap. 2 zum Thema „Stress" verweisen:

Es war alles zeitlich eng gestrickt – ich habe das Formular an einem Abend und am Ende eines langen Arbeitstages noch persönlich ausgefüllt und an die Versicherung gemailt, da der uneingeschränkte Versicherungsschutz tatsächlich erst ab diesem Moment greift. Ich dachte mir damals: *„Ach komm, füllst du es noch schnell aus. Wenn dann morgen etwas passiert, sind wir schon versichert"*.

Rückwirkend kann ich nur sagen: Bestenfalls hätte ich das Formular schon gleich am Mittag meiner Assistenz weitergeleitet, mit der Bitte, dass Sie es mit Priorität ausfüllen und mir vorlegen soll. Sie hätte sicherlich das Formular gewissenhafter ausgefüllt als ich an dem besagten Abend gegen 22 Uhr. Zumindest wage ich dies zu behaupten.

Und ihr einen Vorwurf machen, warum Sie am nächsten Tag nicht nochmal gegengecheckt, sondern meine E-Mail mit Anhang einfach nur abgelegt hat, möchte ich ihr auch nicht machen. Es war einzig und allein mein Fehler. Ich hätte sie ja auch nochmal am nächsten Tag darauf hinweisen können. Nach dem Motto „*Ich hab' das sehr schnell ausgefüllt, schaust du bitte nochmal drüber*".

Abschließend kann ich festhalten: Ich werde es nie wieder vergessen, das Häkchen bei „HU & Gewinn auf eigene Kosten mitversichern" zu setzen. Und selbst wenn dieses Formular von Dritten ausgefüllt wird, werde ich es nach dieser prägenden Erfahrung immer noch einmal nach dem Vieraugenprinzip überprüfen.

Bei Nicht-Auftragsproduktionen müssen Sie sich als Produktionsfirma selbst um die Versicherung des Projektes kümmern und die Kosten hierfür komplett auf eigene Rechnung tragen bzw. mit ins Budget einstellen. Hier empfiehlt sich auch immer der Abschluss des eingangs beschriebenen „Film Komplettschutzes". Ein ganz grober Richtwert für die Kosten dieses Schutzes beläuft sich auf circa 1 % der Nettofertigungskosten. Natürlich gilt hier – insbesondere, weil Sie den Anbieter frei wählen können – ein genauer Vergleich der Leistungen, welche Sie für die unter Umständen auf den ersten Blick gleiche Gebühr erhalten. Insbesondere die Höhe der Selbstbeteiligung je Schadensfall ist hier nicht zu unterschätzen. Achten Sie jedoch immer darauf, dass Sie den Versicherer genau darüber informieren, was abgedeckt werden soll. Insbesondere die Anzahl der zu versichernden Schauspieler im Rahmen der Personenausfallversicherung stellt hierbei einen wesentlichen Faktor im Hinblick auf die Angebotserstellung seitens des Versicherers dar.

In Deutschland gibt es einige wenige auf das Filmgeschäft spezialisierte Versicherungsmakler. Ich empfehle Ihnen stets Angebote bei *Marsh, Howden Caninenberg, Media Assurances* sowie *Aon* einzuholen

10.3 Zusatzversicherungen

Es gibt – über das Film-Komplettschutzpaket hinaus – noch weitere Versicherungen, über deren Abschluss Sie nachdenken können. Natürlich muss auch hier jedes Projekt im Einzelnen betrachtet werden und man kann i. d. R. keine pauschale Aussage treffen.

Es gibt jedoch eine Zusatzversicherung, deren Abschluss ich Ihnen bei jeder Produktion empfehle: Die sogenannte „Kasko SB 0" Versicherung. Diese versichert, sofern die KFZ-Versicherung des KFZ-Vermieters eine Selbstbeteiligung im Schadensfall besitzt, die Selbstbeteiligung. Sprich: Die Selbstbeteiligung wird durch die Zahlung der Versicherungspolice auf 0 Euro reduziert. Gerade bei Fahrzeugen mit hohen Selbstbeteiligungen wie z. B. Aufenthaltsmobile oder Garderobenmobile lohnt sich diese Zusatzversicherung. Denn hier liegen die Selbstbeteiligungsbeträge oft zwischen 2000 und 4000 Euro. Bei normalen PKWs können Sie bei den Vermietern oft direkt eine Selbstbeteiligung i. H. v. 0 Euro gegen Aufpreis hinzubuchen.

Eine weitere, zusätzliche Versicherung ist z. B. der sogenannte Completion Bond.

In Deutschland handelt es sich hierbei nicht eine Standardversicherung. In den USA und anderen Filmländern ist ein Completion Bond oft erforderlich und auch Grundlage für das „Go" einer Produktion. Denn der Completion Bond garantiert den Geldgebern die Fertigstellung des Films, ist kurz gesagt eine „Fertigstellungsgarantie" (GDV 2016). Dabei wird das Projekt in der Regel von einem seitens des Bonds beauftragten neutralen „Monitors" begleitet, der die Produktion insbesondere während der Drehphase berät (Müller 2014). Die Besonderheit bei der Involvierung eines Completion Bonds: Bei drohenden Budgetüberschreitungen ist der Monitor auch dazu berechtigt, aktiv in die Abläufe des Projekts einzuschreiten, um möglichst Sorge dafür zu tragen, das Projekt im Sinne der Geldgeber „in budget" und „in time" abgeschlossen wird.

Darüber hinaus gibt es noch eine sog. E&O – „Errors & Omissions" – Versicherung. Ins Deutsche übersetzt bedeutet dies „Irrtümer und Unterlassungen". Diese sichert Sie bei etwaigen Schadensersatzansprüchen durch Dritte, die aus Verletzung von Urheberrechten, Persönlichkeitsrechten sowie Marken-und sonstigen Schutzrechten resultiert, ab (Homann 2008, S. 245).

In Deutschland kommt diese in der Praxis sehr selten vor. Am häufigsten wird sie benötigt, wenn Sie Ihren Film in Zusammenarbeit mit einem amerikanischen Koproduzenten produzieren bzw. wenn auch eine Auswertung Ihrer Produktion in den USA geplant ist.

Literatur

GDV – Die deutschen Versicherer (2016) „Filmproduktion. Mission Completed." https://www.gdv.de/de/themen/positionen-magazin/mission-completed-40864. Abgerufen am 19.03.2022
Homann, H.J. (2008) „Praxishandbuch Filmrecht – Ein Leitfaden für Film-, Fernseh- und Medienschaffende."
Müller, J. (2014) „Robert von Bennigsen zu Completion Bonds." https://www.mediabiz.de/film/news/robert-von-bennigsen-zu-completion-bonds/343728/8774. Abgerufen am 19.03.2022

Die Bank als Partner in der Filmproduktion

11

> **Zusammenfassung**
>
> Als Herstellungsleiter wird von Ihnen ein kontinuierlicher Dialog der Hausbank ihres Produktionsunternehmens verlangt. Die Banken sind ein sehr wichtiger Partner im Rahmen der Filmproduktion und ein professionelles Reporting an diese sollte für jeden Herstellungsleiter selbstverständlich sein. Im folgenden Kapitel wird auf die Dienstleistungen, die eine Bank im Rahmen eines Filmprojekts anbietet, detailliert eingegangen. Sie bekommen erläutert, wie die Zwischenfinanzierung von Filmprojekten von statten geht und was Sie dabei als Herstellungsleiter in jedem Projektstadium zu beachten haben. Außerdem wird auf die Wichtigkeit von Bürgschaften (Avalen) im Rahmen von größeren Filmprojekten eingegangen und es werden die Vor-und Nachteile von Einzelprojektkreditlinien sowie dauerhaften Projektkreditlinien erörtert.

Wie überall im Geschäftsleben ist es auch in der Filmproduktion von essenzieller Bedeutung eine zuverlässige Bank als Geschäftspartner an Bord zu haben. Wichtig ist, dass der Bank die Gepflogenheiten der Filmbranche geläufig sind bzw. deren Geschäftsmodell auch die Bedürfnisse einer Filmproduktion abdeckt. Dies betrifft weniger die Anlage des Geschäftskontos für den laufenden Geschäftsbetrieb, sondern eher die speziellen Anforderungen an die Konten für einzelne Projekte bzw. an die speziellen Projektbedürfnisse. In Deutschland gibt es aktuell nur wenige Banken, die sich eingehend mit dem Projektgeschäft im Filmbusiness beschäftigen. Stand 2022 sind dies folgende Banken (Förderprogramme zur Zwischenfinanzierung ausgenommen):

- DZ Bank
- Commerzbank
- Donner & Reuschel Bank
- Sparkasse Köln

Prinzipiell empfehle ich Ihnen, dass Sie für jedes einzelne Filmprojekt auch ein eigenes Projektkonto anlegen. Dies dient der Übersicht und ermöglicht Ihnen auch ein besseres Projektcontrolling. Bei größeren Projekten wird dies sogar von der Bank als auch von den meisten Auftraggebern/Partnern gefordert. Dies hat mit Sicherheitsmechanismen für Banken und Auftraggeber zu tuen.

Prinzipiell ist festzuhalten, dass wir die Bank als Partner für zwei Dienstleistungen im Rahmen der Filmproduktion benötigen:

Zur Zwischenfinanzierung von Liquiditätsengpässen im Projektverlauf mittels eines sog. Kontokorrentkredits und zur Bereitstellung einer Bürgschaft (Aval) gegenüber dem Auftrag gebenden Sender. Diese beiden Dienstleistungen werden in einem Kreditvertrag zwischen Bank und Produzent vereinbart. Es handelt sich hierbei um einen Kreditvertrag, welcher beide Dienstleistungen umfasst. Bevor ich näher auf die Erläuterung der unterschiedlichen Formen von möglichen Kreditverträgen sowie deren Inhalte eingehe, möchte ich zunächst detailliert die beiden angesprochenen Dienstleistungen der Bank vorstellen.

11.1 Zwischenfinanzierung

Bei der Zwischenfinanzierung geht es darum, als Produktionsfirma stets liquide Mittel zur Verfügung zu haben, um den laufenden **Projekt**-Geschäftsbetrieb bewerkstelligen zu können. Dies ist vonnöten, um seitens des Auftraggebers stets offene Rechnungen und Löhne begleichen zu können. Denn, obwohl Sie vertraglich fixiert sind, hat die Praxis gezeigt, dass die Geldeingänge seitens der Auftraggeber durchaus etwas später zu verzeichnen sind, als von Ihnen benötigt, da die von Ihnen gestellte Rechnung einen gewissen Freigabeprozess durchlaufen muss.

Doch wie funktioniert die Zwischenfinanzierung in der Praxis?

Basierend auf einen von Ihnen erstellen Projektliquiditätsplan stellt die Bank den entsprechend im Liquiditätsplan aufgezeigten Geldbedarf temporär zu einem festen Zinssatz (p.a.) bereit. Ein Beispiel: 40 % der Auftragssumme stehen Ihnen

11.1 Zwischenfinanzierung

bei einer Auftragsproduktion zu Drehbeginn zu. Bei einem Drehbeginn am 15. Juli können Sie am 15. Juli die Rechnung stellen. Bis diese den Freigabeprozess beim Sender durchlaufen hat und beglichen wird, vergehen ca. 14 Tage. Nun haben Sie jedoch schon Anfang Juli viele Löhne zu begleichen und im Laufe des Julis zahlreiche Requisiten, Motivmieten, etc. – die Vertragsunterzeichnungsrate ist somit nahezu aufgebraucht.

Zum 1. August steht der Crew erneut die Löhne für den Monat Juli zu. In diesem Beispiel wäre es fatal, fest damit zu rechnen, dass am 29. Juli der Geldeingang zu verzeichnen ist und Sie alle Außenstände begleichen können. Deshalb ist es wichtig im Liquiditätsplan etwas Puffer einzubauen und diesen z. B. für den 15. Juli zu terminieren. Somit entgehen Sie der unguten- und projektgefährdenden Situation, dass Sie die Außenstände und Löhne zum 1. August nicht begleichen können, da der Zahlungseingang seitens des Auftraggebers noch nicht erfolgt ist.

Im geschilderten Fall würde dies bedeuten, dass wir selbst bei 14-tägiger Verzögerung des Geldeingangs liquide wären, da die Bank uns gemäß Liquiditätsplan eine Kreditlinie zur Verfügung gestellt hat. Da das Geld vertragsgemäß in jedem Fall eingeht, hat die Bank auch kein Problem damit, uns diese Linie zur Verfügung zu stellen. Und Sie sind eine Sorge los.

In jedem Fall gilt folgender Tipp: Erstellen Sie den Liquiditätsplan nie zu optimistisch im Hinblick auf zu erwartende Geldeingänge. Gehen Sie eher konservativ an die Sache heran und bauen sich kleine zeitliche Puffer ein. Darüber hinaus gilt: Sollten auch sich auch nur kleinste Abweichungen im Liquiditätsplan abzeichnen, kommunizieren Sie dies umgehend mit ihrem Bankbetreuer und lassen Sie Ihm einen angepassten Liquiditätsplan inklusive Begründung der Abweichung zukommen. Nur dann kann dieser bankenseitig reagieren und Ihnen ggf. die Kreditlinie verlängern oder in der Höhe anpassen.

Die Zwischenfinanzierungsphase endet i. d. R. mit Eingang der letzten Zahlungsgrate seitens des Auftraggebers, mit der Sie – rein rechnerisch – auch ihren kalkulierten Gewinn erhalten. Zum Abschluss des Projektes können Sie sich diesen dann vom Projektkonto auf ihr Hauptkonto überweisen, sofern Sie die nicht schon vorgreifend getan haben. Zum Abschluss des Projektes muss ihr Projektkonto in jedem Fall einen Kontostand in Höhe von null Euro aufweisen. Dies gilt natürlich auch für den sehr unerfreulichen Fall, dass es zu Komplikationen kam und das Projekt defizitär abgeschlossen wurde. In diesem Fall würde die Bank Sie auffordern, den negativen Kontostand auf dem Projektkonto umgehend auszugleichen. Wenn Sie dazu nicht in der Lage wären, hätten Sie folglich dauerhafte Schulden gegenüber der Bank, die im Zweifelsfall bei fällig Stellung des Betrages und anschließender Nichtbegleichung zur Insolvenz führen könnte.

11.2 Bürgschaft (AVAL)

Die meisten von Ihnen kennen den Begriff „Bürgschaft" vielleicht noch von der Wohnungssuche während Studien- oder Ausbildungszeiten. Da nur ein kleines Einkommen vorhanden war, forderten die Vermieter als Bedingung für Zustandekommen des Mietvertrags eine Bürgschaft – z. B. von Ihren Eltern. Darin verpflichteten sich die Eltern, im Falle von Mietschulden für diese einzustehen.

Im Rahmen einer Filmproduktion ist dies ähnlich. Die Auftraggeber möchten von einer deutschen Großbank versichert bekommen, dass diese im Falle einer Insolvenz ihrer Produktionsfirma gegenüber dem Auftraggeber voll für den finanziellen Schaden einsteht. Damit die Bank diese Bürgschaft übernimmt, müssen Sie ihr Projektkonto im Vorfeld des Projektstarts gegenüber der Bank obligatorisch verpfänden. Dies versichert der Bank, dass Sie im Insolvenzfall ihrer Produktionsfirma jederzeit auf das Guthaben ihres Projektkontos zugreifen kann. Möglich wird dies, da dieses Guthaben durch die bereits im Vorfeld der Insolvenz stattgefundene Verpfändung des Kontos nicht zur Insolvenzmasse gehört. Die Bank wird auf der anderen Seite eine sog. unwiderrufliche Zahlungsanweisung seitens des Senders fordern. Dies ist ein Schreiben vom Sender an die Bank, in dem dieser versichert, Zahlungen für dieses Projekt nur auf das eigens dafür eröffnete und an die Bank verpfändete Konto vorzunehmen.

Das Vorliegen der Bürgschaftsurkunde ist für den Sender Bedingung für jegliche Zahlungen an ihre Produktionsfirma bis zur Ablieferung des Rohschnitts. Somit vermeidet auch der Sender, dass im Insolvenzfall nicht nur das Projekt gefährdet ist, sondern das Geld in der Insolvenzmasse verschwindet, bevor der Sender den entsprechenden Gegenwert (Rohschnitt des Films) erhalten hat.

Nachdem Sie nun über die beiden Dienstleistungen der Banken im Rahmen des Projektgeschäfts Bescheid wissen, möchte ich nun auf die zwei gängigsten Formen der Kreditvereinbarungen eingehen, mit welchen diese beiden Dienstleistungen abgedeckt werden.

11.3 Kreditlinie je Einzelprojekt

Einige der Banken, die für Sie als Partner im Rahmen eines Filmvorhabens in Frage kommen, bieten ausschließlich dieses Geschäftsmodell an. So zum Beispiel die Commerzbank. Besonders geeignet ist diese Variante für Produktionsfirmen, die über ein eher geringes Produktionsvolumen verfügen, da nur ein Verwaltungsaufwand entsteht, wenn tatsächlich ein Projekt in Angriff genommen wird. Sobald ein Projekt ansteht, benötigt die Bank – hier am Beispiel der Commerzbank – in der Regel mindestens folgende Unterlagen von Ihnen:

- Projekt-Synopsis
- Cast-Übersicht
- Filmografie des Produzenten/der Produktionsfirma
- Filmografie von Regie & Kamera
- Unterschriebene Projekt-Liquiditätsplanung
- Finanzierungsplan (Mittelherkunft und -verwendung)
- Versicherungspolicen
- Produktionsvertrag (hier reicht zunächst der Produzentenbrief, bzw. die Auftragsbestätigung)
- Chain of title-Nachweis oder schriftliche Erklärung
- Aktueller Jahresabschluss
- Aktuelle BWA
- Nachweis des Eigenkapitals
- bei Produktionen mit Förderanteil: Bestätigung der Förderinstitute

Beginnen Sie nicht zu spät mit dem Zusammenstellen der Unterlagen. Denn erst wenn alle Dokumente vollständig vorliegen, wird die Bank die Prüfung der Unterlagen vornehmen und Ihnen eine verbindliche Rückmeldung geben. Die Prüfungsdauer hängt von der Komplexität des Projektes ab, beträgt jedoch mindestens eine Woche ab Eingang der Unterlagen.

Nach positivem Bescheid vergehen nochmals einige Bankarbeitstage, bis Ihnen der ausgefertigte Kreditvertrag zur Unterschrift vorgelegt wird. Erst nach beidseitiger Unterzeichnung wird Ihnen die beantragte Kreditlinie zur Verfügung gestellt, die Bürgschaftsurkunde ausgefertigt und an den Auftrag gebenden Sender verschickt. Letzteres geschieht normalerweise auf dem Postweg. Sie haben in dringenden Fällen jedoch die Möglichkeit, gegen Übernahme der Gebühren, einen Kurierversand der Urkunde zu veranlassen.

11.4 Dauerhafte Projektkreditlinie

Diese Art der Finanzierung wird nicht von allen Banken angeboten. Die Commerzbank betont beispielsweise, dass ausschließlich die Einzelprojektvariante zum Geschäftsmodell gehört, wohingegen die Variante der dauerhaften Rahmenkreditvereinbarung explizit von der DZ Bank angeboten wird.

Bei diesem Modell hält die Bank der Produktionsfirma eine laufende Kreditlinie vor, welche in kurzer Zeit für neue Projekte – sowohl als Kontokorrentlinie als auch für Bürgschaften – genutzt werden kann.

Gerade wenn Sie mehrere Projekte pro Jahr produzieren, ist diese Variante ein sehr effizientes Werkzeug, da die Prüfung einzelner Projekte i. d. R. zügig vonstattengeht, Sie schneller über die liquiden Mittel verfügen und die Bürgschaftsurkunde schneller beim Sender vorliegt. Wenn Sie sich nun schon darüber gefreut haben, dass Ihnen diese Variante Aufwand spart, muss ich Sie jedoch enttäuschen. Denn damit die Linie unterjährig schnell für neue Projekte zur Verfügung steht, müssen Sie jeweils zu Jahresbeginn ein umfangreiches Reporting an die Bank durchführen und sehr viele Unterlagen, Ihr Unternehmen betreffend, einreichen. Die Bank nimmt dann die Prüfung dieser Unterlagen jährlich vor und wird die Projektkreditlinie, sofern Ihr Unternehmen über positive Zahlen und eine gute Fortführungsprognose verfügt, im Hintergrund bereits für im anstehenden Jahr etwaig stattfindende Projekte genehmigen. Dies natürlich unter der aufschiebenden Bedingung, dass die jeweilig zusätzlich erforderlichen Projektunterlagen (Produktionsvertrag, Finanzierungsplan nebst allen Finanzierungszusagen, Cashflow-Plan, Kalkulation) beanstandungslos geprüft werden.

Sie haben bei dieser Variante somit immer – auch wenn Sie nicht produzieren – am Jahresanfang ein umfangreiches Reporting vorzunehmen, welches Ihnen jedoch im Umkehrschluss wichtige Zeit bei der Prüfung der einzelnen Projekte spart, da die Analysten lediglich noch die Projekt- und Senderunterlagen prüfen müssen.

Die Konditionen für den Kreditrahmen werden dabei zu Beginn der Vertragsbeziehung verhandelt und bleiben bei allen Projekten, die sich in dem bewilligten Rahmen bewegen, gleich. Hin und wieder findet dabei gemäß der AGBs auch eine Anpassung des Zinssatzes statt, da sich die Banken hier meist am Euribor-Referenzzinssatz (vgl. Glossar) orientieren.

Losgelöst von ihrer Entscheidung für eine Bank oder ein Modell gilt in jedem Fall ein sehr wichtiger Grundsatz: Auch wenn es auf den ersten Blick verlockend sein könnte: Nutzen Sie niemals liquide Mittel eines projektbezogenen Bankkontos für Zwecke, die sich nicht auf das jeweilige Projekt beziehen. Dies ist Ihnen sogar vertraglich untersagt. Sie dürfen die liquiden Mittel des Projektkontos ausschließlich für die Durchführung des dazugehörigen Projektes verwenden.

Die Rolle der Bank als wichtiger Partner bei der Projektdurchführung wird von vielen unterschätzt. Es ist von großer Bedeutung, die Bank bei allen finanziellen Planungen und Entscheidungen von vornherein einzubeziehen und stets offen und ehrlich zu kommunizieren. In kritischen Projektsituationen steht und fällt der Erfolg einer Produktion mit dem Wohlwollen bzw. mit dem Vertrauen der Bank in das Produktionsunternehmen. Dies basiert wiederum – neben dem üblichen Rating – natürlich auch auf der klaren und stets offenen Kommunikation des Produktionsunternehmens gegenüber der Bank.

11.5 Exkurs: Reverse Factoring

Reverse Factoring kommt auf dem deutschen Produktionsmarkt eher selten vor. Stand heute ist es vor allem bei Auftragsproduktionen für Sender der ProSiebenSat.1 Gruppe der Fall. Eben aufgrund dieser Tatsache und vor allem auch, da es gerade für kleinere Produktionsfirmen sehr viele Vorteile bringt, möchte ich es jedoch nicht unerwähnt lassen.

Bei Reverse Factoring vereinbaren Gläubiger und Schuldner einen Verkauf von Forderungen aus Lieferung und Leistung an eine Bank oder Factoringgesellschaft (Hachmeister und Kuhn 2015, S. 265). Bezogen auf die Filmbranche, bedeutet dies, dass der Sender (= Schuldner) seine Verbindlichkeiten Ihnen (= Gläubiger) gegenüber an einen Dritten (= Bank) verkauft. Hierzu möchte ich Ihnen dieses Modell, hergeleitet vom klassischen Zahlungsmodus bei öffentlich-rechtlichen Sendern, am Beispiel erläutern:

Von Auftragsproduktionen für öffentlich-rechtliche Sender kennen Sie es so, dass Sie die Vertragssumme in fünf festgelegten Raten zu festen Zeitpunkten erhalten. Zur Auszahlung der ersten vier Raten müssen Sie dem Sender eine Bürgschaft einer deutschen Großbank vorlegen. Wie bereits in Abschn. 11.1 erwähnt, dauert es eine gewisse Zeit, bis alles geprüft ist und dann die jeweilige Rate auch auf ihrem Bankkonto eingeht, was ggf. Zwischenfinanzierungen erfordert. Im Falle von Auftragsproduktionen für Sender der ProSiebenSat.1 Gruppe haben wir hier ein komplett anderes Modell. Hier steht lediglich fest, dass Sie die letzte Rate der verhandelten der Vertragssumme mit finaler Ablieferung der Produktion direkt vom Sender bekommen. Die Höhe der letzten Rate können Sie selbst definieren, jedoch sollte diese einen angemessenen Anteil der Gesamtvertragssumme darstellen (in der Regel mind. 10 Prozent). Den übrigen Teil der Vertragssumme, welche aus Sicht des Senders Verbindlichkeiten Ihnen gegenüber darstellen, bekommen Sie im Fall von P7S1 nicht vom Sender beglichen, sondern von der UniCredit Bank, die der Partner des Senders ist. Dies hat den Grund, dass die ProSiebenSat.1-Sender ihre Verbindlichkeiten gegenüber den Auftragsproduzenten an die UniCredit Bank verkauft, d. h. sie haben weder mit der Abwicklung mit dem Produzenten noch mit der Prüfung von Sicherheiten o. ä. zu tun.

Als Auftragsproduzent unterlaufen Sie seitens der UniCredit-Bank ein Prüfungsverfahren und erstellen zu Beginn eines Projektes gegenüber Bank und Sender einen sogenannten „Milestone-Plan", in welchem Sie festhalten, zu welchem Zeitpunkt sie wie viel der 90 % des Geldes erhalten möchten. Dafür zahlen Sie – ähnlich wie bei einer Bürgschaft oder einem Kontokorrentkredit – einen gewissen Zinssatz für die Laufzeit des Milestone-Plans an die UniCredit-Bank.

Dieses Verfahren hat für Sie als Produktionsfirma den Vorteil, dass Sie weder eine Bürgschaft an den Sender liefern müssen noch eine zusätzliche Zwischenfinanzierung für etwaige, zu spät eintreffende Senderraten abschließen müssen. Theoretisch ermöglicht Ihnen dieses Verfahren auch, dass Sie schon zu Vertragsabschluss auf Wunsch 60 % oder mehr der Vertragssumme abrufen können und nicht nur 20 %.

Wichtig ist, dass Sie die Raten auch wie vereinbart abrufen, bzw. sich an Ihren Milestone-Plan halten, da dieser Vertragsbestandteil ist und die jeweiligen Milestones (Ratenauszahlungen) auch von einem Sendermitarbeiter gegenüber der UniCredit-Bank freizugeben sind.

Dies stellt somit einen kleinen Nachteil des Modells dar. Denn einmal definiert, sind die Meilensteine nicht mehr verschiebbar. Sollte dann, egal aus welchen Gründen, ein verfrühter Liquiditätsbedarf entstehen, sind Sie gezwungen, diesen Bedarf durch anderen Quellen zu bedienen.

Gerade für eine kleinere Produktionsfirma ist das Reverse-Factoring Verfahren jedoch, sofern es von ihrem Auftraggeber angeboten wird, ein tolles Werkzeug, da es Ihnen viel Bürokratie und unterschiedliche Kreditverträge erspart. Sie haben dann letztendlich neben dem Produktionsvertrag mit dem Sender einen weiteren Einzelvertrag mit der UniCredit-Bank, welcher mit dem Sendervertrag korreliert. Mehr ist nicht erforderlich.

Literatur

Hachmeister, D. Kuhn, S. (2015) Rechnungslegung und Prüfung von Finanzinstrumenten

Verträge 12

Zusammenfassung

In diesem Kapitel erhalten Sie einen Überblick über die wichtigsten Verträge im Rahmen eines Filmprojekts. Dabei werden einzelne Vertragsformen, welche Sie in den unterschiedlichen Stadien eines Filmprojekts benötigen, näher betrachtet: Von Autoren- und Optionsverträgen im Rahmen der Projektentwicklung, über klassische Stab-und Castverträge im Rahmen der Projektvorbereitung, bis hin zu Motivverträgen im Rahmen der Drehphase. Zum Abschluss des Kapitels findet eine Auseinandersetzung mit übergeordneten Verträgen wie dem klassischen Auftragsproduktionsvertrags, Koproduktionsverträgen oder aber auch Weltvertriebs-und sonstigen Lizenzverträgen statt.

Hierbei handelt es sich um ein sehr komplexes Thema, mit dem ganze Bücher von Fachjuristen gefüllt wurden. Deshalb werde ich nur auf die grundlegenden Eigenschaften und Inhalte der jeweiligen Verträge eingehen und einige Beispiele aus meinen eigenen Erfahrungen anführen. Dies soll dazu dienen, dass Sie ein Grundverständnis für die Materie bekommen.

Sofern Sie tiefer in das Thema Verträge einsteigen möchten oder konkrete, juristisch fundierte Hilfestellungen bei einer der folgenden Vertragsarten benötigen, empfehle ich Ihnen, sich weiterführende Literatur wie z. B. „Handbuch Filmrecht" von Schwarz oder „Praxishandbuch Filmrecht" von Homann zu Gemüte zu führen.

12.1 Verträge in der Entwicklungsphase

Bei Verträgen in der Entwicklungsphase unterscheiden wir hier in zwei Kategorien von Verträgen:

Kategorie 1: Ein Autor hat bereits ein Werk erstellt (Drehbuch/Treatment/Exposé – und im Sonderfall: Roman) und wir möchten als Filmproduzent dieses weiterentwickeln und/oder Verfilmen. In diesem Fall ist ein sog. Options- und Verfilmungsvertrag abzuschließen.

Kategorie 2: Gemeinsam mit einem Autor haben wir uns auf einen Inhalt verständigt. Es besteht noch kein fertiges Werk. Der Autor wird von uns beauftragt, ein Werk zu erstellen. In diesem Fall ist ein sog. „Stoffentwicklungsvertrag" abzuschließen, welcher sich in folgende Unterkategorien unterteilen lässt (aufsteigend nach Werkstufe):

- Exposévertrag
- Treatmentvertrag
- Drehbuchvertrag

Eine Sonderform des Stoffentwicklungsvertrags stellt ein sog. „Konzeptvertrag" dar. Dieser bezieht sich auf die Entwicklung von Reihen- und Serienformaten.

Nachfolgend werde ich nun grob auf die Inhalte der jeweiligen Vertragsarten eingehen.

12.1.1 Options- und Verfilmungsvertrag

Hierbei handelt es sich um zwei Verträge, die seitens des Produzenten mit einem Autor oder einem Verlag abgeschlossen werden. Vertragsgegenstand ist hierbei ein bereits bestehendes Werk, welches nicht explizit im Auftrag des Produzenten erstellt wird. Beide Verträge können für Werke jeglicher Werkstufen abgeschlossen werden. Besonders häufig findet diese Vertragsart bei Romanvorlagen statt, die ein Produzent gerne in ein Drehbuch umarbeiten und anschließend verfilmen möchte.

Beide Verträge werden meist miteinander gekoppelt abgeschlossen. Dies hat den Vorteil, dass Sie nur einmal mit ihrem Gegenüber in Verhandlung treten müssen. Es existiert dadurch für beide Seiten von Vornherein eine finanzielle und rechtliche Planungssicherheit.

12.1 Verträge in der Entwicklungsphase

Mittels des Optionsvertrags wird Ihnen gegen Zahlung einer sog. Optionsgebühr für einen vertraglich definierten Zeitraum das exklusive Recht eingeräumt, die Verfilmungsrechte am vertragsgegenständlichen Werk zu einem späteren Zeitpunkt (zu den bestenfalls bereits verhandelten Konditionen) zu erwerben. Dies ermöglicht Ihnen im Umkehrschluss, das Werk potenziellen Partnern und Financiers exklusiv für eine mögliche filmische Realisierung anzubieten oder – im Falle einer Romanvorlage – offiziell ein Konzept oder ein Drehbuch auf Basis der Vorlage zur Anbietung auszuarbeiten.

Gelingt es Ihnen nicht im definierten Zeitraum einen Partner für die Realisierung zu gewinnen, haben Sie in der Regel im Rahmen des Optionsvertrages einen Passus verhandelt, der Ihnen eine Verlängerung des Zeitrahmens ermöglicht. Meist wird dann erneut die gleiche Gebühr wie für die erste Zeitperiode fällig und die Laufzeit des Optionsvertrages verlängert sich dann um eine weitere Zeitperiode. Gelingt es Ihnen anschließend noch immer nicht, einen Sender/Financier, o. ä. zu finden, haben Sie aus unternehmerischer Sicht einen Verlust in Höhe der gezahlten Optionsgebühren zu verbuchen.

Finden Sie im vertraglich definierten Zeitfenster einen Sender oder sonstigen Financier, der die Produktion verfilmen möchte, müssen Sie die Option formell ausüben. Diese Mitteilung muss rechtsverbindlich, somit am besten schriftlich, erfolgen. Diese Optionsausübung besagt, dass Sie von ihrem exklusiven Recht, die Verfilmungsrechte am bestehenden Werk zu erwerben, Gebrauch machen.

Der Erwerb der Rechte erfolgt dann über den Verfilmungsvertrag. In diesem wird dezidiert festgehalten, welche Summe Sie als Produzent für die Verfilmung des Ursprungswerks zahlen müssen. Diese Summe bezieht sich auf eine einmalige Verfilmung.

Eine festgezurrte Summe befindet sich meistens nicht im Verfilmungsvertrag. Dies hat den Grund, dass zum Zeitpunkt des Vertragsabschlusses meist noch nicht feststeht, für welches Medium die Produktion realisiert wird, sich die Höhe der Verfilmungsgebühr jedoch meist am Budget der späteren Produktion orientiert. Auch ist es möglich, dass sich die Formatierung noch einmal ändert und beispielsweise anstatt des geplanten Filmes nun doch eine Serie produziert wird.

Die Vertragspartner möchten jedoch meist eine Minimumgarantie zugesagt bekommen, was natürlich verständlich -und akzeptabel ist.

Die bereits gezahlte Optionsgebühr ist im Normalfall auf das spätere Verfilmungshonorar anrechenbar, die Anrechenbarkeit der Gebühr für eine etwaige Optionsverlängerung hängt von ihrem Verhandlungsgeschick gegenüber dem Vertragspartner ab.

Die branchenübliche Staffelung für die Zahlung der Verfilmungsgebühr ist in der Regel wie folgt gegliedert:

1/3 bei Optionsausübung
1/3 bei Drehbeginn
1/3 bei Drehende (manchmal auch zu Beginn der Verwertung)

Die generelle Höhe der Verfilmungsgebühr hängt stark vom Bekanntheitsgrad des vorbestehenden Werkes, der Popularität des Autors, o. ä. ab. Sie können bei Werken mit normalem Bekanntheitsgrad circa von einem Korridor in Höhe von zwei bis vier Prozent der Nettoherstellungskosten gemäß FFG-Vorgaben, d. h. die kalkulierten Filmherstellungskosten ohne Finanzierungskosten, Zinsen, Überschreitungsreserven, Versicherungen, Overheads, Rückstellungen, Treuhandgebühren, Handlungskosten/Gewinn und Boni, ausgehen.

Über die finanziellen Eckpunkte hinaus sollten Sie im Rahmen des Verfilmungsvertrages alle relevanten rechtlichen Parameter regeln.

Neben dem Verfilmungsrecht gelingt es Ihnen im besten Fall, sich alle Nebenrechte, die auf ihrem späteren Filmwerk basieren, einräumen zu lassen. An Einnahmen, die aus der Auswertung dieser Nebenrechte resultieren, ist dem Vertragspartner dann eine angemessene Erlösbeteiligung zuzusprechen.

Es gibt jedoch einige Nebenrechte, insbesondere bei Romanverfilmungen, die Ihnen als Produzent durch den Vertragspartner so gut wie nie zugesprochen werden. Dies ist z. B. das Recht am „Buch zum Film" oder an einem „Hörbuch". Schließlich basiert ihr Filmwerk auf einem bestehenden Roman und es existiert somit bereits ein Buch auf dem Markt, sodass Ihnen im Regelfall nur das sog. „kleine Drucknebenrecht" eingeräumt wird, welches Ihnen ermöglicht im Rahmen der späteren Promotion, o. ä. kleinere Broschüren zu drucken. Ebenfalls meist nicht eingeräumt werden im Falle einer Romanverfilmung die Rechte für Fortentwicklung, Spin Offs sowie Pre-oder Sequels. Für Letztere empfehle ich Ihnen ein Erstanbietungsrecht seitens des Vertragspartners an Sie in den Vertrag hinein zu verhandeln. Dies stellt sicher, dass Sie bei Erfolg ihres Filmes und im Fall, dass die Autoren aus dem ursprünglichen Roman inzwischen eine Fortsetzung geschrieben haben, einen exklusiven Zugriff auf diese Fortsetzung haben.

Meine Erfahrung hat gezeigt, dass eine Übertragung aller anderen Nebenrechte durchaus realistisch ist. Ausnahmen bestimmen natürlich auch hier der Regel, vor allem im Falle von Verfilmungen von etwaigen Bestsellern.

Da es sich insbesondere bei Romanverfilmungen um sehr spezifische Vertragsinhalte handelt, empfehle ich Ihnen auch hier in jedem Fall das Konsultieren eines einschlägigen Fachanwalts, der Ihnen einen Vertragsentwurf erstellt.

12.1 Verträge in der Entwicklungsphase

Für den Fall, dass Sie bereits einen Entwurf erstellt oder von der Gegenseite erhalten haben, sollten Sie diesen auf Herz und Nieren vom Fachanwalt prüfen lassen oder sich Handlungsempfehlungen für das weitere Vorgehen aufzeigen lassen. Bei besonders aufwändigen Verhandlungen kann es durchaus zielführend sein, wenn Sie den Fachanwalt nicht nur als Berater engagieren, sondern auch die gesamte Vertragsverhandlung in seine Obhut geben.

12.1.2 Stoffentwicklungsvertrag

12.1.2.1 Exposévertrag

Der Exposévertrag regelt zum einen Art, Umfang und Zeitrahmen der Leistung, für die wir als Produktionsfirma einen Autor beauftragen, zum anderen das Honorar, welches wir dem Autor bei vertragsgemäßer Leistungserbringung zahlen. Prinzipiell besteht ein Exposévertrag aus dem individuellen Hauptvertrag sowie einer standardisierten Anlage, welche die Rechteübertragung von Autor auf Produktionsfirma regelt. Diese Anlage sollte so angelegt sein, dass alle Rechte, die im Falle einer Projektzusage an einen Sender übertragen werden müssen, auch vom Autor an Sie übertragen werden.

Der branchenübliche Umfang für ein Exposé (=Art der Vertragsleistung) beträgt im Großteil der Fälle drei bis fünf Seiten (=Umfang) im DIN A4-Format. Darüber hinaus habe ich mir über die Jahre hinweg angewöhnt, in einer Präambel zu Beginn kurz die Genese des Projektes festzuhalten:

Wer hatte die Idee zum Filmstoff? Wer kam auf wen zu? Wie und wann erfolgte das Briefing?

Bloße Ideen sind nach deutschem Recht nicht schützbar. (Nobel und Weber 2021, S. 711) Ich finde aber, dass es nicht schadet, dies dennoch grundlegend festzuhalten. Weitere wichtige Inhalte des Exposévertrags sind die Deadline zur Lieferung der 1. Fassung sowie die Höhe des Honorars und die Anzahl der Überarbeitungen, welche mit diesem Honorar bereits abgegolten sind. Hier sind, sofern das Honorar marktüblich vereinbart wurde, bis zu zwei Überarbeitungen sowie ein Polish des Exposés heutzutage als der Branchenstandard anzusehen. Für die Zahlung des Gesamthonorars sollte eine Staffelung angesetzt werden, die sich am Fortschritt der Arbeit orientiert. Hier hat sich eine dreigeteilte Staffelung bewährt gemacht, welche sich auf die Vertragsunterzeichnung, die Lieferung der ersten Fassung sowie die Abnahme des Exposés durch den Produzenten aufteilt. Die Gewichtung der Aufteilung des Gesamthonorars auf diese drei Raten ist individuell zu verhandeln und hängt – analog zur Gesamthöhe des Honorars – von ihrem Verhandlungsgeschick ab.

Außerdem ist die Abnahme zu definieren, damit es hier nicht zu unterschiedlichen Ansichten zwischen Autor und Produzent kommt. In der Regel gilt ein Exposé als abgenommen, sobald es der Produzent an einen Sender/potenziellen Auftraggeber weitergereicht hat. Ein Produzent hat ab Ablieferung einer Fassung ein, ebenfalls vertraglich zu definierendes, Zeitfenster zur Verfügung, in welchem er dem Autor entweder Änderungswünsche mitteilt und diese begründet oder die Fassung abnimmt. Darüber hinaus gibt es in der Praxis die sog. „Abnahmefiktion". Diese tritt ein, wenn der Produzent sich in dem definierten Zeitfenster gar nicht äußert. Dann gilt das Exposé aus Sicht des Autors als abgenommen und er darf die 3. und letzte Rate in Rechnung stellen. Eine Abnahmefiktion gilt jedoch nicht automatisch. Diese muss immer individualvertraglich definiert und festgehalten werden.

Kommen wir nun zu einem weiteren, wichtigen Vertragspunkt im Exposévertrag: Das Erstanbietungsrecht für die nächste Werkstufe. Hierbei handelt es sich um einen Passus zum Schutz des Autors. Dieser besagt, dass er – sofern der Sender sich auf Basis seines abgenommenen Exposés – für die Weiterentwicklung entschieden hat, diese auch zwingend seitens des Produzenten angeboten bekommen muss. Wichtig ist, dass Sie hier von Beginn an eine Regelung treffen, die auf die zeitliche Verfügbarkeit des Autors sowie auf den ungefähren Umfang des Drehbuchhonorars abzielen. Dies sichert beide Seiten vor Streitigkeiten nach Senderzusage ab. Zum einen kann es dann keinen überzogenen Honorarpoker geben, zum anderen ist gewährleistet, dass der Autor in einem gewissen Zeitraum mit der Erstellung des Drehbuchs beginnen muss. Denn schließlich könnte eine Nicht-Verfügbarkeit des Autors das Projekt gefährden, da der Sender das Projekt natürlich auch möglichst zeitnah realisieren möchte. Für diesen Fall ist es ratsam, eine Regelung zu treffen, dass Sie als Produzent im Falle der Nichtverfügbarkeit des Autors die Möglichkeit haben, das Drehbuch mit einem dritten Autor zu entwickeln. Dies setzt voraus, dass der Sender ebenfalls damit einverstanden ist. Denn unter Umständen war es ja genau dieser Autor, der der ausschlaggebende Faktor für die Beauftragung war. Im Umkehrschluss sollten Sie bei Abschluss eines Exposévertrages beim Autor abfragen, ob ihm schon bestimmte anderweitige, zeitlich einschränkende Verpflichtungen bekannt sind, damit Sie den Sender darüber in Kenntnis setzen können und für alle Beteiligten eine Planungssicherheit schaffen.

12.1.2.2 Treatmentvertrag

Prinzipiell können Sie alle wichtigen Punkte des Kapitels „Exposévertrag" 1:1 auf den Treatmentvertrag übertragen. Beim Treatment beträgt der branchenübliche Umfang bis zu ca. 20 Seiten.

Einen Sonderfall würde die Tatsache darstellen, wenn es sich um einen neuen Autor handelt, der das Treatment auf Basis eines Exposés eines anderen Autors erstellt. Hier würde ich eine Verankerung in der Präambel empfehlen, welche klarstellt, dass der Autor ein Treatment auf Basis des ihm vorgelegten Exposés des Autors XY erstellen soll. Im Umkehrschluss wird der Autor auch eine Regelung fordern, die ihn von etwaigen Ansprüchen des ursprünglichen Autors freistellt, da er natürlich keine Einsicht in den von Ihnen mit dem ursprünglichen Autor abgeschlossenen Exposévertrag hat. Sie müssen natürlich zu Ihrer eigenen Absicherung sicherstellen, dass Sie befugt sind, den neuen Autor mit der Weiterentwicklung zu beauftragen.

12.1.2.3 Drehbuchvertrag

Beim Drehbuchvertrag spielt es eine große Rolle, um welche Art der Produktion (s. Abschn. 5.2) es sich handelt. Wichtig ist, dass Sie immer den Drehbuchvertrag zwischen Ihnen und dem Autor so abschließen, dass er deckungsgleich mit dem Stoffentwicklungs- und Drehbuchvertrag ist, den der Sender mit Ihnen als Produktionsfirma abgeschlossen hat. Dies betrifft neben den Konditionen vor allem auch die Rechteübertragung. Sollten Sie erstmalig mit einem Sender zusammenarbeiten, empfehle ich Ihnen, sich vorab vom Sender ein Muster des Stoffentwicklungsvertrags zusenden zu lassen, da die Erstellung und Zusendung des Sendervertrages i. d. R. einige Zeit in Anspruch nimmt. So können Sie jedoch schon parallel am Vertragsentwurf für den Autor arbeiten. Im Laufe des Projektfortgangs verlangt der Sender auch eine Kopie des Vertrages zwischen Ihnen und dem Autor. Zum einen, um sicherzustellen, dass es keine großen Abweichungen gibt, zum anderen, weil es bei einigen Sendern auch weiterführende Verpflichtungen der Sender gegenüber den Autoren gibt, welche Sie als Produktionsfirma sozusagen „treuhänderisch" für den Sender in den Vertrag aufnehmen, den Sie mit dem Autor abschließen. Dies sind z. B. Regelungen für etwaige Wiederholungshonorare, die der Sender dem Autor gewährt.

All diese Besonderheiten beziehen sich vor allem auf Drehbuchverträge im Rahmen von voll- und teilfinanzierten Auftragsproduktionen, bei denen von vornherein die Finanzierung des Drehbuchs durch einen Auftraggeber in Form eines Senders getragen wird (s. Abschn. 5.2).

Prinzipiell unterscheiden wir in Drehbuchverträgen im Rahmen einer Auftragsproduktion in zwei unterschiedliche Arten von Honoraren:

Es gibt sowohl Verträge mit Buyout-Anteilen im Honorar als auch Verträge mit Wiederholungshonoraren. Letztere existieren überwiegend im Rahmen von Auftragsproduktionen für das ZDF. In den vergangenen Jahren hat das ZDF jedoch ebenfalls noch eine weitere Vertragsform eingeführt, die auf dem sog. „Korbmodell" basiert. Hier erhält der Autor ein etwas größeres Grundhonorar, dafür sind Wiederholungen in einem bestimmten Zeitraum bereits abgegolten und erst, wenn dieser Zeitraum abgelaufen ist, erhält der Autor für eine erneute Ausstrahlung ein erneutes Honorar direkt vom ZDF ausbezahlt. Charakteristisch für Drehbuchverträge mit Wiederholungshonorar oder nach Korbmodell ist, dass das Grundhonorar niedriger ist, als bei einer Buyout-Variante, dafür jedoch für Ausstrahlungen, die über die Erstausstrahlung hinausgehen, direkt vom ZDF nochmals gesondert vergütet werden. Früher galt dies ab jeder Wiederholung, welche mind. 48 Stunden nach der Erstausstrahlung erfolgte.

Charakteristisch für Drehbuchverträge mit Buyout-Anteil ist ein höheres Honorar, welches der Autor erhält – unabhängig von der Ausstrahlung der Produktion. Dieser sogenannte Buyout-Anteil wird fällig, sobald sich der Sender für die Realisierung des Projektes auf Basis des finalen Drehbuchs des Autors entscheidet und ist vertragsgemäß in der Regel zum Stichtag des 1. Drehtags fällig. Mit diesem Buyout-Anteil sind – grob gesagt – alle Rechte und Ansprüche des Autors abgegolten. Für zusätzliche Wiederholungen erhält der Autor keine weiteren Honorare. In den letzten Jahren ist jedoch Kritik an Buyout-Modellen aufgekommen, insbesondere sog. „Total Buyout"-Verträge standen im Fokus und wurden nahezu komplett abgeschafft. Diese sahen vor, dass der Autor gegen Zahlung des Honorars auch im besonderen Erfolgsfall des Filmes keinerlei weitere Honorierung erhält. Da der Autor jedoch mit seinem Drehbuch den Grundstein für den Erfolg gelegt hat, ist dies natürlich für den Autor mehr als ungerecht. Hierzu wurden über die Jahre hinweg zahlreiche Gesetzesänderungen durchgesetzt, welche den Urhebern Schutz vor zu geringer Honorierung zusichern. Außerdem wurden von zahlreichen Sendern sog. „gemeinsame Vergütungsregeln" mit Autorenverbänden verhandelt, welche eine Nachvergütung eines Autors bei besonderem Erfolg regelt. Bei TV-Auftragsproduktionen wird dieser z. B. durch eine sehr häufige Ausstrahlung dargestellt. Jede Ausstrahlung wird mit einem Punktwert beziffert, die Grundvergütung deckt dabei eine bestimmte Anzahl an Punkten ab. Sind diese Punkte aufgebraucht, so muss ein Sender weitere Punkte vom Autor nacherwerben, sofern er die Produktion erneut ausstrahlen möchte. Im Umkehrschluss bedeutet dies: Das klassische „Total Buyout", welches gegen eine einmalige Zahlung, eine uneingeschränkte Rechteübertragung zusagte, existiert in dieser Form nicht mehr. Für den Fall, dass Sie als Autor tätig werden, sollten Sie sich nicht auf solch einen Vertragspassus einlassen. Wobei, ohne ausgebildeter Jurist zu sein, gehe ich davon aus, dass ein solcher Passus im Streitfall sowieso für nichtig erklärt werden würde, da er zu Ungunsten des Autors und gegen geltendes Recht verstoßen würde.

Ein prominentes Beispiel ist das juristische Vorgehen der Autorin des Films „Keinohrhasen" gegen die Produktionsfirma. Die Autorin wurde mit einer Summe in Höhe von 50.000 Euro vergütet, empfand diese Vergütung jedoch aufgrund des großen Erfolgs des Filmes, für unangemessen. Ende des Jahres 2020 erwirkte Sie in erster Instanz vor dem Landgericht Berlin eine Offenlegung des wirtschaftlichen Erfolgs des Films seitens Produktionsfirma und Verleih (Encke 2020). Im Februar 2022 wurde die Berufung des Urteils seitens der Gegenseite vom Kammergericht Berlin Schöneberg abgelehnt (Encke 2022). Das finale Ergebnis der Anstrengungen der Autorin ist zum jetzigen Zeitpunkt noch ungewiss. Die Chancen, eine Nachvergütung zu erhalten, sind jedoch mit der Ablehnung der Berufung gestiegen.

Dieses Kapitel würde für sich Inhalte für ein eigenes Buch liefern. Sofern Sie hier in die Tiefe einsteigen möchten, empfehle ich Ihnen die Lektüre des Gesetzestexts, insbesondere von § 32 UrhG ff. sowie der eingangs des Kapitels erwähnten, einschlägigen Fachliteratur.

12.1.2.4 Konzeptvertrag

Dieser Vertrag kommt in der Regel bei der Entwicklung von Serien- oder Reihenformaten zum Einsatz und dient dazu, einen Autor mit der Entwicklung eines umfangreicheren Konzepts für ein solches Format zu beauftragen. Der Umfang eines solchen Konzepts liegt folglich auch deutlich über dem eines klassischen Exposés und enthält neben einem ausführlichen Inhalt der Pilotfolge auch Bestandteile wie einen Staffelbogen, Figurenbeschreibungen oder Outlines zu den einzelnen Folgen. Enthalten sollten hier ebenfalls die klassischen Vertragsparameter wie Umfang, Zeitraum, Honorar (inkl. Staffelung) sowie die darin enthaltenen Überarbeitungen sein. Bei einem Serien-und Reihenkonzept spielt insbesondere noch eine große Rolle, wie die Weiterbeauftragung des Autors bei Zusage eines Senders geregelt ist. Denn anders als bei einem Einzelstück, gilt es hier nun, mehrere Folgen parallel zu entwickeln und natürlich kann ein Autor sich auch nicht vierteilen. Die gängige Praxis ist hier, dass ein Sender zunächst ein komplettes Drehbuch für die Pilotfolge sowie Exposés für die weiteren Folgen ordert. Übergeordnet wird darüber hinaus normalerweise eine sog. Serienbibel bestellt. Spätestens ab dem Zeitpunkt, wo der Sender sein finales „Go" gibt und es in die Buchphase aller Folgen geht, ist dieser Aufwand nicht mehr durch den ursprünglichen Autor alleine zu bewerkstelligen. Weil das Projekt in den meisten Fällen das „Baby" des Autors ist, wird der Autor, bzw. dessen Agentur meist einen Vertragspassus aufnehmen wollen, der ihm das Schreiben einer bestimmten Anzahl von Drehbüchern verbindlich zusagt. Die beste Variante ist, wenn Sie schon zu Beginn des Projektes mit dem Autor sprechen, ob er bereits in der Vergangenheit erfolgreich mit anderen Autoren zusammengearbeitet hat. So können Sie diese unter Umständen schon einmal unverbindlich hinsichtlich ihres Interesses am Schreiben einzelner Folgen kontaktieren. Eine weitere Möglichkeit ist es, den ursprünglichen Autor zum Headwriter zu ernennen und die weiteren Bücher im sog. „Writers' Room" erstellen zu lassen. Hierzu müssten Sie dann wiederum gesonderte Verträge über die Arbeit der einzelnen Autoren im Writers' Room sowie einen Headwriter-Vertrag abschließen.

Zum Konzeptvertrag lässt sich abschließend zusammenfassen: Regeln Sie zunächst alle Parameter für die Arbeit am Konzept und legen eine vertragliche Marschroute („was passiert, wenn...") mit dem Konzeptautor fest. Wie bei allen Autorenverträgen sollten Sie hier natürlich, neben den kreativen Aspekten, auch darauf achten, dass der Autor Ihnen im Falle einer Projektzusage möglichst in einem angemessenen Rahmen zur Verfügung steht oder eben einvernehmlich entsprechende Regelungen für die Involvierung Dritter vereinbart werden. Außerdem sollte der Konzeptvertrag ebenfalls klare Regeln und Passagen im Hinblick einer Abnahmedefinition enthalten. Gerade beim Konzeptvertrag ist es darüber hinaus wichtig zu regeln, wie und in welcher Form der Ersteller des Konzepts bei einer späteren Verfilmung zu nennen ist, selbst wenn er keine Drehbücher verfasst. In jüngster Vergangenheit kam es außerdem häufiger vor, dass die Ersteller des Konzeptes die Funktion als Showrunner, verbunden mit einer „created by"-Nennung, bei einer späteren Realisierung zugesagt bekamen. Dies sehe ich als eine positive Entwicklung im Hinblick auf die Wertschätzung gegenüber den kreativen Köpfen. Vorausgesetzt, dass die Personen auch tatsächlich die Aufgaben eines Showrunners wahrnehmen und nicht nur den Titel einfordern, obwohl Sie nur als klassischer Autor tätig waren.

12.2 Verträge im Rahmen der Drehvorbereitung und während des Drehs

12.2.1 Teamverträge

12.2.1.1 Stabvertrag

Beim Stabvertrag handelt es sich um die häufigste Vertragsform, die im Rahmen der Projektvorbereitung und Durchführung erstellt wird. Vereinfacht ausgedrückt handelt es sich hierbei um den zeitlich und auf das Projekt befristeten Arbeitsvertrag für alle Mitarbeiter der Produktion. Dieser regelt die grundsätzlichen Bedingungen zwischen Mitarbeiter und Produktionsfirma. Von Gehalt, über Stundenanzahl bis hin zum Urlaubsanspruch werden hier alle relevanten Themen festgehalten. Einen kompletten Stabvertrag mit allen Details durchzugehen würde hier den Rah-

12.2 Verträge im Rahmen der Drehvorbereitung und während des Drehs

men sprengen, und eine Vorlage abzudrucken, würde ebenfalls wenig sinnvoll sein, da es kontinuierlich zu Änderungen in relevanten Gesetzen und zugrunde liegenden Tarifvereinbarungen kommt und die Vorlage schnell nicht mehr auf dem neuesten Stand wäre. Grundsätzlich kann ich jeder Produktionsfirma raten, sich vor Beginn des ersten Großprojekts einmalig seitens eines Arbeitsrechtlers mit Schwerpunkt in der Filmbranche, entsprechende Vertragsvorlagen erstellen zu lassen. Ich rate dringend davon ab, aus alten, gesammelten Vorlagen ein neues Vertragswerk zusammenzubasteln. Sollten Sie dies dennoch ins Auge fassen, lassen Sie sich Ihre „Kreation" bitte zumindest von einem entsprechenden Fachmann überprüfen, bevor Sie die Verträge einem potenziellen Mitarbeiter vorlegen.

Im Folgenden werde ich jedoch auf einige wichtige Inhalte eingehen, die auf jeden Fall Bestandteil Ihrer Stabverträge sein sollten.

Wichtigste Bestandteile des Stabvertrages sind:

- Vertragslaufzeit (inkl. Vorbereitung und Abwicklungszeit)
- Art der Tätigkeit
- avisierter Ort der Tätigkeit
- Wochengage
- Wochenstundenanzahl
- Anzahl der Urlaubstage

Letztere werden in der Regel ans Ende der Abwicklungszeit „angehängt" und ausbezahlt, da es – im Gegenteil zu einem unbefristet angestellten Mitarbeiter – nicht die Möglichkeit gibt, während des Drehs normal Urlaub zu nehmen.

Sofern Sie nicht vorhaben, einen Low Budget Film zu machen und es sich nicht um ein Erstlingswerk/Nachwuchsfilm handelt, empfehle ich Ihnen, sich bei all den o. g. Bestandteilen am gültigen Tarifvertrag zu orientieren. Achten Sie jedoch hierbei darauf, dass kein „Rosinen picken" stattfindet – sowohl Ihrerseits als auch seitens der Vertragspartner. Entweder man bezieht sich vollumfänglich auf den Tarifvertrag oder eben nicht. Jedoch möchte ich betonen, dass der Tarifvertrag natürlich für beide Seiten eine gewisse Planungssicherheit bietet und klare Regelungen im Hinblick auf die o. g. Inhalte bietet.

So kann es in seltenen Fällen – obwohl ganz eindeutig im Stabvertrag und Tarifvertrag geregelt – vorkommen, dass ein unzufriedener Mitarbeiter einen Stundenzettel mit täglichen Arbeitszeiten, teilweise sogar in der Vorbereitung, zwischen 12 und 14 Stunden pro Tag abgibt und keine Pausen aufschreibt. Ohne Ankündigung, wozu eine kurze E-Mail gereicht hätte. Und selbst wenn Ihnen dies angekündigt worden wäre, hätten Sie es natürlich ablehnen müssen, da es gegen das Gesetz verstößt und im Tarifvertrag auch nur eine Höchstarbeitsdauer von 12, in absoluten

Ausnahmefällen von 13 Stunden, angesetzt ist. Spinnen wir den Gedanken einmal weiter: Dieser Mitarbeiter ist am Ende des Projektes so erbost, dass er Ihnen eine offizielle, schriftliche Lohn-Nachforderung in Höhe von rund 2000 Euro brutto zusendet, da er fest davon überzeugt ist, im Recht zu sein – oder Sie vielleicht auch einfach nur ärgern möchte.

Doch keine Sorge: Sowohl mittels Tarifvertrag als auch aufgrund der Tatsache, dass er Ihnen Überstunden aufschreibt, die weder durch einen Tagesbericht belegbar sind, noch vor Entstehen zur Genehmigung angezeigt wurden, können Sie diese Forderung widerlegen. Schließlich ist auch alles hinsichtlich dem Anmelden von etwaiger Mehrarbeit, die nicht während des Drehs anfällt und aus dem Tagesbericht ersichtlich wäre, im beidseitig unterzeichneten Stabvertrag geregelt. Lassen Sie sich also nie von solchen Schreiben unter Druck setzen, bevor Sie den Inhalt auf Herz und Nieren geprüft haben.

Seien Sie immer fair zu ihren Mitarbeitern, aber schauen Sie auch genau hin, ob ihre Mitarbeiter ebenso fair und ehrlich zu Ihnen sind. Denn wie in allen Branchen oder Unternehmen gibt es auch hier schwarze Schafe. Menschen, die vielleicht keine Lust mehr auf die Arbeit haben und die versuchen, mit minimalem Aufwand ein Maximum an persönlichem Vorteil herauszuschlagen. Und bevor ich nun von erbosten Filmstab-Mitgliedern angeschrieben werde: Ja, die schwarzen Schafe gibt es sicherlich auch unter den Arbeitgebern.

Unsere Branche hat eine sehr überschaubare Größe und es spricht sich sehr schnell herum, wer ein „schwarzes Schaf" ist – und dies bezieht sich auf beide Seiten. Und „schwarze Schafe" werden irgendwann von niemandem mehr angestellt – und im Umkehrschluss wird für „schwarze Schafe" auch niemand mehr gerne arbeiten, wenn es nicht unbedingt sein muss.

Abschließend noch ein wichtiger Hinweis: Achten Sie immer, dass Sie den Stabvertrag möglichst vor dem ersten Arbeitstag beidseitig unterzeichnet vorliegen haben. Denn rein rechtlich gesehen kommt ansonsten, in dem Moment, in dem der Filmschaffende die Arbeit aufnimmt, ein unbefristeter Arbeitsvertrag zustande

12.2.1.2 Castvertrag

Beim Castvertrag handelt es sich im Prinzip um den Arbeitsvertrag eines Schauspielers. Schließlich ist ein Schauspieler weisungsgebunden und somit als Angestellter im sozialversicherungsrechtlichen Sinne zu betrachten. Hin und wieder kommt es vor, dass ein Schauspieler für seine Tätigkeit eine Rechnung stellen möchte. Lassen Sie sich niemals darauf ein und gehen Sie auch keinerlei Kompromisse ein. Bei jeder Sozialversicherungsprüfung würde dies mit hohen Nachzahlungen nebst Zinsen teuer zu Buche schlagen. Denn ausschließlich Sie sind als potenzieller Arbeitgeber/Auftraggeber dafür verantwortlich zu prüfen, ob die Tätigkeit, der jemand in ihrem Unternehmen nachgeht, als sozialversicherungspflichtig oder als selbstständig zu werten ist (s. Abschn. 13.7). Und aufgrund der angesprochenen Weisungsgebundenheit ist ein Schauspieler alles – nur eben nicht selbstständig. Prinzipiell empfehle ich Ihnen, vor der Erstellung eines Castvertrages durchaus einen Blick in den jeweils aktuell gültigen „Tarifvertrag für Schauspielerinnen und Schauspieler" zu werfen. Denn dort wird, neben den seitens des Schauspielers wesentlich zu erbringenden Tätigkeiten, auch auf Punkte wie Höchstarbeitszeit oder Mindesthonorar eingegangen. Wobei letzteres bei der Zusammenarbeit mit namhaften Schauspielern eher eine untergeordnete Rolle spielt.

Analog zum Stabvertrag kann ich Ihnen hier aus gleichen Gründen kein Muster zur Verfügung stellen, jedoch möchte ich im Folgenden explizit auf einige Punkte eingehen, die ich auf Grundlage meiner Erfahrung als besonders hervorhebungswürdig ansehe.

Gage pro Drehtag + Rechteübertragung
Bei der Gage pro Drehtag handelt es sich um den Bruttolohn, den der Darsteller für seine Leistungen pro Drehtag enthält. Das heißt im Umkehrschluss, dass für Sie – wie bei jedem anderen Arbeitnehmer – noch diverse Arbeitgeberabgaben in der Kalkulation „on top" hinzukommen. Diese werden in Sesam Kalk automatisch berechnet, weshalb sie hier nichts manuell vornehmen müssen. Abgesehen davon, dass es bei den Darstellergagen um viel Geld geht, ist dieser Punkt jedoch noch aus einem anderen Grund wichtig: Je nach Auftraggeber handelt es sich bei der Darstellergage um eine Buyout-Gage oder um eine Gage mit Wiederholungshonoraranspruch. Die erste Variante ist in der Regel höher als die Zweite, da damit alle Rechte des Darstellers gegen eine Einmalzahlung abgegolten sind. Hier ist jedoch, analog zu den Autorenhonoraren (vgl. Abschn. 12.1.2.3) seit einiger Zeit Vorsicht geboten und einige Sender stehen mit den Schauspielerverbänden in Verhandlung im Hinblick auf eine gemeinsame Vergütungsregelung, welche ebenfalls ein Punktesystem vorsieht. Zum heutigen Zeitpunkt fällt die sog. „Gage mit Anspruch auf Wiederholungshonorar" i. d. R. etwas niedriger aus, da der Darsteller seitens des Senders für eine Wiederholung erneut ein Honorar über seine bereits erhaltene Gage hinaus erhält. Üblicherweise kamen in der Vergangenheit Wiederholungshonorar-Gagen überwiegend bei ZDF-Produktionen vor, wohingegen ARD-Produktionen oder Produktionen für Privatsender i. d. R. mit einer Buyout-Gage versehen waren. Aktuell findet ein Vormarsch der Streamer statt. Hier sind auch eher Buyout-Honorare die Regel, wobei Netflix als erster Streamer in Deutschland im Jahr 2020 eine gemeinsame Vergütungsregelung mit dem Schauspielerverband abschloss und in 2021 erste Nachvergütungen an Mitwirkende deutscher Netflix-Produktionen auszahlte (Wenk 2021). Wichtig aus ihrer Sicht: Klären Sie immer mit ihrem Auftraggeber im Vorfeld ab,

wie bei diesem die gängige Vergütungspraxis ist. Oft müssen Sie sogar entsprechende Vertragsanlagen, die alle senderspezifischen Dinge regeln, an den Vertrag zwischen Darsteller und Ihnen anheften. Diese bekommen Sie auf Nachfrage im Vorfeld vom jeweiligen Sender zur Verfügung gestellt.

Darüber hinaus muss mit einer Vertragsanlage und Garantie des Darstellers geregelt werden, dass durch die Zahlung der Gage eine vollumfängliche Rechteübertragung – zeitlich, räumlich und inhaltlich – seitens des Darstellers stattfindet.

Anzahl der Drehtage + Arbeitsbeginn
Die Anzahl der Drehtage ist ein sehr wichtiger Bestandteil des Castvertrags. Denn in der Regel können Sie ab 10 Drehtagen mit den Agenturen der Darsteller über eine Pauschalierung der Gage sprechen. Bei Auftragsproduktionen für die meisten Sender ist diese Pauschalierung ab zehn Drehtagen auch vorgegeben und wird seitens der Agenturen automatisch akzeptiert. Die Höhe der Pauschalierung beträgt dann in der Regel ca. zehn Prozent, Berechnungsgrundlage ist die jeweilige Tagesgage. Ein Beispiel: Darsteller Max Mustermann hat normalerweise eine Tagesgage in Höhe von 2000 Euro. Wollen Sie ihn nun für 9 Drehtage engagieren, so erhält er insgesamt 18.000 Euro Gage. Sofern Max Mustermann jedoch 10 Drehtage angesetzt sind, so erhält dieser durch die Pauschalierung ebenfalls nur 18.000 Euro Gesamtgage, was 1800 Euro pro Drehtag entspricht, da die Tagesgage aufgrund der Überschreitung der magischen Grenzen von zehn Drehtagen nun um 10 % herabgesetzt wird.

Sofern unvorhergesehen mehr Drehtage anfallen, ist eine branchenübliche Lösung, dass weitere 1–2 Drehtage „pro Rata" honoriert werden, was bedeutet, dass hier die verminderte Gage anzusetzen ist. Ab dem 3. zusätzlichen Drehtag wird die normale Tagesgage in Höhe von 2000 Euro fällig. Gehen wir wieder vom Fall Max Mustermann aus: Sie haben 10 Drehtage im Vertrag aufgenommen und pauschaliert. Nun wird es – die Gründe lassen wir außen vor – erforderlich, Max Mustermann für 13 Drehtage zu beschäftigen. Dies würde bedeuten, dass Max Mustermann dann 18.000 Euro für die ursprünglich vorhergesehenen 10 Drehtage erhält, zzgl. je 1800 Euro „pro rata" für die Drehtage 11 und 12 sowie 2000 Euro für Drehtag 13. In Summe würde Max Mustermann somit 23.600 Euro Gage bei diesem Dreh erhalten.

Manche Darsteller bzw. deren Agenturen möchten bei einem Projekt eine bestimmte Anzahl an Drehtagen garantiert bekommen. Dies kann z. B. der Fall ein, wenn der Darsteller noch parallel eine Anfrage für ein anderes Projekt hat, bei dem er

12.2 Verträge im Rahmen der Drehvorbereitung und während des Drehs

für eine bestimmte Anzahl Drehtage angeboten bekommen hat, jedoch lieber Ihr Projekt annehmen möchte, ohne jedoch finanzielle Nachteile in Kauf nehmen zu müssen. Wenn dieser Darsteller nun auch ihr Wunschkandidat Nr. 1 ist, werden Sie ihm diese Anzahl an Drehtagen zusagen und auch bezahlen müssen, selbst wenn es durch Drehplanänderungen, o. ä. weniger Tage werden.

Avisierte Drehtage und Sperrtermine des Darstellers
Wichtig ist, dass zum Vertragsabschluss schon möglichst fixe Daten für die Drehtage des Darstellers im avisierten Drehzeitraum der Produktion feststehen, damit es hier später zu keinen Terminkonflikten mit anderen Engagements des Darstellers kommt. Gleiches gilt für das Festhalten sog. Sperrtermine im Drehzeitraum. Hierbei handelt es sich um Tage, an denen der Darsteller keinesfalls für Ihre Produktion zur Verfügung stehen kann. Diese Termine können privater oder beruflicher Natur sein und sind zwingend bei der Drehplanung bzw. bei der Darstellerauswahl zu beachten.

Ausschluss von äußerlicher Veränderung sowie Sportarten mit erhöhter Verletzungsgefahr
In der Regel wird in einer Vertragspassage festgehalten, dass Darsteller ab Vertragsabschluss bis zum letzten Drehtag keine gravierenden Veränderungen mehr an ihrem äußerlichen Erscheinungsbild vornehmen dürfen. Zum einen gilt dies, da die Entscheidung auf den Darsteller ggf. eben genau wegen seines Erscheinungsbildes gefallen ist, zum anderen aufgrund der Anschlussproblematik zwischen den Drehtagen.

Da die Ausfallversicherung (s. Abschn. 10.2) nicht bei Personenausfällen greift, die durch sog. „gefahrenerhöhende Sportarten" (z. B. Skateboarden, Fallschirmspringen, u. a.) entstanden sind, sollten Sie in jedem Darstellervertrag sicherstellen, dass der Darsteller im Vertragszeitraum solche Sportarten Ihrerseits untersagt bekommt. Dies klingt im ersten Moment hart, bzw. wie ein Eingriff in das Privatleben des Darstellers. Aber allen professionellen Darstellern sind diese Vertragspassagen geläufig und werden auch von diesen anerkannt. Ferner sollte diese Vertragspassage enthalten, dass der Darsteller im Falle eines Verstoßes gegen diesen Passus im Schadensfall haftbar gemacht werden kann. Natürlich ist die Wahrscheinlichkeit, dass ein Mensch alleine einen Drehausfall bezahlen kann, gering. Aber auch hier müssen Sie sich als Produktions- und Herstellungsleiter einfach absichern. Wenn es Ihre eigene Firma ist, könnten Sie sonst auf dem wirtschaftlichen Schaden sitzenbleiben, ohne jemals die Möglichkeit gehabt zu haben, den Verursacher zunächst zur Verantwortung zu ziehen.

Besondere Vereinbarungen
Ein besonderes Augenmerk sollte auch auf eventuelle Extrawünsche eines Darstellers gelegt werden, welche im Vertrag meist in einer Passage mit dem Titel „Besondere Vereinbarungen" festgehalten werden. Natürlich ist hier ein gewisses Fingerspitzengefühl gefragt und man muss abwägen, was übertriebene Forderungen sind und was nicht.

Hierzu zwei Anekdoten aus der Praxis:

Eines Abends nach dem Sport holte ich mein Handy aus der Tasche. Schätzungsweise zehn Anrufe in Abwesenheit, eine Mailboxnachricht von einer Mitarbeiterin, die völlig aus dem Häuschen schien – und im Mailpostfach eine weitergeleitete E-Mail mit „hoher Priorität". Die Anwältin des Darstellers XY hätte eine Liste mit Anforderungen geschickt – diese sei Vertragsbestandteil und müsste mit unterschrieben werden. Kaum hatte ich die E-Mail geöffnet, musste ich schmunzeln. Diese Liste kannte ich schon – aber ich hatte über drei Ecken auch Kontakt zu dem Darsteller. Und ich wusste, dass er sich zwar gerne etwas aufspielt, aber im Endeffekt doch ein ganz bodenständiger Typ ist. Ein Anruf genügte, um auch ihm ein Schmunzeln zu entlocken. Sinngemäß sagte er damals:

> *„Ach die Liste. Ja die gibt es. Aber hey: Seht zu, dass ich nen guten Kaffee habe, nen Raum zum Text lernen und nach Drehschluss mein Feierabendbier – dann ist alles bestens."*

Sie erinnern sich vielleicht an mein Vertragsgespräch mit der Agentur von Max Mustermann (s. Kap. 2) – ähnlich erging es in diesem Fall meiner damaligen Mitarbeiterin. Für Sie war es Stress pur, weil sie dachte, die Vertragsanlage könnte zum „Deal Breaker" werden – für mich stellte die Liste jedoch alles Mögliche dar. Nur keinen Stress.

Ein weiteres Beispiel: In einem Vertrag bestand die Agentur des Darstellers auf folgenden Passus:

> *„Darsteller XY sind jeden Tag frischer Bio-Lachs oder Bio-Rinderfilet sowie frisches Gemüse und Obst beim Catering zur Verfügung zu stellen."*

Unserer Caterer war natürlich ein Profi, scheute keine Kosten und Mühen und kredenzte dem Darsteller optisch und kulinarisch einen wahren Augenschmaus. Als

12.2 Verträge im Rahmen der Drehvorbereitung und während des Drehs

der Darsteller dann etwas verspätet vom Fahrer zurück zur Basis – und somit auch zum Catering gebracht wurde – staunte ich nicht schlecht, als dieser mit einer Tüte einer Burger-Fastfoodkette aus dem Multivan ausstieg und sich in sein Aufenthaltsmobil verkroch. Nach der Pause darauf angesprochen erwiderte dieser sinngemäß, dass *„er das gesunde Zeug der letzten Wochen leid gewesen sei und er mal wieder das „XXL Menü" gebraucht hätte"*.

Natürlich kann man sich nun darüber streiten, ob er vorher wenigstens hätte Bescheid geben können – aber wir alle sind nur Menschen und manchmal überkommen uns halt solche Gelüste. Vertragliche Vereinbarung mit „Bio-Lachs und Gemüse" hin oder her. Mir war es ausnahmsweise recht, da ich mich zur Abwechslung an diesem Tag einmal besonders gesund ernähren konnte und das „kulinarische Bio-Erlebnis" nicht umsonst zubereitet wurde.

Was ich mit diesen beiden Geschichten aus der Praxis sagen möchte: Nehmen Sie Wünsche, Forderungen oder Aussagen von Darstellern bzw. deren Agenturen durchaus ernst. Aber bevor Sie sich verrückt machen lassen, nehmen Sie sich die Zeit und die Muse, um Dinge, die Ihnen „übertrieben" erscheinen, zu hinterfragen. Denn fragen kostet nichts – und wie Sie in den letzten Absätzen gemerkt haben, ist nicht immer alles, was vertraglich gefordert wird, automatisch gesetzt. Wir alle sind Menschen. Und mit Menschen kann man reden.

12.2.1.3 Werkvertrag

Ein Werkvertrag wird im Rahmen einer Filmproduktion immer nur mit Stabmitgliedern abgeschlossen, die als Selbstständige tätig sind. Per Definition handelt es sich bei einem Werkvertrag um „einen Vertrag, durch den sich der eine Teil (Unternehmer) zur Herstellung eines Werks, der andere (Besteller) zur Zahlung einer Vergütung (Werklohn) verpflichtet" (Berg 2018). Ein hergestelltes Werk kann im Rahmen eines Filmprojektes z. B. die Erstellung des gesamten Szenenbildes oder die Bildgestaltung sein. Wesentlich ist, ebenfalls per Definition, „dass der Unternehmer für den Erfolg seiner Tätigkeit einsteht, da sonst ein sog. Dienstvertrag vorliegt und eben kein Werkvertrag (Stöfen 2018)". Womit wir auch schon zu den wichtigsten Inhalten des Werkvertrages kommen:

- Art und Umfang der Leistung inkl. detaillierter Beschreibung
- Leistungszeitraum
- Budgetverantwortung im Rahmen der Leistungserbringung (Einhaltung = Erfolg der Tätigkeit)
- Passus bzgl. eigenständiger Organisation und Disposition

- Rechteübertragung an Werkleistung sowie Rechtegarantie
- Regelung bzgl. Namensnennung

In einfachen Worten zusammengefasst können Sie sich merken, dass ein Werkvertrag immer dann gerechtfertigt ist, wenn Sie einen Selbstständigen mit der Erstellung eines Werks beauftragen und dieser für den Erfolg, aber auch Misserfolg geradesteht, bei freier und eigenständiger Zeiteinteilung.

Dies ist bei einer Filmproduktion, wenn überhaupt, nur bei einigen wenigen HODs (vgl. Abkürzungsverzeichnis) der Fall, so z. B. bei Regie, Kamera, Kostüm- oder Szenenbild. Achten Sie jedoch immer, dass Sie einen Werkvertrag immer erst nach positivem Bescheid im Hinblick auf das jeweilige Statusfeststellungsverfahrens des Filmschaffenden abschließen (s. Abschn. 13.7).

12.2.2 Motivvertrag

Bevor wir in die Details dieses Vertrages einsteigen, zunächst vorab einmal eine kleine Begriffserläuterung: Bei einem Motiv handelt es sich in der Filmsprache um den Drehort für eine oder mehrere Szenen des Films. Während Sie im öffentlichen Raum lediglich eine Drehgenehmigung der zuständigen Behörde benötigen, brauchen Sie für Dreharbeiten auf privatem Grund zwingend einen Motivvertrag zwischen dem Motivgeber (Grundbesitzer, Wohnungseigentümer- oder Mieter, Pächter, o. ä.) und Ihrer Produktionsfirma (= Motivnehmer). Wie jeden Vertrag können Sie natürlich auch einen Motivvertrag mündlich abschließen. Davon rate ich Ihnen jedoch dringend ab.

Zunächst wird im Motivvertrag genau geregelt, an welchen Tagen Sie im Motiv drehen möchten und wie hoch die Motivmiete je Drehtag ist. Bei manchen Motiven, in denen man länger dreht, wird eine Pauschalmiete für den gesamten Zeitraum vereinbart und nicht nach Tagen vergütet.

In Sachen Vergütungshöhe unterscheidet man bei manchen Motiven in Drehtage sowie in Vor- und Rückbautage. Letztere werden meist mit einem halben Tagessatz vergütet.

Sie sollten sich auch immer die Möglichkeit einräumen lassen, das Motiv für etwaige erforderliche Nachdreharbeiten abermals nutzen zu dürfen. Dies kann z. B. bei einer personenausfallbedingten Drehunterbrechung sehr wichtig sein, wenn Sie bereits einige, jedoch noch nicht alle notwendigen Drehtage im Motiv gedreht haben. Zwar wird Ihnen ein Motivmieter hier keinen Freifahrtschein unterzeichnen, da er unter Umständen sonst vielleicht selbst im Motiv wohnt oder dieses anderweitig vermietet hat. Eine Formulierung, die die erneute Motivanmietung an einen gewissen zeitlichen Vorlauf koppelt, kann hier Abhilfe schaffen.

Neben den finanziellen und zeitlichen Parametern enthält ein Motivvertrag aber noch weitere, sehr wichtige Aspekte. So wird z. B. explizit geregelt, ob Sie bauliche Veränderungen im Motiv vornehmen dürfen bzw. dass Sie im Falle dieser Veränderungen das Motiv wieder im ursprünglichen Zustand zurückübergeben müssen. Ich empfehle hier eindringlich das Führen eines Übergabeprotokolls, um spätere Ärgernisse wegen eventuellen Schäden zu vermeiden.

Oft möchten Motivgeber in den Vertrag explizit aufgenommen haben, dass die Produktionsfirma für etwaige Schäden haftet. Dies können Sie guten Gewissens unterschreiben, da Sie als Produktionsfirma ja über die entsprechenden Versicherungen (s. Kap. 10) verfügen.

Ebenfalls sehr wichtig ist ein Passus, in dem der Motivgeber Ihnen das räumlich, zeitlich und inhaltlich uneingeschränkte Nutzungsrecht der Aufnahmen, die in seinem Motiv gedreht werden, gegen Zahlung der Motivmiete einräumt.

Ein Motivvertrag ohne diese Rechteübertragung ist im Grunde genommen wertlos, da Sie ja genau diese Rechte an den TV-Sender abtreten müssen und genau aus diesem Grund einen Motivvertrag und keinen simplen Mietvertrag abschließen.

12.2.3 Mietvertrag

So einfach es klingt: Bei allen Gegenständen, Requisiten, Fahrzeugen, Bürogeräten o. ä., die Sie im Rahmen ihrer Produktion nutzen und die nicht zu Ihrem Eigentum gehören, sollten Sie immer einen Mietvertrag abschließen, der Angaben zur Dauer und Mietkosten enthält. Wichtig hierbei ist, dass sich in den entsprechenden Verträgen Regelungen zu etwaigen Schadensfällen oder Versicherungen (insbesondere bei Fahrzeugen) wiederfinden. Bei vielen Verleihfirmen wird nicht explizit ein gesonderter Mietvertrag abgeschlossen, sondern dieser ist Bestandteil der Auftragsbestätigung, welche Sie unterzeichnen müssen.

12.2.4 Dienstvertrag

Bei einem Dienstvertrag handelt es sich, sofern es sich nicht um einen Arbeitnehmer handelt, um einen Vertrag für einen selbstständig Tätigen. Der wesentliche Unterschied zum Werkvertrag besteht darin, dass eine Handlung geschuldet wird und nicht ein daraus resultierender Erfolg (Stöfen 2018).

Ein Dienstvertrag enthält in der Regel Art, Umfang und Zeitdauer der vereinbarten Dienstleistung sowie natürlich das dafür geschuldete Entgelt. Darüber hinaus handelt es sich bei Dienstverträgen in der Regel um Vertragsverhältnisse von kurzer Dauer (Stöfen 2018).

Achten Sie stets darauf, dass der Vertragspartner bei einem solchen freien Dienstvertrag, Kriterien wie z. B. die freie Zeiteinteilung erfüllt, da Sie sonst Gefahr laufen, dass der Vertragspartner bei einer etwaigen Sozialversicherungsprüfung als weisungsgebunden eingestuft wird und Sie zur rückwirkenden Abführung von Sozialversicherungsbeiträgen nebst Zinsen verpflichtet werden.

In der Praxis kommt ein Dienstvertrag eher selten vor. Ein Beispiel hierfür wäre z. B. die Dienstleistung eines Schneiders, der innerhalb eines bestimmten Zeitraums bei freier Zeiteinteilung Kleidungsstücke im Auftrag des Kostümbildners auf die jeweiligen Erfordernisse anpasst.

12.3 Verträge mit Sendern und sonstigen Partnern

12.3.1 Produktionsvertrag

Bei einem Produktionsvertrag handelt es sich um einen Vertrag zwischen Sender (Auftraggeber) und einer Produktionsfirma (Auftragnehmer) im Rahmen einer voll- oder teilfinanzierten Auftragsproduktion. Diese Verträge sind von Sender zu Sender unterschiedlich gestaltet, weshalb ich nur auf einige grundlegende Inhalte eingehen werde, die generell und senderübergreifend in Produktionsverträgen geregelt sein sollten. Mittlerweile stellen viele Sender Muster ihrer Produktionsverträge entweder direkt auf ihrer Webseite oder über die Vertreter der Produzenten (Produzentenallianz oder Produzentenverband) zur Verfügung. Ich empfehle Ihnen, bei näherem Interesse an dieser Thematik an diesen Stellen nachzuschauen bzw. im Hinblick auf das zur Verfügung stellen der Muster mit diesen Kontakt aufzunehmen.

Wichtigste Bestandteile eines Produktionsvertrags für eine vollfinanzierte Auftragsproduktion sind:

- Produktionstitel und Formatierung
- verhandeltes Produktionsbudget
- Staffelung der Zahlung
- Avisierter Drehbeginn
- Avisierte Daten für Rohschnittabnahme und Fertigstellung
- Detaillierte Infos zum abzuliefernden Material (sog. Deliveries)
- Regelungen bzgl. Produktionsversicherung
- Rechteübertragung & Rechtegarantie

12.3 Verträge mit Sendern und sonstigen Partnern

Wichtig ist, bei allen diesen Punkten darauf zu achten, dass es meist Klauseln im Vertrag gibt, die sich auf etwaige Vertragsstörungen beziehen bzw. den Umgang mit solchen. Es ist auf jeden Fall wichtig, als Produzent alle Rechte Inne zu haben, die Sie mit Abschluss des Produktionsvertrages an den Sender übertragen.

Sofern Sie einen Produktionsvertrag mit einem öffentlich-rechtlichen Sender abschließen, sollte dieser auch eine Regelung im Hinblick auf die Erstattung Beiträge für die Pensionskasse Rundfunk (s. Abschn. 13.5) sowie eine Regelung im Hinblick auf eventuelle, weitere erstattungsfähige Nachweiskosten (s. Abschn. 6.11) enthalten.

Der beidseitig unterzeichnete Produktionsvertrag stellt darüber hinaus eine wichtige Absicherung für die Bank dar, sofern Sie von einer Projektzwischenfinanzierung (s. Abschn. 11.1) Gebrauch machen.

Bei einem Produktionsvertrag für eine teilfinanzierte Auftragsproduktion sind alle o. g. Punkte enthalten, mit der Einschränkung, dass Sie als Produzent bestimmte Rechte zurückbehalten und diese folglich nicht an den Sender übertragen. Dies ist in einer gesonderten Vertragspassage detailliert festzuhalten.

Deshalb sind bei Produktionsverträgen für teilfinanzierte Auftragsproduktionen auch zwei Summen im Vertrag enthalten: Zum einen das Gesamtbudget, welches Sie in ihrer eingereichten und verhandelten Kalkulation definiert haben, zum anderen die Summe, welche Sie für jenen Rechteumfang, den Sie an den Sender übertragen, von diesem bezahlt bekommen. Die Differenz dieser beiden Summen ergibt die für den Rechterückbehalt Ihrerseits einzubringenden Eigenmittel.

12.3.2 Koproduktionsvertrag

Beim Koproduktionsvertrag handelt es sich um ein Vertragswerk, welches das Zusammenwirken zweier oder mehrerer Koproduzenten im Rahmen der Herstellung eines Filmwerks unter der Berücksichtigung wirtschaftlicher und juristischer Aspekte definiert. Aus dem Koproduktionsvertrag gehen für alle Parteien sowohl Rechte als auch Pflichten hervor. Aus meiner Sicht handelt es sich bei einem Koproduktionsvertrag um eines der komplexesten Vertragswerke im Rahmen der Filmproduktion, mit welchem sich ein ganzes Fachbuch alleine füllen ließe, wenn man alle Eventualitäten ausloten und detailliert betrachten würde. Aus diesem Grund möchte ich hier auch nur auf die wichtigsten Eckpunkte eingehen und empfehle Ihnen dringend, sofern Sie eine Koproduktion planen, einen individuellen Vertragsentwurf von einem Fachanwalt für Medienrecht erstellen zu lassen, der auf Ihr individuelles Filmvorhaben abgestimmt ist. Darüber hinaus sollten Sie zwingend einen branchenkundigen Steuerberater an der Vertragserstellung mitwirken lassen.

Grundlegend unterscheiden wir in einen internationalen und nationalen Koproduktionsvertrag. Darüber hinaus muss dahingehend unterschieden werden, ob es sich bei dem Koproduktionspartner um einen rein wirtschaftlichen Partner handelt, der eine bestimmte Rendite erzielen möchte, oder ob es sich um einen Koproduzenten handelt, welcher auch im kreativen und operativen Prozess involviert ist und somit dort ein Mitspracherecht hat.

Im Koproduktionsvertrag wird stets definiert, welche Leistung bzw. welchen Finanzierungsanteil ein Koproduzent einbringt und welche Gegenleistung (z. B. Rechte oder Erlösbeteiligung) er dafür – und unter welchen Bedingungen – im Gegenzug erhält.

Oft ist es z. B. der Fall, dass ein Koproduktionspartner aus dem Ausland eine Förderung für das Projekt organisieren und diesen Betrag in das Budget einfließen lassen kann, dafür dann jedoch jegliche Rechte an der Produktion für sein Land – und ggf. einige umliegende Länder – zugesprochen bekommt.

Ein in den letzten Jahren viel diskutiertes und sehr brisantes Thema ist die steuerliche Behandlung von Koproduktionen. Unter Umständen entsteht, insbesondere bei falscher Gestaltung eines Koproduktionsvertrages aus steuerlicher Sicht, eine sog. Koproduktionsgesellschaft. Dabei können Ihnen bei späteren Betriebsprüfungen ggf. erhebliche steuerliche Nachteile und Nachzahlungen im Hinblick auf bereits abgeschlossene Projekte entstehen.

Die Produzentenverbände haben hierzu in jüngster Vergangenheit bereits aufwändige Gutachten in Auftrag gegeben, um den Produzenten in Zukunft vor bösen, steuerlichen Überraschungen zu schützen und ein gewisses Maß an Rechtssicherheit zu bieten. Jedoch handelt es sich hierbei um einen umfangreichen Prozess, bei dem die Gutachten nur einen Teil der Gesamt-Thematik abdecken, und es bedarf aus meiner Sicht noch der Beleuchtung weiterer Aspekte, ehe hier die Ausgabe einer Handlungsempfehlung zu erwarten ist.

Aus diesem Grund möchte ich abschließend zu diesem Kapitel nochmals an Sie appellieren, im Rahmen der Koproduktionsvertragserstellung keine Kompromisse einzugehen oder gar Entwürfe zu erstellen, welche auf gefährlichem Halbwissen basieren. Sparen Sie hier keine Kosten und Mühen und investieren Sie in Expertenwissen bzw. beauftragen Sie Medienanwälte und Steuerberater, deren Tagesgeschäft solche Verträge sind und bei denen Sie sicher sein können, dass Sie jegliche Gesetzesänderung sowie die aktuellsten Gutachten und Rechtsprechungen zu der Steuerproblematik und sonstigen Besonderheiten im Rahmen von Koproduktionen kennen. Diese können Ihnen dann einen, auf die Anforderungen Ihres Projekts maßgeschneiderten, individuellen Koproduktionsvertrag erstellen.

12.3.3 Weltvertriebsvertrag

Bei einem Weltvertriebsvertrag handelt es sich im Grunde genommen um einen Lizenzvertrag. Auf Lizenzverträge gehen wir im folgenden Kapitel gesondert ein. Da der Weltvertriebsvertrag in der Praxis jedoch sehr häufig abgeschlossen wird, widme ich diesem einen eigenen Abschnitt.

Durch einen Weltvertrieb wird das Filmwerk auch über die nationalen Grenzen hinaus verbreitet. In der Regel wird dieser Vertrag zwischen Ihnen als Produzent und einem Weltvertriebsunternehmen abgeschlossen. Eine Ausnahme stellen vollfinanzierte Auftragsproduktionen dar. Dort wird dieser Vertrag, wenn es eine vermarktungsfähige Produktion ist, zwischen Sender und Weltvertrieb abgeschlossen. Beziehen wir uns nun jedoch wieder auf den erstgenannten Fall. Angenommen es handelt sich um eine teilfinanzierte Auftragsproduktion mit einem deutschen Sender und einer Beteiligung von ARTE; der federführende, deutsche Sender zahlt Ihnen einen Großteil des Budgets (inkl. ARTE-Anteil) und erhält dafür die TV-Rechte für Deutschland und Frankreich, wobei er die letztgenannten nicht selbst behält, sondern an ARTE weiterüberträgt Die Rechte für alle anderen Länder verbleiben gegen Einbringung von entsprechenden Eigenmitteln bei Ihnen. Deshalb schließen Sie mit einem Weltvertrieb einen Vertrag ab, welcher diesem gestattet, den Film weltweit TV-Sendern – mit Ausnahme von Deutschland und Frankreich – anzubieten. Die wichtigsten Punkte, die in einem Weltvertriebsvertrag geregelt werden sollten, lauten wie folgt:

- Vertragsgegenstand (Filmtitel/Laufzeit/etc.)
- Abzulieferndes Material
- Rechteeinräumung + Garantie
- Lizenzgebiet
- Lizenzzeit
- Vergütung
- Abrechnungsturnus

In der Regel liefern Sie eine deutschsprachige Fassung ab und bei Verkauf ins Ausland wird Ihr Film synchronisiert. Diese Kosten werden von den Erlösen abgezogen. Bzgl. der Erlöse, bzw. des Punktes „Vergütung" ist festzuhalten, dass Sie hier möglichst versuchen sollten, eine Minimumgarantie zu verhandeln. Sofern dies jedoch nicht möglich ist, wird hier die Erlösbeteiligung, die Sie für jeden erfolgreichen Verkauf in ein anderes Land vom Weltvertrieb erhalten, in Prozent festgehalten. Der Korridor liegt hier meist zwischen 20 und 40 Prozent, Ausnahmen sind natürlich immer möglich. In der Regel wird bei der prozentualen Einordnung auch ein Unterschied zwischen Sende- und Vorführrechten und Videogrammrechten (DVD & BluRay) gemacht.

Zum Thema Rechteeinräumung ist festzuhalten, dass der Weltvertrieb i. d. R. neben den genannten Rechten noch die VoD-, EST-, und Closed-Circuit-Rechte mit Vertragsabschluss erhält und diese im vertraglich zugesicherten Vertragsgebiet bestmöglich zu verkaufen versucht. Die branchenübliche Lizenzzeit für einen Weltvertriebsvertrag beträgt sieben Jahre, die Erlöse werden normalerweise halbjährlich an Sie abgerechnet und je nachdem, ob Sie eine Minimumgarantie erhalten haben oder nicht, nach Erhalt der Abrechnung direkt auf Ihr Konto überwiesen. Dies ist auch der Fall, wenn Sie eine Minimumgarantie erhalten haben, die Erlöse diese inzwischen jedoch überschreiten.

Prinzipiell ist es einfacher, einen Weltvertriebsvertrag für eine TV-Reihe oder Serie abzuschließen. TV-Einzelstücke, mit Ausnahme von großen Erfolgen, sind in der Regel schwieriger zu vertreiben und werden deshalb auch häufiger von Weltvertrieben abgelehnt.

Besonders hervorzuheben ist die Tatsache, dass Weltvertriebe, sofern Sie als Produzent schon eine Minimumgarantie zwecks Einbringung in das Produktionsbudget in Form von Eigenmitteln benötigen, eine Vertriebsentscheidung auf Basis ihres Pitchs und des Drehbuchs treffen müssen und nicht erst, wenn Sie den fertigen Film vorliegen haben.

12.3.4 Lizenzvertrag

Sie können nahezu für alles an Ihrem Filmwerk eine Lizenz vergeben; sei es für die Herstellung einer DVD, Merchandising-Artikel, ein Buch zum Film oder aber auch die Musik zum Film (Soundtrack), um nur einige Möglichkeiten zu nennen. Wichtig ist, dass Sie selbst über die Rechte verfügen und diese nicht bereits an Dritte, z. B. im Rahmen eines Produktionsvertrags für eine Auftragsproduktion, übertragen haben. Die wichtigsten Inhalte decken sich mit jenen, die bereits im Unterpunkt Weltvertriebsvertrag erwähnt wurden.

Es ist wichtig, als Vertragsgegenstand die jeweilige Art der Lizenz (z. B. Merchandising) festzuhalten. Ein besonders bedeutender Punkt ist die Aufnahme einer Sperrfrist, bzw. dem Datum, an dem das Lizenzprodukt frühestens veröffentlicht bzw. im Handel vertrieben werden darf. Gerade bei DVDs ist es z. B. sehr wichtig, dass diese nicht vor der TV-Ausstrahlung in den Regalen der Händler aufzufinden ist.

Ein weiterer wichtiger Punkt in einem Lizenzvertrag können Regelungen bzgl. der Bewerbung des Lizenzproduktes sein. Dies kann unter Umständen auch so weit gehen, dass die jeweiligen Lizenznehmer keine Marketingaktivitäten o. ä. unternehmen dürfen, ohne diese nicht im Vorfeld mit Ihnen abgestimmt zu haben. Dies ist vor allem auch eine Absicherung für Sie als Lizenzgeber im Hinblick auf die Darstellung der Produkte in Zusammenhang mit Ihrem Filmwerk.

Der Kreativität bzgl. Lizenzvergaben sind nahezu keine Grenzen gesetzt. Die Erfahrung hat jedoch gezeigt, dass besonders bei Kinder- und Jugendformaten ein hohes Potenzial für Lizenzvergaben besteht. Neben diversen Merchandising-Artikeln, einer DVD-Box oder dem Buch zum Film sind hier beispielsweise auch Hörspiele oder Hörbücher gern vertriebene Lizenzprodukte.

Literatur

Berg, J. (2018) „Revision von Werkvertrag". https://wirtschaftslexikon.gabler.de/definition/werkvertrag-47440/version-270704. Abgerufen am 19.03.2022

Encke, J. (2020) „Drehbuchautorin hat Recht auf Auskunft über Filmeinnahmen". https://www.faz.net/aktuell/feuilleton/medien/keinohrhasen-drehbuchautorin-hat-recht-auf-auskunft-17022532.html. Abgerufen am 19.03.2022

Encke, J. (2022) „Der Kampf geht weiter". https://www.faz.net/aktuell/feuilleton/kino/anika-decker-gegen-til-schweiger-gerichtsprozess-um-film-einnahmen-17816041.html. Abgerufen am 19.03.2022

Nobel, P. Weber, R. (2021) „Medienrecht"

Stöfen, M. (2018) „Revision von Dienstvertrag". https://wirtschaftslexikon.gabler.de/definition/dienstvertrag-29826/version-253423. Abgerufen am 19.03.2022

Wenk, K. (2021) „Netflix schüttet erste Zusatzvergütungen aus". https://www.bffs.de/2021/01/20/netflix-schuettet-erste-zusatzverguetungen-aus/. Abgerufen am 19.03.2022

Gesetzlich vorgeschriebene Abgaben sowie sonstige Abgaben 13

Zusammenfassung

Im Rahmen eines Filmprojekts gibt es zahlreiche gesetzliche sowie sonstige Abgaben, deren pünktliche und korrekte Abführung von essenzieller Bedeutung ist. Als Herstellungsleiter sind Sie hierfür übergeordnet für alle Filmprojekte verantwortlich, da einige der Abgaben projektübergreifend konsolidiert und gemeldet werden müssen. In diesem Kapitel erhalten Sie einen Überblick über die gesetzlichen Abgaben wie beispielsweise die Lohnsteuer, die Sozialversicherung oder die Umsatzsteuer sowie die dazugehörigen Melde-und Abführungsfristen. Darüber hinaus werden die branchenspezifischen Abgabestellen wie die Künstlersozialkasse (KSK) oder die Pensionskasse Rundfunk (PKR) näher betrachtet. Zum Abschluss des Kapitels wird Ihnen die Bedeutung der Teilnahme U1-Umlageverfahren als kleine Produktionsfirma sowie die Wichtigkeit des Statusfeststellungsverfahrens im Generellen erläutert.

Auch wenn die Filmbranche von Außenstehenden meist gerne als relativ lockere Branche bezeichnet wird, ist sie aus kaufmännischer Sicht alles andere als locker. Es gelten hier, wie für alle anderen Unternehmen auch, die üblichen gesetzlichen Melde-und Abgabefristen. Ich behaupte sogar, dass pünktliche und korrekte Meldung aufgrund vieler kurzzeitig beschäftigter Filmschaffenden, was aus Personalsicht mit zahlreichen An- und Abmeldungen einhergeht, zu einer besonderen Herausforderung wird. Zumal Sie im Laufe Ihrer beruflichen Laufbahn die Erfahrung machen werden, dass einige Filmschaffende so manches eben doch als lästige Pflicht ansehen und nicht immer alle erforderlichen Unterlagen rechtzeitig abgeben.

In diesem Zusammenhang kann ich Ihnen nur einen guten Rat geben: Verlassen Sie sich nie auf Versprechen im Hinblick auf die pünktliche Abgabe erforderlicher Dokumente und lassen Sie sich hier nie auf Kompromisse ein. Entweder Ihnen liegen alle Unterlagen rechtzeitig vor oder Sie halten sich kompromisslos an die gesetzlichen Vorgaben. In Einzelfällen kann dies bedeuten, dass ein Filmschaffender höhere Lohnabzüge bekommt oder nicht vollständig und final abgerechnet werden kann. Hier müssen Sie immer im Hinterkopf behalten, dass letztendlich Sie bzw. ihre Firma den Kopf für etwaige Fehler hinhält und eben nicht der Filmschaffende.

Mit der Abführung von Lohnsteuer und Sozialversicherungsbeiträgen ist nicht zu spaßen und die Fristen sind stets einzuhalten. Kommt es hier zu noch so geringen Verspätungen werden Säumniszuschläge fällig. Darüber hinaus sollten Sie als Inhaber einer Firma niemals, auch bei noch so großen Liquiditätsengpässen oder wirtschaftlichen Schwierigkeiten, in Erwägung ziehen, andere Verbindlichkeiten vor Abführung von Sozialabgaben zu begleichen. Im Falle einer Nichtabführung droht Ihnen hier sogar eine Freiheitsstrafe von bis zu fünf Jahren. (vgl. § 266a StGB)

13.1 Lohnsteuer

Sie kennen es von Ihren eigenen Lohnabrechnungen: Am Ende Ihrer Abrechnung steht ein Nettobetrag, den Sie von ihrem Arbeitgeber auf Ihr Konto überwiesen bekommen. Im Lohnabrechnungsprogramm wurde Ihre Steuerschuld errechnet und von Ihrem Bruttolohn einbehalten.

Aus Sicht des Arbeitgebers wird die Lohnsteuer für jeden Arbeitnehmer berechnet, einbehalten und per Lohnsteueranmeldung an das Finanzamt gemeldet. Achten Sie hier immer auf eine pünktliche Meldung. Die Meldung hat bis spätestens zum 10. des Folgemonats zu erfolgen. Ist der 10. des Folgemonats ein Samstag oder Sonntag, so verlagert sich die Anmeldefrist auf den folgenden Montag.

Die Steuerschuld des Arbeitgebers gegenüber dem Finanzamt, welche aus der Meldung resultiert, wird in der Regel unmittelbar nach Ablauf des Anmeldezeitraums, ab dem 10. des Folgemonats fällig. Zu diesem Zeitpunkt bucht das Finanzamt von Ihrem Firmenkonto, für das meist eine Einzugsermächtigung besteht, die gesamte Lohnsteuer, die Sie von den Bruttolöhnen ihrer Mitarbeiter einbehalten haben, ab.

Da Sie für jedes Filmprojekt über ein eigenes Projektkonto verfügen sollten (s. Kap. 11) achten Sie darauf, dass Sie rechtzeitig eine Überweisung des fälligen Steuerbetrags an ihr Hauptkonto, von dem das Finanzamt abbucht, vornehmen, damit dieses in ausreichender Höhe gedeckt ist.

13.2 Sozialversicherung

Ähnlich wie mit dem Einbehalt und der Abführung der Lohnsteuer verhält es sich mit den Sozialversicherungsbeiträgen. Diese müssen auch zu einem festen Stichtag gemeldet und abgeführt werden. Jedoch ist dies etwas komplizierter als bei der Lohnsteueranmeldung. Denn anders als dort, müssen wir hier als Arbeitgeber nicht nur an eine Behörde melden sondern an jede einzelne Krankenkasse, von der Mitglieder in unserem Filmprojekt beschäftigt sind. Die erste Sozialversicherungsmeldung für einen Mitarbeiter hat mit dessen erster Entgeltabrechnung zu erfolgen, spätestens jedoch sechs Wochen nach Aufnahme der Beschäftigung (Zoll 2022).

Als Arbeitgeber führen wir sowohl die Arbeitnehmer- als auch die Arbeitsgeberanteile in einer Summe ab.

Die Sozialversicherungsbeiträge setzen sich aus folgenden Bestandteilen zusammen:

- Krankenversicherung
- Pflegeversicherung
- Rentenversicherung
- Arbeitslosenversicherung
- Unfallversicherung

Die ersten vier Bestandteile sind vom Arbeitnehmer und Arbeitgeber zu tragen und vom Arbeitgeber an die Krankenversicherungen abzuführen, die Unfallversicherung ist reine Arbeitgebersache und wird an die Berufsgenossenschaft abgeführt. Die ersten vier genannten werden monatlich im Rahmen der Gehaltsabrechnung an die Krankenversicherungen gemeldet, die Unfallversicherung wird lediglich jährlich mittels des sog. digitalen Lohnnachweises direkt an die Berufsgenossenschaft gemeldet.

Die Entgeltabrechnung und die damit einhergehende Meldung an die Krankenkassen hat seitens Ihrer Filmgeschäftsführung spätestens bis zum fünftletzten Bankarbeitstag des Monats zu erfolgen (Liebig 2021). Direkt im Anschluss werden die Krankenkassen die jeweilig gemeldeten Beiträge von Ihrem Bankkonto abbuchen, vorausgesetzt Sie haben eine Einzugsermächtigung erteilt. Sollten Sie dies nicht getan haben, achten Sie darauf, dass die Beiträge unmittelbar nach Meldung per Banküberweisung an die jeweiligen Krankenkassen überwiesen werden. Ansonsten werden auch hier unnötige Säumniszuschläge fällig.

Der Vorteil der Erteilung einer Einzugsermächtigung gegenüber einer Krankenkasse ist, dass Sie nie aufgrund einer vergessenen Überweisung Säumniszuschläge zu befürchten haben. Ein klarer Nachteil ist, dass manche Krankenkassen in Monaten, in denen Sie keine Meldungen vorgenommen haben, z. B. wenn ein Projekt beendet ist und Sie keinen Mitarbeiter dieser Krankenkasse mehr beschäftigt haben, trotzdem einen Beitrag einziehen. Dieser basiert auf den Beiträgen der Vormonate und kann z. B. durch einen Übertragungsfehler bei der Mitarbeiterabmeldung entstanden sein. Natürlich können Sie sich dieses eingezogene Geld umgehend zurückholen bzw. die Krankenkasse überweist Ihnen diesen auch umgehend zurück. Dennoch ist dies ärgerlich, denn es ist zusätzlicher bürokratischer Aufwand und für einen kurzen Zeitraum wird Ihre Liquidität verringert.

Ich hatte einmal drei große, fiktionale Produktionen parallel betreut. Über rund sechs Monate gingen monatlich große Summen an die Krankenkassen. Berechtigterweise versteht sich. Denn schließlich hatte ich in dieser Zeit auch rund 200 Personen auf der Payroll. Eine Krankenkasse, die über eine Einzugsermächtigung verfügte, buchte nach Abschluss aller Projekte erneut einen Beitrag ab, dessen Höhe sich auf einen Durchschnittswert der letzten sechs Monate belief. Sehr ärgerlich, da wir tatsächlich keine Mitarbeiter mehr beschäftigt hatten, die Mitglieder dieser Krankenkasse hätten sein können. Es ging hier um eine fünfstellige Summe. Natürlich konnte diese zurückgefordert werden und zum Glück war der Liquiditätsplan nicht so eng gestrickt, dass dieser fünfstellige Betrag unbedingt in dieser Woche benötigt worden wäre. Aber stellen Sie sich vor, Sie hätten diesen Betrag für die Begleichung einer anderen, wichtigen Rechnung eingeplant gehabt. In diesem Zusammenhang kann ich nur noch einmal dafür plädieren, den Liquiditätsplan bei Projekten nicht zu optimistisch zu planen und auch eine solche, unberechtigte Folgeabbuchung von Krankenkassen einzuplanen und ggf. durch eine etwas höhere Kreditlinie abzufangen (s. Kap. 11).

13.3 Umsatzsteuer

Hier unterscheidet man in die sog. „Ist-Besteuerung", bei der Sie die Umsatzsteuer nach Geldeingang abführen müssen, sowie in die sogenannte „Soll-Besteuerung", bei der Sie verpflichtet sind, die Umsatzsteuer unmittelbar nach Rechnungstellung an das Finanzamt abzuführen. Welcher Besteuerungsart Sie unterliegen bzw. welche dieser beiden Varianten für Sie günstiger ist, sollten Sie zwingend mit ihrem Steuerberater klären. Der im Jahr 2022 gültige Umsatzsteuersatz für Filmproduktionen beträgt 7 %.

Auf der anderen Seite können Sie sich als umsatzsteuerpflichtiges Unternehmen bei allen Eingangsrechnungen, auf der Umsatzsteuer ausgewiesen ist, diese im Rahmen der Umsatzsteuervoranmeldung vom Finanzamt erstatten lassen. Hierbei handelt es sich um die sog. „Vorsteuer".

Im Rahmen Ihrer Umsatzsteuervoranmeldung wird dann Ihre in Rechnung gestellte Umsatzsteuer mit der Vorsteuer verrechnet. Sofern Ihre Umsätze die Ausgaben übersteigen, wird ein Betrag Ihrerseits an das Finanzamt fällig. In Monaten, in denen Sie ausschließlich Investitionen vornehmen, denen keine Erträge gegenüberstehen, bekommen Sie eine Rückerstattung seitens des Finanzamts auf Ihr Konto.

Ich möchte gar nicht weiter über Details zum Thema Umsatzsteuer eingehen, Ihnen jedoch nahelegen, als Unternehmer immer eine sog. Fristverlängerung beim Finanzamt zu beantragen.

Diese hat den Vorteil, dass Sie die Umsatzsteuer Ihrer Geldeingänge erst zu einem späteren Zeitpunkt an das Finanzamt abführen müssen und somit über einen kurzen Zeitraum über mehr Liquidität verfügen und unter Umständen somit Kosten für eine kurzzeitige Zwischenfinanzierung sparen. Dabei ist jedoch äußerste Vorsicht geboten. Denn spätestens zum nächsten Stichtag müssen Sie die Umsatzsteuer an das Finanzamt abführen, weshalb sicherzustellen ist, dass der von Ihnen zur Liquiditätsüberbrückung genutzte Betrag, der Ihrer Steuerschuld entspricht, zum Stichtag auch wieder in Form von liquiden Mitteln auf Ihrem Konto verfügbar ist.

13.4 Künstlersozialkasse (KSK)

Ein sehr wichtiger, vor allem auch zu kalkulierender Betrag im Rahmen einer Filmproduktion, ist die Abgabe an die Künstlersozialkasse (KSK). Wichtig ist, dass Sie sowohl bei der internen und externen Kalkulation bei allen künstlerischen Leistungen, die durch eine natürliche Person erbracht werden und die nicht als Arbeitnehmer bei Ihnen angestellt ist, einen gesonderten KSK-Beitrag kalkulieren. Dieser beträgt – Stand 2022 – 4,2 % vom Nettohonorar.

Diese 4,2 % sind auf alle Rechnungen für künstlerische Leistungen zu erbringen, selbst wenn der Rechnungssteller kein Mitglied der KSK ist. Es kommt also nicht darauf an, ob Ihnen der Rechnungssteller eine KSK-Mitgliedschaft bescheinigt oder nicht. Als Filmproduktionsunternehmen sind Sie verpflichtet, auf alle Rechnungen für künstlerische Leistungen 4,2 % des Nettobetrags abzuführen. Dieser wird nicht vom Rechnungsbetrag einbehalten bzw. abgezogen, sondern kommt aus Ihrer Sicht als Unternehmer on top zum Honorar hinzu. Die Beiträge zur KSK müssen von der Filmgeschäftsführung separat gebucht werden. Abgeführt werden diese dann zu einem Stichtag im Folgejahr. Basierend auf den Vorjahreswerten legt die KSK dann für das Folgejahr eine monatliche Abschlagszahlung fest. Auf die Höhe dieser sollten Sie jedoch immer ein Auge werfen und einen Abgleich mit dem Produktionsvolumen im anstehenden Jahr machen. Können Sie der KSK glaubhaft vermitteln, dass Sie in diesem Jahr nicht so viele Produktionen realisieren und folglich auch nicht so viele KSK-Pflichtige Eingangsrechnungen vorliegen haben werden, wird die KSK die monatliche Abschlagszahlung reduzieren. Natürlich würden Sie zu hoch entrichtete Vorauszahlungen im Rahmen der im Folgejahr stattfindenden KSK-Abrechnung wieder erhalten, eine Reduktion der Vorauszahlungen in Zeiten einer suboptimalen Auftragslage schont jedoch durchaus ihre unterjährige Liquidität und ist deshalb stets zu überprüfen.

Wenn Sie sich unsicher sind, ob eine erbrachte und in Rechnung gestellte Leistung KSK-pflichtig ist, empfehle ich Ihnen in der sog. *„Informationsschrift Nr. 6 zur Künstlersozialabgabe"*, welche Sie auf der Webseite der KSK finden, nachzuschlagen. Dort finden Sie eine Übersicht aller künstlerischen und publizistischen Tätigkeiten, die für Sie als Unternehmen bzw. Rechnungsempfänger abgabepflichtig sind. Hieran sollten Sie sich strikt halten und in nicht eindeutigen Fällen direkt bei der KSK nachfragen. Denn die KSK veranlasst regelmäßig im Rahmen von Sozialversicherungsprüfungen die Überprüfung ihrer gemeldeten und abgeführten Beiträge. Im Rahmen dieser Prüfung ist der Prüfer berechtigt, vollen Einblick in all Ihre Eingangsrechnungen zu erhalten. Filtert dieser dabei Rechnungen heraus, die aus seiner Sicht KSK-pflichtig sind, von Ihnen aber nicht gemeldet wurden, wird neben der 4,2 % KSK-Abgabe ein Säumniszuschlag fällig.

Abschließend zum Thema KSK noch eine sehr wichtige Besonderheit: Die KSK-Abgabe wird nur fällig auf Rechnungen für künstlerische und publizistische Tätigkeiten von natürlichen Personen. Sollte Ihnen eine juristische Person (z. B. GmbH) eine Rechnung über eine Dienstleistung aus diesem Bereich in Rechnung stellen, so ist dafür keine KSK zu melden und abzuführen.

13.5 Exkurs: Pensionskasse Rundfunk (PKR)

Bei der Pensionskasse Rundfunk handelt es sich um keine gesetzliche Abgabe, sondern eine Form der privaten Altersvorsorge, welche in der Filmbranche seitens der öffentlichen-rechtlichen Sender unterstützt und somit von einigen Filmschaffenden genutzt wird. Im Rahmen von Auftragsproduktionen für öffentlich-rechtliche Sender sind Sie als Produktionsfirma verpflichtet, diese Form der Altersvorsorge zu unterstützen. In der Praxis sieht dies so aus, dass die Filmschaffenden einen bestimmten Betrag ihres Nettolohns bzw. Honorars in die Pensionskasse Rundfunk einzahlen. Je nach Modell der Mitgliedschaft sind dies 4 % oder 7 %.

Sie als Arbeitgeber bzw. Auftragnehmer sind dann verpflichtet, ebenfalls 7 % beizusteuern. Diesen Betrag bekommen Sie zum Ende des Projektes gegen Zusendung der gesammelten Beitragsnachweise von Ihrem Auftraggeber (öffentlich-

13.5 Exkurs: Pensionskasse Rundfunk (PKR)

rechtlicher Sender) erstattet. Sie tragen diesen Beitrag folglich nur temporär aus Ihren eigenen finanziellen Mitteln, letztendlich entstehen Ihnen keine tatsächlichen Mehrkosten. Die Zahlung Ihres Anteils hat somit nur Auswirkungen auf Ihre Liquidität und sollte somit auch, unmittelbar nach Bekanntwerden der Tatsache, dass ein Filmschaffender PKR-Mitglied ist, seitens der Filmgeschäftsführung in der aktualisierten Liquiditätsplanung berücksichtigt werden.

Das Abführen der Beiträge verhält sich ähnlich wie bei der gesetzlichen Sozialversicherung. Sie behalten den entsprechenden Beitragsanteil des Filmschaffenden ein und überweisen ihn gemeinsam mit ihrem 7 %-Anteil nach erfolgter Meldung an die Pensionskasse Rundfunk.

Meldungen können während des laufenden Monats kontinuierlich erfasst werden, bei Lohnempfängern empfiehlt sich für alle eine gemeinsame Meldung zum Stichtag der Lohnabrechnung. In diesem Fall verfügt SESAM Lohn über eine Melde-Schnittstelle zur Pensionskasse Rundfunk, was manuellen Meldeaufwand vermeidet.

Sofern Sie Beiträge für einzelne Rechnungssteller, z. B. im Nachgang zu einem Dreh, melden möchten und nicht mehr in SESAM buchen, können Sie auch jederzeit eine manuelle Meldung im Mitgliederbereich für Unternehmen auf der Webseite der Pensionskasse Rundfunk vornehmen.

Die oben erwähnte, 100-prozentige Rückerstattung findet im Rahmen von voll- und teilfinanzierten Auftragsproduktionen für öffentlich-rechtliche Sender statt.

Bei Fernsehkoproduktionen greift die sog. „Limburger Lösung". Diese besagt, dass die Beiträge für die PKR im Produktionsbudget kalkuliert werden dürfen und somit anteilig (in Höhe der finanziellen Beteiligung) vom Sender getragen werden. Freilich ist es nahezu unmöglich, zum Zeitpunkt der Kalkulationserstellung einen realistischen Wert für die Pensionskassenbeiträge zu kalkulieren, da man noch gar nicht wissen kann, wer vom Team überhaupt Mitglied in der PKR ist.

Die Limburger Lösung ermöglicht eine nachträgliche Erstattung der Pensionskassenbeiträge durch den beteiligten öffentlich-rechtlichen Sender (Koproduzent), sofern die tatsächlich abgeführten Beiträge die ursprünglich kalkulierten übersteigen. Die Erstattung erfolgt dann ebenfalls nicht zu 100 %, sondern ebenfalls in Höhe von des prozentualen Anteils des Senders an der Gesamtfinanzierung (PKR 2018).

An einem sehr vereinfachten Beispiel würde dies wie folgt aussehen:

Im Rahmen einer Fernsehkoproduktion mit einem Sender beteiligt sich dieser mit 70 % des Gesamtbudgets, die übrigen 30 % bringen Sie ein. Sie haben in der ursprünglichen Kalkulation Pensionskassenbeiträge in Höhe von 10.000 Euro eingestellt, wodurch diese zu 70 % vom TV-Sender im Rahmen des verabschiedeten Budgets getragen werden. Nach Drehende stellen Sie nun fest, dass tatsächlich

11.000 Euro PKR-Beiträge von Ihnen abgeführt wurden, da mehr Mitarbeiter als erwartet Mitglied in der PKR waren. Nun können Sie auf Nachweis von den 1000 Euro Mehrkosten insgesamt 700 Euro (=70 %) an den beteiligten öffentlich-rechtlichen Sender (Koproduzent) in Rechnung stellen. Der Nachweis erfolgt durch Zusendung einer Kopie der PKR-Abrechnungen an den Sender als Anlage zur entsprechenden Rechnung.

13.6 Exkurs: U1 Umlage

Hierbei handelt es sich um einen Pflichtbeitrag für Arbeitgeber zur gesetzlichen Krankenkasse. Dieser dient zur Finanzierung von Ausgleichszahlungen für krankheitsbedingte Ausfälle von Arbeitnehmern. Ich widme dieser Umlage aus zwei Gründen ein eigenes Unterkapitel: Zum einen, da sie nur von Firmen zu entrichten ist, die in der Regel nicht mehr als 30 Mitarbeiter beschäftigen. Zum anderen, da sie Ihnen als eben genau solch eine Firma im krankheitsbedingten Ausfall eines Mitarbeiters bares Geld bringt. Denn sofern ein Mitarbeiter erkrankt und vor dem Zeitpunkt der Erkrankung schon mindestens vier Wochen bei Ihnen beschäftigt ist, erhalten Sie ab der fünften Beschäftigungswoche bis zu 80 % des Lohns, den Sie an ihn zahlen – von der Krankenkasse gegen Antrag zurückerstattet. Dies gilt bis zum Stichtag, an dem der Mitarbeiter ins Krankengeld übergeht und somit auch keinen Lohn mehr von Ihnen empfangen würde.

Im Rahmen einer Produktion brach seinerzeit ein Infekt aus, nahezu das gesamte Department war betroffen. Da die Produktionsfirma die regelmäßige Mitarbeitergrenze von 30 nicht überschritt, war sie U1-abgabepflichtig. Ich musste handeln und zur Weiterführung des Projekts weitere, temporäre Kräfte einstellen, um den Ausfall abzudecken. Dank der U1 Umlage blieb ich bzw. die Produktionsfirma lediglich auf ca. 20 % der Lohnkosten für die erkrankten Personen sitzen. Denn natürlich hatte die Firma auch im Vorfeld immer U1 Beiträge für einen solchen Fall abgeführt. Dennoch war es damals für mich eine schöne Nachricht, als ich auf Nachfrage erfuhr, dass die Firma U1 pflichtig ist und somit mein Projektkostenstand auch nur sehr bedingt durch das zusätzlich engagierte Personal belastet wurde.

Ich empfehle Ihnen als Unternehmer immer im Vorfeld einer jeden Produktion, mit Ihrem Steuerberater abzuklären, ob Ihr Unternehmen zu diesem Zeitpunkt noch die Kriterien für die U1 Umlage erfüllt. Zum einen, weil Sie dann verpflichtet sind, den Zusatzbeitrag abzuführen, zum anderen, weil Sie dann etwas beruhigter im Hinblick auf drohende Mehrkosten durch kurzzeitige Mitarbeiterausfälle bzw. das dadurch erforderliche Einstellen von temporären Zusatzpersonal sein können.

Auch als temporär angestellter Produktionsleiter sollten Sie gemeinsam mit ihrer Filmgeschäftsführung diesen Umstand immer bei der Herstellungs-oder Unternehmensleitung in Erfahrung bringen. Nicht zuletzt auch deshalb, weil Sie dann auch schon im Rahmen der Kalkulationserstellung die U1 Beiträge über die SE-SAM-Konstanten in die Kalkulationssumme einfließen lassen müssen. Hierbei handelt es sich um keine immens hohe Summe, aber bei einem Millionenprojekt können dies doch schon einmal einige tausend Euro sein.

13.7 Exkurs: Statusfeststellungsverfahren

In Ihrer Laufbahn in der Filmbranche werden Sie als kaufmännisch Verantwortlicher sicherlich mehr als einmal damit konfrontiert werden, dass ein Filmschaffender für seine Tätigkeit eine Rechnung stellen möchte. Hierbei möchte ich Sie vor schmerzhaften, finanziellen Einbußen vorwarnen. Zwar mag es auf den ersten Blick charmant wirken, dass Sie einfach nur eine Rechnung begleichen und zeitgleich keine aufwändige Lohnabrechnung erstellen müssen und somit keine hohen Arbeitgeberanteile für die Sozialversicherung anfallen. Jedoch ist hier gerade aus sozialversicherungsrechtlicher Sicht äußerste Vorsicht geboten. Denn nur die wenigsten Tätigkeiten in der Filmbranche erfüllen die Kriterien einer „Selbstständigkeit", die es gestatten würde, eine Rechnung zu stellen. Das übergeordnete Stichwort hierzu lautet „Weisungsgebundenheit". Sobald ein Filmschaffender Ihnen bzw. der Firma gegenüber weisungsgebunden ist und seiner Tätigkeit nicht ohne Ihre Weisungen nachgehen kann, ist dieser als klassischer Mitarbeiter zu betrachten und somit als Lohnempfänger abzurechnen. Ob jemand als Rechnungssteller agieren darf, hängt auch niemals davon ab, dass er es „doch in der Vergangenheit schon immer so gemacht hat" o. ä.

Die einzige Möglichkeit, hier sicher zu agieren und eine amtliche Bestätigung zu erhalten, ist das sog. „Statusfeststellungsverfahren" der Deutschen Rentenversicherung. Hierbei handelt es sich um ein sehr umfangreiches Formular mit zahlreichen Fragen, dass vom Filmschaffenden bzw. dem potenziellen Rechnungssteller auszufüllen ist und anschließend an die Rentenversicherung zur Überprüfung gesendet werden muss. Erst wenn die Rentenversicherung geprüft und bestätigt hat, dass der Antragsteller als „Selbstständiger" gewertet und somit Ihrerseits nicht als sozialversicherungspflichtiger Angestellter zu behandeln ist, dürfen Sie akzeptieren, dass diese Person eine Rechnung für seine Tätigkeit stellt. Da gibt es keine Ausnahmen! Denn diese würden Sie als Produktionsfirma, wenn einige Jahre später eine Sozialversicherungsprüfung ansteht und der vermeintliche Rechnungssteller doch als „sozialversicherungspflichtiger Angestellter" bewertet werden würde, teuer zu stehen kommen. Sie müssten dann sowohl Arbeitgeber als auch Arbeitnehmerbeiträge für die Sozialversicherung zuzüglich Zinsen zahlen. Natürlich könnten Sie den Arbeitnehmeranteil dann aufgrund verstrichener Fristen nicht mehr vom damaligen Rechnungssteller rückwirkend einfordern. Es obliegt Ihrer Pflicht, das Statusfeststellungsverfahren durchzuführen, und bei allem möglichem Widerstand sollten Sie darauf bestehen. Denn ausschließlich Sie sind es später auch, der die Konsequenzen im Falle einer Fehleinschätzung zu tragen hat. Abschließend dazu noch ein wichtiger Hinweis: Das Statusfeststellungsverfahren ist für jedes Projekt einzeln durchzuführen. Auch wenn es sich bei der Person um einen Filmschaffenden handelt, der das Verfahren bei einem anderen Projekt in Ihrem Hause vor einigen Jahren schon mal positiv durchlaufen hat, heißt dies nicht, dass dies nun, einige Jahre später, bei einem neuen Projekt, wieder der Fall sein muss.

Literatur

Liebig, A. (2021) „Fälligkeit der Beitragsnachweise und der Zahlungen in der Sozialversicherung". https://www.lohn-info.de/meldewesen_faelligkeit_beitragsnachweis.html. Abgerufen am 19.03.2022

PKR (2018) „Beiträge auch bei geförderten TV-Koproduktionen". https://www.pensionskasse-rundfunk.de/news/neues-von-der-pkr/limburger-loesung-teil-ii. Abgerufen am 19.03.2022

Zoll (2022) „Anmeldung und Beitragspflicht". https://www.zoll.de/DE/Fachthemen/Arbeit/Sozialversicherung/Anmeldung-und-Beitragspflicht/anmeldung-und-beitragspflicht_node.html. Abgerufen am 19.03.2022

Dreharbeiten im Ausland 14

> **Zusammenfassung**
>
> Nicht alle Dreharbeiten finden in Deutschland statt. Projekte, die im Ausland realisiert werden, bringen jedoch eine Menge an Besonderheiten, über die Sie als Herstellungsleiter im Bilde sein sollten, mit sich. In diesem Kapitel wird auf die Wichtigkeit von Serviceproduzenten bei Dreharbeiten im Ausland sowie die Umsatzsteuerproblematik im Rahmen dieser eingegangen. Darüber hinaus wird Ihnen die Wichtigkeit von Arbeitsvisa bei Dreharbeiten in bestimmten Ländern sowie die Diätenthematik im Generellen erläutert. Abschließend wird das Thema „Künstlersteuer" beleuchtet, welches zwar selten vorkommt, aber im Spezialfall für alle Beteiligten vor allem eins bedeutet: Weniger Bürokratie und ersparten Ärger mit Behörden und betroffenen Künstlern.

Hin und wieder kommt es vor, dass ein Drehbuch nicht in Deutschland spielt oder man sich aus wirtschaftlichen Gründen damit auseinandersetzt, im Ausland zu drehen. Letzteres sollte nur in Erwägung gezogen werden, wenn man alle anderen Varianten ausgelotet hat oder man Synergie-Effekte erzielen kann, da man selbst – oder eine befreundete Produktion – kürzlich schon ein anderes Projekt in diesem Land realisiert hat.

14.1 Serviceproduktion: Ja oder Nein?

Meine oberste Prämisse bei größeren Dreharbeiten im Ausland lautet: Drehen Sie nie auf eigene Faust in einem anderen Land – selbst wenn Sie die Landessprache beherrschen. Für solche Fälle gibt es Serviceproduktionsfirmen vor Ort. Diese kennen die Gepflogenheiten des Landes, haben Kontakt zu Behörden und Kooperationspartnern und können sicherstellen, dass es zu keinen bösen Überraschungen kommt. Außerdem könnten in dem einen oder anderen Land durchaus „mafiöse" Strukturen existieren. So kann es schon mal vorkommen, dass vor Ort ein netter Herr auf Sie zukommt, der Ihnen anbietet, sich um die „Sicherheit des Drehs" zu kümmern. Dafür verlangt dieser eine bestimmte Summe für seine „Dienstleistung" von Ihnen. Wundern Sie sich auch nicht, dass dieser Herr oder eine von Ihm entsandte Person am Drehtag gar nicht auftaucht, der Drehtag aber dennoch reibungslos verläuft. Im Umkehrschluss können Sie sich sicherlich auch denken, was geschieht, wenn man diesen netten Herrn nicht für seine angebotenen Dienste entlohnt. Keine Sorge, sie werden nicht umgebracht o. ä. – vielmehr wird dann z. B. dafür gesorgt, dass Ihnen Equipment gestohlen wird oder die lokale Polizei ihre vermeintlich gültige Drehgenehmigung doch nicht akzeptiert. Natürlich bedeutet dies im Umkehrschluss nicht, dass sie sich von allen und jedem erpressen lassen sollten. Umso wichtiger, dass Sie einen ortskundigen Serviceproduzenten vor Ort haben, der für Sie prüft, was wirklich von Bedeutung ist. Bei einem guten Serviceproduzenten merken Sie davon noch nicht einmal etwas. Es gehört zu seinem Service dazu, sich um solche „Formalitäten" im Sinne seiner Kunden zu kümmern und diese einzupreisen, ohne dass es hier zu unangenehmen Störungen kommt.

Natürlich gibt es auch unter Serviceproduzenten schwarze Schafe. Von daher schauen Sie sich vor der Entscheidung immer den track record der Serviceproduktion an und rückversichern Sie sich unbedingt bei Kolleginnen und Kollegen, die bereits mit dieser Serviceproduktion zusammengearbeitet haben.

Oft sind Dreharbeiten im Ausland auch mit gewissen tax incentives verbunden, welche ausländischen Produktionsfirmen einen Anreiz bieten sollen, im jeweiligen Land zu drehen, um die dortige Wirtschaft anzukurbeln. Sie bekommen dann einen Cashback auf jeden Euro, den Sie im dortigen Land ausgeben, zurück. Meist lautet die Bedingung für solch einen Incentive jedoch auch, dass man mit einem lokalen Serviceproduzenten zusammenarbeitet.

Es gibt im Ausland Strukturen und Gepflogenheiten, die man nicht verstehen muss und ehrlich gesagt manchmal auch gar nicht will. Wichtig ist nur, diese zu kennen bzw. mit Personen zusammenzuarbeiten, die diese kennen.

Und so gibt es abschließend zu diesem Thema noch eine kleine Anekdote von einem Dreh im nordafrikanischen Ausland. Kaum hatte ich den Flughafenausgang passiert, stieg ich mit kleinem Team, aber vollbepackt mit 2nd Unit Equipment in den Multivan des Serviceproduzenten. Unweit des Flughafens wurden wir von einer Polizeistreife kontrolliert. Unser Rücklicht sei defekt. Der Fahrer bezahlte eine gewisse Summe an die Polizisten und wir durften weiterfahren. Als wir unseren Fahrer darauf ansprachen, dass doch fast niemand ein Licht anhat, schmunzelte dieser nur und erklärte uns, dass die Zahlung des Betrags auch nicht wirklich etwas mit dem Rücklicht zu tun gehabt hätte. Daraufhin sparte ich mir weitere Nachfragen.

14.2 Umsatzsteuer bei Auslands-Drehs

Ein oft vernachlässigter, jedoch für die Kalkulation und Projektliquidität wichtiger Faktor, ist das Thema Umsatzsteuer im Ausland. Bei einem Dreh in Deutschland können Sie davon ausgehen, dass Sie jegliche, korrekt ausgewiesene Umsatzsteuer binnen kürzester Zeit vom Finanzamt auf Basis Ihrer regelmäßigen Voranmeldung zurückerstattet bzw. verrechnet bekommen (s. Abschn. 13.3), weshalb uns bei einer rein nationalen Produktion auch primär die Nettobeträge für unsere Kalkulationen und Kostenstände interessieren. Natürlich spielt die Rückerstattung der Umsatzsteuer bei nationalen Projekten für die Liquiditätsplanung eine Rolle (s. Kap. 11), bei internationalen Projekten empfehle ich Ihnen jedoch für die Kalkulation und Kostenstände die Bruttobeträge anzusetzen. Dies hat ganz einfach den Grund, dass es zwar die Möglichkeit gibt, länderübergreifend bei der jeweils nationalen Finanzbehörde eine Rückerstattung der dort gezahlten Umsatzsteuer zu beantragen. Jedoch ist dieser Prozess sehr langwierig, und die Praxis hat gezeigt, dass die jeweiligen Finanzbehörden mehr als streng bei der Kontrolle agieren. Dies hat zum einen zur Folge, dass Sie die Gelder oft erst Monate (ich kenne einen Fall mit 14 Monaten) nach Ausfüllen der entsprechenden Anträge zurückerhalten und diese somit nicht für die laufende Projektliquidität zur Verfügung stehen. Zum anderen können Sie davon ausgehen, dass Sie nicht die gesamte Summe zurückerstattet bekommen, da die Behörden einige Belege nicht akzeptieren werden. Die Vorschriften sind hier mehr als streng. So muss z. B. auf jeden Beleg auch die Umsatzsteuer ID ihres Filmproduktionsunternehmens erfasst sein. Dies ist in manchen Fällen (z. B. klassischen Einkäufen in Geschäften, Tankstellen, o. ä.) gar nicht zu gewährleisten. Folglich empfehle ich hier, in die Kostenstände zunächst stets die Bruttobeträge einzubuchen. Mögliche Umsatzsteuer-Rückerstattungen können Sie am Ende des Kostenstands als „zu erwartende Erlöse" aufnehmen, wobei ich Ihnen nur empfehlen kann, auch hier bei der Prognose konservativ vorzugehen und lieber eine etwas pessimistischer angesetzte Summe aufzunehmen. Sollte hier wider Erwarten seitens der jeweiligen Landes-Finanzbehörde mehr anerkannt werden, haben Sie dann doch noch einen besseren Projektabschluss und können sich freuen. Aber setzen Sie niemals den „best case" als „zu erwartende Steuererlöse" in den Kostenstand ein. Dies führt nur zu späteren Enttäuschungen und somit auch Unmut bei möglichen Shareholdern.

Gänzlich umgehen lässt sich dieser „Verwaltungs- und Bürokratieakt", indem man einen ausländischen Serviceproduzenten beauftragt und in die eigene Finanzbuchhaltung keine ausländischen Einzelbelege, sondern lediglich die Rechnungen von diesem, einfließen. Für mich ein weiterer Grund im Ausland nur mit Serviceproduzent zu arbeiten.

14.3 Arbeitsvisa

Bevor Sie mit Filmschaffenden oder Schauspielern, welche über die deutsche Staatsbürgerschaft verfügen, zur Arbeit in ein fremdes Land reisen, müssen Sie zwingend vorab prüfen, welche Art von Genehmigungen, bzw. Arbeitsvisa für ihre Mitarbeiter benötigt werden. Bei Missachtung drohen neben hohen Strafen auch wirtschaftliche Totalschäden aufgrund möglicher Projektstillstände. Es ist hierfür genügend Zeit in der Vorbereitungsphase einzuplanen. Sie sollten sich lieber einen zeitlichen Puffer dafür einbauen. In jedem Fall ist davon abzuraten, die Vorschriften in irgendeiner Form zu umgehen. Informieren Sie Ihre zukünftigen projektbefristeten Angestellten rechtzeitig, dass ein Arbeitsvisum benötigt wird und unterstützen Sie diese bei der Beantragung. Meist läuft dies über die Botschaft des jeweiligen Landes in Deutschland und der Antrag muss in manchen Fällen sogar höchstpersönlich vor in der Botschaft gestellt werden.

Ich hatte einen Fall, bei dem ein Mitarbeiter trotz mehrfachen Hinweises und Vorausfüllens des Antrags unsererseits es nicht für notwendig hielt, die Botschaft aufzusuchen. O-Ton:

> *„Der Dreh ist ja erst in vier Wochen, ich habe gerade Stress und kann erst nächste Woche zur Botschaft".*

Suboptimal war in diesem Fall nur, dass die Botschaft nur an zwei Tagen in der Woche für jeweils wenige Stunden Termine für die Visa-Beantragung bereitstellte und in der Folgewoche ausgerechnet ein nationaler Feiertag in diesem Land existierte, weshalb die Botschaft für Visa-Angelegenheiten geschlossen wurde.

Der angedachte Mitarbeiter konnte letztendlich nicht mit zu dem Drehort reisen, da sein Visum nicht rechtzeitig da war. Allen Bitten und Plänen seinerseits, dann *„doch einfach als Tourist einzureisen"*, da es *„doch keiner merken würde"*, musste ich natürlich vehement widersprechen. Durch den Serviceproduzenten vor Ort wusste ich, dass jederzeit Kontrollen am Set stattfinden könnten, um die Arbeitsvisa der ausländischen Team-Mitglieder zu überprüfen. Deshalb wäre eine Genehmigung der Bitte des Mitarbeiters meinerseits fahrlässig gewesen, da eine vermeintliche Kontrolle den Dreh vorübergehend zum Stillstand hätte bringen können.

14.4 Diäten bei Auslands-Drehs

Bei Dreharbeiten im Ausland haben die Filmschaffenden und Schauspieler einen gesetzlichen Anspruch auf Diäten bzw. den sogenannten „Verpflegungsmehraufwand". Diesen haben Sie auch innerhalb Deutschlands, wenn Sie als Arbeitgeber den Drehort in eine andere Stadt als den des jeweiligen Wohnsitzes des Filmschaffenden legen. Jedoch sind die Tagessätze in vielen Ländern deutlich höher als in Deutschland. Informieren Sie sich deshalb zwingend schon im sehr frühen Stadium Ihrer Kalkulation, wie hoch der jeweilige Tagessatz für Verpflegungsmehraufwand in dem jeweiligen Land ist, damit es später nicht zu Mehrkosten kommt. Spitzenreiter sind im Jahr 2022 Norwegen (80 Euro/Tag) sowie Hong Kong (74 Euro/Tag).

14.5 Sonderfall „Künstlersteuer"

In manchen Ländern wird die Tätigkeit von Schauspielern, Musikern und sonstigen darstellenden Künstlern sehr speziell besteuert. In diesem Fall ist es irrelevant, ob ihr Schauspieler in Deutschland steuerpflichtig ist oder nicht. Er muss in jedem Fall eine örtliche „Künstlersteuer" abführen. In Südafrika ist dies beispielsweise der Fall.

Mit vielen Ländern besteht seitens der Bundesrepublik Deutschland ein sog. „Doppelbesteuerungsabkommen", welches vermeiden soll, dass eine Person – in diesem Fall ein Schauspieler – doppelt Steuer abführt. Hierzu muss – ähnlich wie beim Visa-Antrag – mit einem gewissen zeitlichen Vorlauf seitens des Schauspielers ein Antrag bei dem für ihn zuständigen Finanzamt gestellt werden. In der Praxis hat sich bewährt, dass ich die Schauspieler bzw. deren Agenturen schon sehr früh darauf hingewiesen und als Anlage zum Schauspielervertrag die entsprechenden Formulare beigefügt habe. Es liegt dann in der Verantwortung der Agentur bzw. des Schauspielers, diese Freistellung zu beantragen. Sobald Ihnen als Arbeitgeber die Freistellung vorliegt, müssen Sie dem deutschen Schauspieler keine deutsche Lohnsteuer abziehen, sondern lediglich die Künstlersteuer des Landes, die Sie dann vor Ort treuhänderisch an die lokalen Behörden abführen. Wichtig ist, dass dies nur für Löhne für jene Zeiten/Drehtage gilt, an denen der Schauspieler auf dem Boden des jeweiligen Landes vor der Kamera steht. Besonders ärgerlich: Kümmert sich der Schauspieler bzw. sein Management nicht rechtzeitig um die Freistellung, sind Sie als Arbeitgeber verpflichtet, sowohl die deutsche Lohnsteuer als auch die ausländische Künstlersteuer einzubehalten und abzuführen. Zwar ist das Geld dann für den Schauspieler nicht verloren, da er im Rahmen seiner jährlichen Einkommenssteuererklärung eine Rückerstattung einfordern kann, jedoch fehlt ihm für den Moment eine ganze Menge Geld.

Zusätzliche Einnahmequellen für Produzenten 15

Zusammenfassung

In diesem Kapitel werden Sie erfahren, wie Sie als Filmproduktionsunternehmen bzw. mit Ihren bereits bezahlten und vollumfänglich ausgewerteten Produktionen zusätzliche Einnahmen generieren können, teilweise sogar mit wenig Aufwand. Es findet dabei eine Betrachtung von potenziellen Verwertungsgesellschaften sowie Erlösbeteiligungen und die Möglichkeit der Rückholung nicht genutzter Rechte statt.

15.1 Einnahmen über Verwertungsgesellschaften

So wie es für Textdichter und Komponisten die GEMA oder für Schriftsteller die VG Wort gibt, so gibt es für Filmproduzenten ebenfalls Verwertungsgesellschaften, über die Sie zusätzliche Einnahmen generieren können. Bedingung hierfür ist, dass Sie Produktionen hergestellt haben, die im TV ausgewertet wurden. Für jede TV-Ausstrahlung Ihrer Produktion erhalten Sie dann eine Ausschüttung seitens der entsprechenden Verwertungsgesellschaft. Voraussetzung dafür ist die Mitgliedschaft in solch einer sowie die entsprechende Anmeldung Ihrer Produktion bei dieser.

Die beiden bekanntesten Verwertungsgesellschaften für deutsche Filmproduzenten sind die VFF (Verwertungsgesellschaft der Film-und Fernsehproduzenten) und die VGF (Verwertungsgesellschaft für Nutzungsrechte an Filmwerken).

Der wesentliche Unterschied beider Verwertungsgesellschaften liegt darin, dass die VFF ausschließlich die für den Produzenten aus dem Leistungsschutzrecht resultierenden Rechte an Auftragsproduktionen für TV-Sender wahrnimmt, die VGF dies hingegen ausschließlich für die gleichen Rechte an Koproduktionen (TV und Kino) tut. Im Umkehrschluss ist es nicht möglich, (Kino)-Koproduktionen bei der VFF anzumelden, ebenso wie Sie keine TV-Auftragsproduktionen bei der VGF anmelden können.

Die Mitgliedschaft in beiden Verwertungsgesellschaften ist kostenlos. Sie müssen jedoch zunächst einen sog. „Wahrnehmungsvertrag" mit der jeweiligen Gesellschaft abschließen. In diesem wird festgehalten, dass Sie die relevanten Rechte an Ihren Produktionen innehaben und die Verwertungsgesellschaft mit der Wahrnehmung dieser gegenüber Dritten beauftragen. Anschließend müssen Sie auf einem gesonderten Formular jede Ihrer Produktionen, die die Kriterien der jeweiligen Verwertungsgesellschaft erfüllen, zunächst anmelden. Nun sind die Produktionen systemseitig erfasst und einmal pro Jahr erhalten Sie eine Übersicht, wann ihre Produktionen bei welchem Sender ausgestrahlt wurden. Diese gilt es zu überprüfen und freizugeben. Einige Wochen später erhalten Sie dann eine entsprechende Abrechnung, und der dazugehörige Betrag wird automatisch auf das Bankkonto Ihres Produktionsunternehmens, welches Sie im Wahrnehmungsvertrag angegeben haben, überwiesen. Besonders lukrativ ist dies bei erfolgreichen Produktionen, die häufig wiederholt werden. Reich werden Sie dadurch nicht. Es sei denn, Sie haben ein Gros an Produktionen mit hohem Wiederholungspotenzial produziert und gemeldet. Aber selbst wenn dies nicht der Fall ist: Mit sehr geringem Aufwand lässt sich so ein kleiner Zusatzumsatz generieren.

15.2 Erlösbeteiligung bei Auftragsproduktionen

Während Sie bei Eigen- oder Koproduktionen oft selbst für die Auswertung einiger Rechte verantwortlich sind, ist dies bei einer Auftragsproduktion nicht der Fall.

Wertet der Auftrag gebende Sender ihre Auftragsproduktion jedoch über die klassische TV-Ausstrahlung hinaus aus und generiert damit zusätzliche Erlöse, so hat eine Erlösbeteiligung an Sie zu erfolgen. Diese beträgt, Stand 2022, zwischen 20 % (ZDF 2017 S. 12) und 25 % (ARD 2021 S. 10) und wird Ihnen nach Abzug einiger im Vorfeld definierter Kosten (z. B. Verwaltungskosten, Synchronisationskosten, o. ä.), nach Zusendung einer Abrechnung, auf ihr Konto überwiesen. Geregelt wird dies in den jeweiligen Papieren, die die Produzentenallianz mit ARD und ZDF verhandelt hat.

Sie haben als Auftragsproduzent jedoch keinen aktiven Einfluss darauf, ob der Sender Ihre Produktion über die normalen Verwertungskanäle hinaus auswertet. Es lohnt sich jedoch auch nach Erstausstrahlung den Weg Ihrer Produktion im Auge zu behalten und ggf. einmal bei den Senderverantwortlichen nachzufragen, ob eine weitere Verwertung der Produktion stattgefunden hat. Denn unter Umständen steht Ihnen dann zeitnah eine Erlösbeteiligung zu.

Abschließend noch der Hinweis, dass die o. g. Regelungen ausschließlich bei Auftragsproduktionen öffentlich-rechtlicher Sender gelten. Im Rahmen von Auftragsproduktionen für Privatsender oder Streamingdienste erfolgt in der Regel keine Erlösbeteiligung der Produzenten.

15.3 Rückholung & Auswertung von durch den Auftraggeber nicht genutzten Rechten

Bis vor einigen Jahren gab man bei vollfinanzierten Auftragsproduktionen für öffentlich-rechtliche Sender alle Rechte räumlich, zeitlich und sachlich uneingeschränkt an diese ab. Über die Jahre hinweg entstand jedoch auf Seiten der Produzenten ein gewisser Unmut, wenn der Auftrag gebende Sender ausschließlich die nationalen Ausstrahlungsrechte nutzte, alle anderen übertragenen Rechte an der Produktion jedoch ungenutzt bleiben, obwohl es unter Umständen weitere Verwertungsmöglichkeiten geben würde.

Deshalb versuchte die Produzentenallianz schon vor einigen Jahren Regelungen mit den öffentlich-rechtlichen Sendern im Hinblick auf eine mögliche Rechterückübertragung auf den Produzenten zu verhandeln. Während die Bemühungen in den Verhandlungen mit dem ZDF bis heute noch keinen Erfolg hatten, konnte die Produzentenallianz im Jahr 2019 verhandeln, dass Produzenten etwaige, nicht genutzte Rechte an vollfinanzierten ARD-Auftragsproduktionen zurückholen können, sofern das jeweilige Recht nicht innerhalb eines Zeitraums von fünf Jahren ab Erstausstrahlung vom Auftrag gebenden Sender genutzt wurde (ARD 2021 S. 11). Bedingung hierfür ist das Vorliegen eines „berechtigten Interesses" Ihrerseits. Hierzu müssen Sie dem Sender, welcher die Rechte innehat darlegen, wie Sie das jeweilige Recht selbst verwerten möchten. Dies ist in der Regel auch mit einer Absichtserklärung eines Auswertungspartners (z. B. DVD-Vertrieb) zu belegen. Eine pauschale Rechterückholung ohne berechtigtes Interesse ist nicht möglich. Der Auftrag gebende Sender ist an denen von Ihnen durch die Auswertung erzielten Erlöse zu beteiligen.

In Einzelfällen, bei denen ihrerseits ein berechtigtes Verwertungsinteresse von mindestens 1500 Euro außerhalb des deutschsprachigen Raumes nachgewiesen werden kann, ist eine Rechterückholung auch schon vor Ablauf der 5-Jahres-Frist möglich (ARD 2021, S. 12).

Literatur

ARD (2021) „Eckpunkte für ausgewogene Vertragsbedingungen und eine faire Aufteilung der Verwertungsrechte bei Produktionen für die Genres Fiktion, Unterhaltung und Dokumentation"

ZDF (2017) „Das ZDF und die Fernsehproduzenten. Rahmenbedingungen einer fairen Zusammenarbeit"

Die Phasen einer Filmproduktion aus kaufmännischer Sicht 16

Zusammenfassung

Als Herstellungsleiter verantworten Sie den gesamten Prozess der Filmherstellung aus kaufmännisch-organisatorischer Sicht. Von der ersten Idee bis zur Fertigstellung des Sendemasters/DCP Files. Von daher ist es von essenzieller Bedeutung diesen gesamten Prozess bis ins kleinste Detail zu kennen. Im folgenden Kapitel wird Ihnen der gesamte Prozess global mithilfe der Abgrenzung der einzelnen Projektphasen erläutert. Darüber hinaus findet eine Adaption der 10er Regel der Fehlerkosten auf Filmprojekte statt, welche Ihnen die Wichtigkeit der möglichst frühzeitigen Fehleridentifikation im Ablauf eines Filmprojekts aufzeigt.

16.1 Einleitung

Bevor wir in die Tiefen dieses Abschnittes einsteigen, möchte ich Ihnen den Hinweis geben, dass es von essenzieller Bedeutung ist, dass Sie die vorherigen Kapitel gelesen und verstanden haben. Nach kurzer Einleitung werde ich im weiteren Verlauf des Kapitels einen reinen Praxistransfer vornehmen, ohne dabei auf einzelne Begrifflichkeiten, Vertragsarten, o. ä. erläuternd einzugehen. Ich werde zwar hin und wieder auf vorausgegangene Kapitel querverweisen, jedoch empfehle ich Ihnen für einen besseren Lesefluss, diese Kapitel verinnerlicht zu haben, damit Sie nicht immer wieder zurückblättern müssen.

Beginnen wir nun zunächst mit einer strukturellen Sache. Im frühen Projektstadium, dem Entwicklungsstadium, werden wir als Herstellungsleiter überwiegend mit Produzenten und Producern zusammenarbeiten – im weiteren Projektverlauf

Abb. 16.1 Die Phasen eines Filmprojekts. (Quelle: Eigene Darstellung)

dann darüber hinaus natürlich auch mit dem Produktionsleiter sowie mit weiteren HODs des Teams.

Bezogen auf das nun folgende Praxisbeispiel werde ich zunächst aus Sichtweise des Herstellungsleiters agieren, im weiteren Projektverlauf auf die operative Sichtweise des Produktionsleiters wechseln, um abschließend wieder den Projektabschluss und die Fertigstellung des Films aus Herstellungsleiter-Sicht darzustellen.

Zunächst gebe ich in Abb. 16.1 einen Überblick über die einzelnen Projektphasen, die wir nun nach und nach im Detail und im Rahmen unseres fiktiven Films „Mord in Studio 1" durchlaufen werden.

Übergeordnet können wir Abb. 16.1 auch als eine visuelle Darstellung des gesamten Herstellungsprozesses eines Filmprojekts ansehen. Wie Sie dem Schaubild entnehmen können, habe ich bewusst keine Unterteilung zwischen Entwicklungsphase und „soft prep" vorgenommen, da ich der Meinung bin, dass sich der Übergang von der reinen Entwicklungsphase in die soft prep nur schwer mit einem Ereignis oder einem Meilenstein darstellen lässt. Ich betrachte diese beiden Bestandteile des Filmherstellungsprozesses eher als eng miteinander verzahnt, wobei sich die soft prep ab jenem Zeitpunkt bemerkbar macht, in dem ein Herstellungs- oder Produktionsleiter damit beginnt, Anmerkungen in die Entwicklungsphase einfließen zu lassen, welche auf kaufmännisch-organisatorischen Feststellungen beruhen und welche Auswirkungen auf die tatsächliche Realisierung des Filmprojekts haben. Dies kann z. B. die vorgezogene Suche eines Hauptmotivs sein, um sicherzustellen, dass man die Produktion überhaupt im vorgegebenen Rahmen realisieren kann.

16.2 Exkurs: Die 10er Regel der Fehlerkosten: Adaption auf Filmprojekte

Bevor wir konkret mit „Mord in Studio 1" starten, noch ein kurzer kostentechnischer Exkurs vorab: Aus kaufmännischer Sicht lässt sich zum Schaubild im vorherigen Kapitel festhalten, dass ein Fehler, je früher er entdeckt wird, bares Geld spart. Im Umkehrschluss lässt sich auch eine abgewandelte Form der 10er Regel der Fehlerkosten aus dem Qualitätsmanagement gut auf ein Filmprojekt anwenden.

16.2 Exkurs: Die 10er Regel der Fehlerkosten: Adaption auf Filmprojekte

Diese besagt, dass sich die Kosten in Folge eines unentdeckten Fehlers in jedem Projektstadium circa verzehnfachen (Becker 2021, S. 28). Zwar möchte ich nicht unterstreichen, dass es bei einem Filmprojekt zwingend zu einer Verzehnfachung kommt, jedoch ist es eindeutig, dass ein spät entdeckter Fehler deutlich mehr finanziellen Schaden anrichtet, als ein früh entdeckter Fehler.

Dazu ein Beispiel aus der Praxis:

Die Dreharbeiten waren in vollem Gange, die Dispo für den nächsten Drehtag stand fest. Ein aufwändiger Drehtag, der insbesondere aufgrund vieler Fahrzeuge im Bild eine Herausforderung an die Ausstattungsabteilung darstellte. Das Fahrzeug eines Protagonisten – ein Lieferwagen – wurde eigens für den Drehtag umgestaltet und foliert. Diese Folierung enthielt u. a. den Namen des fiktiven Geschäfts des Protagonisten nebst extra für den Film erstellten Logo. Alle Requisiten waren in letzter Minute vorbereitet und einsatzbereit, der Drehtag konnte gemäß Dispo beginnen und auch erfolgreich abgeschlossen werden. Sogar ohne nennenswerte Überstunden, obwohl ich vorher davon ausging, dass diese aufgrund des hohen Drehpensums durchaus anfallen könnten. Die Muster des Drehtags waren für Produzent und Auftraggeber auch mehr als zufriedenstellend und der Dreh nahm immer weiter seinen Lauf und wurde auch insgesamt in time abgeschlossen. Doch die böse Überraschung kam einige Wochen später. Bei der Fertigstellung des Rohschnitts und der dazugehörigen Rohschnittabnahme kam eine Person – jetzt, wo der fiktive Firmenname auf dem Fahrzeug in der Schnittfassung deutlich und relativ prominent zu erkennen war – auf die Idee, diesen einmal in eine Suchmaschine einzugeben. Sie ahnen es sicherlich schon: Das Suchergebnis lieferte ein eindeutiges Ergebnis. Die für fiktiv geglaubte Firma existierte tatsächlich. Ein No Go, zumal es sich um eine Produktion für einen öffentlich-rechtlichen Auftraggeber handelte. Außerdem wurde die fiktive Firma in der Produktion tatsächlich aus inhaltlichen Gründen eher negativ dargestellt. Selbst wenn das Gebot der Trennung von Werbung und Programm (s. Abschn. 5.3.6) nicht gegriffen hätte, hätte es wahrscheinlich spätestens nach der Ausstrahlung eine Verleumdungsklage seitens der tatsächlich existierenden Firma nach sich gezogen. Fakt war: Die Produktion konnte so niemals ausgestrahlt werden. Alle Versuche, andere Kameraeinstellungen im gedrehten Material zu finden, scheiterten. Es gab kein alternatives Material, zumal die beiden Protagonisten ausgerechnet vor dem Lieferwagen einen inhaltlich wichtigen Dialog führten.

Letztendlich gab es keine andere Möglichkeit, als das Problem Bild für Bild mittels aufwändiger Retusche-Arbeiten im Rahmen der Postproduktion zu lösen. Unglücklicherweise bewegte sich die lange Haarpracht eines Protagonisten auch noch aufgrund vorherrschenden Windes immer wieder vor den Schriftzug auf und ab, was für die Experten in der Postproduktion echte Millimeterarbeit bedeutete.

Dies hat den zeitlichen Aufwand – und somit den finanziellen Rahmen – deutlich über jenen einer einfachen Retusche hinauswachsen lassen.

Heute weiß ich, dass dieser Fehler mehrere tausend Euro zusätzlich gekostet hat. Vor allem, weil er erst im letzten Stadium des Projektes, der Endfertigungsphase, entdeckt wurde. Hätte man ihn in Phase 1, der Entwicklungsphase, entdeckt, hätte er exakt 0 Euro Kosten verursacht, da es lediglich einer kleinen Textänderung im Drehbuch bedurft hätte.

Hätte ihn die Ausstattungsabteilung etwas später, z. B. beim Briefing des Grafikers bemerkt, wären die Kosten ebenfalls noch im Rahmen geblieben: Eine grafische Umgestaltung sowie Neuproduktion der Aufkleber. Wäre er am Tag nach dem Drehtag bei Sichtung der Muster aufgefallen, hätte man dieses eine Bild auch noch im laufenden Dreh erneut drehen können. Dann hätten sich die Kosten auf grafische Neugestaltung + Aufkleber + Beklebung + eine Überstunde an einem anderen Drehtag belaufen, da man in den folgenden Drehtagen sowieso noch am gleichen Motiv und mit den gleichen Schauspielern gedreht hätte. Doch im vorliegenden Fall war der Dreh längst abgeschlossen und man hatte keine andere Möglichkeit mehr, als die teure Variante mit der Retusche anzuwenden.

Natürlich werden Sie sich nun fragen: Wer war der oder die Schuldige? Dies ist schwer zu beantworten. Streng genommen hätte der Produzent oder ich sofort beim ersten Lesen des Drehbuchs den vermeintlich fiktiven Firmennamen überprüfen können. Oder spätestens die Mitarbeiter der Ausstattungsabteilung hätten dies beim Anfertigen der Folierung sogar tun müssen, da in deren Verträgen – zumindest bei den HODs – explizit eine Nutzungsrechtegarantie für die genutzten Requisiten enthalten ist.

Und auch wenn Sie nun denken: *„Das wäre mir nie passiert"*, sage ich: Sagen Sie niemals nie! Denn Fehler passieren. Gerade unter Stress. Deshalb habe ich diesem Faktor bereits ein eigenes Kapitel (s. Kap. 2) gewidmet.

Für den Moment reicht es, wenn Sie sich merken, dass die Beseitigung eines Fehlers im Rahmen eines Filmprojektes, je später er entdeckt wird, ein Vielfaches an Kosten verursacht. Ich hoffe, dass Sie sich nun bei jedem Drehbuchlektorat alle Punkte, die ihrer Meinung nach überprüfungswürdig sind, fett mit einem Textmarker unterstreichen und diese prüfen oder von einem Experten überprüfen lassen.

Glauben Sie mir: Ich streiche seit diesem Zeitpunkt lieber eine Passage mehr im Drehbuch an als eine zu wenig.

Literatur

Becker, M. (2021) Qualitätsmanagement: Die wesentlichen Grundlagen

Die Phasen am fiktiven Beispiel „MORD IN STUDIO 1" 17

Zusammenfassung

Ich lade Sie nun ein, mit mir den kompletten Filmherstellungsprozess aus kaufmännischer Sicht am fiktiven Filmprojekt „Mord in Studio 1" zu begleiten. Immer wenn wir in das Projekt einsteigen, werden Sie dies durch eine graue Hinterlegung des Textes signalisiert bekommen, alle anderen, allgemeinen Erläuterungen werden in normaler Schrift erfolgen.

17.1 Entwicklungsphase & Soft Prep

Hierbei handelt es sich um eine Phase, die in den meisten Fachbüchern eher aus Sicht des Produzenten, bzw. des Producers beleuchtet wird. Das heißt: Das Augenmerk liegt hier meist auf inhaltlich-kreativen sowie dramaturgischen Aspekten.

Doch auch in dieser Phase des Projektes werden Sie mit wichtigen kaufmännisch und rechtlich relevanten Themen konfrontiert werden.

Beginnen wir mit dem Punkt, an dem die ersten Kosten bei *„Mord in Studio 1"* entstehen:

> **Mord in Studio 1**
> Ihr kreativer Produzenten-Kollege hat eine tolle Filmidee: Der Arbeitstitel lautet „Mord in Studio 1", und er hat auch schon mit der entsprechenden Sender-Redaktion grob über dieses Projekt gesprochen. Grundlegendes Interesse ist vorhanden, und somit macht sich der Produzent auf die Suche nach einem passenden Autor, der bestenfalls schon Erfolge bei dem entsprechenden Sender in Form von verfilmten Drehbüchern vorweisen kann.

Nach kurzem Briefing durch den Produzenten bringt der Autor den groben Inhalt des geplanten Movies kurz und knapp zu Papier. Wir sprechen hier vom sog. Exposé – in seltenen Fällen auch von einem Pitchpapier, welches sozusagen die Ultrakurzvariante eines Exposés darstellt. Nun gilt es, ein angemessenes Honorar für diese Arbeit des Autors zu vereinbaren. Der Großteil der Autoren wird von Agenturen bzw. von erfahrenen Agenten vertreten. Es liegt an Ihnen, mit diesen einen Stoffentwicklungsvertrag verhandeln und abzuschließen. Ist Ihnen dies gelungen, so wird sich der Autor an die Arbeit machen und in dem vereinbarten Zeitfenster einen ersten Entwurf des Exposés zu Papier bringen und an den Produzenten liefern. Unter Umständen entstehen hierbei noch einige Kosten für Recherchereisen des Autors, Bewirtungsausgaben oder aber Gestaltungskosten für das Layout des Exposés. In größeren Unternehmen bekommen die Produzenten und Producer ein festes Budget und treten mit den Agenten selbst in Verhandlung. Es gibt aber auch die Variante, dass die Verhandlung seitens des Herstellungsleiters übernommen wird. Dies ist abhängig von den Gepflogenheiten und der Struktur der jeweiligen Produktionsfirma. Wichtig ist zu diesem Zeitpunkt, dass Sie für das geplante Projekt eine separate Kostenstelle einrichten, sodass die Finanzbuchhaltung fortan jegliche Kosten, die dieses Projekt betreffen, auf den Cent genau erfassen kann. Somit kann Sie Ihnen mit wenigen Mausklicks auch in diesem frühen Stadium jederzeit eine projektbezogene, taggenaue Auswertung mit den bisher angefallenen Kosten zur Verfügung stellen.

Kommen wir nun zurück zu unserem Beispiel „Mord in Studio 1":

> **Mord in Studio 1**
>
> Wir haben einen Autor gefunden, der sich für die Idee des Kollegen begeistern konnte. Nach einem kurzen Verhandlungsgespräch mit der Agentur des Autors konnten wir uns auf ein Honorar i. H. v. 3000 Euro für ein circa fünfseitiges Exposé einigen. Bis zu zwei Überarbeitungen und ein Polish (vgl. Glossar) konnten wir für diese Summe in den Vertrag mit hinein verhandeln.
>
> Der Autor hat sich auch prompt an die Arbeit gemacht und inzwischen die erste Fassung des Exposés geliefert. Folglich konnte er gemäß Vertrag die ersten zwei von drei Raten i. H. v. 2000 Euro in Rechnung stellen. Zu diesem Zeitpunkt geben wir eine Info an unsere Hauptbuchhaltung, eine eigene Kostenstelle für das Projekt „Mord in Studio 1" anzulegen und weisen sie an, diese Rechnung als „Entwicklungskosten" auf diese zu buchen.
>
> Nachdem der Produzent von der ersten Fassung des Exposés noch nicht überzeugt ist, teilt er dem Autor Änderungswünsche in einem Autorengespräch mit und begründet diese.

17.1 Entwicklungsphase & Soft Prep

Nach einer kurzen Überarbeitungszeit liefert der Autor die 2. Fassung pünktlich im vereinbarten zeitlichen Rahmen. Zusätzliche Kosten fallen für uns hier nicht an, da wir uns vertraglich bis zu zwei Überarbeitungen haben zusagen lassen.
Die vorliegende 2. Fassung überzeugt den Produzenten vollumfänglich und er reicht das Exposé – grafisch aufbereitet – anknüpfend an sein kürzlich mit dem Sender-Redakteur geführtes Gespräch, bei diesem ein. Der Autor stellt unmittelbar danach berechtigterweise die dritte Rate in Höhe von 1000 Euro in Rechnung, da die Einreichung beim Sender gemäß Vertrag als Abnahme anzusehen ist.

Nun kommt eine Sache, die Sie definitiv mitbringen sollten: Geduld! Auch wenn Sie noch so überzeugt von Ihrem Filmstoff sind: Der Sender erhält nicht nur Ihren Stoffvorschlag und folglich dauert es eine Weile, bis Sie hier ein Feedback bekommen. Im schlechtesten Fall bekommen Sie dann – mit Begründung – eine Absage des Senders. In diesem Fall müssen Sie Ihr Projekt – zumindest bei diesem Sender – abhaken. Dank der eingangs erwähnten genauen, buchhalterischen Erfassung können Sie dann zumindest auf einen Blick ersehen, welchen Betrag sie investiert und verloren haben. Eine aus wirtschaftlicher Sicht sinnvolle Vorgehensweise wäre in diesem Fall, zu prüfen, ob der Filmstoff sich noch für einen anderen Sender eignet und ob – wenn ja – dafür gegebenenfalls nochmal eine inhaltliche Überarbeitung erforderlich ist.

Mord in Studio 1
Gehen wir bei unserem Projekt „Mord in Studio 1" aber einmal vom „Best case" aus. Der Redakteur und seine Kollegen sind inhaltlich begeistert und wollen den Filmstoff gerne gemeinsam mit Ihnen weiterentwickeln. Glückwunsch!

Die erste, wirklich wichtige Hürde haben Sie geschafft. Doch ab diesem Zeitpunkt wird das Projekt kostenintensiver. Hierzu werden Sie vom Sender einen sog. „Projekt/-Stoffentwicklungsvertrag" (PSV) bzw. bei manchen Sendern einen sogenannten Projektvorbereitungsvertrag (PVV) erhalten, welcher zwischen Ihnen und dem Sender abgeschlossen wird. Dieser versichert Ihnen, dass der Sender an Bord ist und die Kosten für die Entwicklung des Drehbuchs übernimmt und in fest definierten Raten an Sie bezahlt. Sie wiederum müssen einen gleichnamigen Vertrag mit dem Autor bzw.

dessen Agentur abschließen, damit dieser mit der Arbeit beginnen kann. In seltenen Fällen, insbesondere bei weniger erfahrenen Autoren, steigt der Sender nicht sofort in die Drehbuchentwicklung ein, sondern garantiert Ihnen zunächst im Rahmen des Stoffentwicklungsvertrags zunächst die Finanzierung bis zum Treatment. Fortan besteht also eine Art „vertragliches Dreieck". Der Sender hat nur mit der Produktionsfirma den Vertrag, wohingegen Sie als Produktionsfirma sowohl mit dem Sender als auch mit dem Autor einen Vertrag abschließen müssen. Einen direkten Vertrag zwischen Sender und Autor gibt es jedoch nicht. Achten Sie deshalb besonders auf die inhaltliche Deckungsgleichheit zwischen Sender-Entwicklungsvertrag und jenem Vertrag, den Sie mit dem Autor abschließen. Insbesondere in punkto Rechteübertragung.

Mord in Studio 1
Bei „Mord in Studio 1" haben wir uns schon im ersten Entwicklungsstadium vertraglich alle räumlich, zeitlich und inhaltlich uneingeschränkten Nutzungsrechte seitens des Autors einräumen und garantieren lassen.

Was gibt es in diesem Projektstadium noch aus kaufmännischer Sicht zu beachten? In jedem Fall sollten Sie den Drehbuchvertrag des Senders unter die Lupe nehmen. Meistens wird hier schon ein grobes Zielbudget definiert, und es wird dem Produzenten auferlegt, schon in der Entwicklung des Drehbuchs darauf zu achten, dass dieses eingehalten werden muss. Ein erfahrener Produzent wird hier wissen, was er tut und kein „explosionsartiges Action-Meisterwerk" für einen normalen TV-Sendeplatz entwickeln. Es schadet jedoch nicht, wenn der Herstellungsleiter in diesem Stadium schon einmal aus Basis des redaktionell abgenommenen Exposés eine Einschätzung abgibt, welche Inhalte unter Umständen kostentechnisch ein Problem im Hinblick auf das Zielbudget darstellen könnten. Dies ermöglicht dem Produzenten, den Autor gemeinsam mit der Redaktion entsprechend zu instruieren. Natürlich ist hier auch immer Fingerspitzengefühl gefragt. Denn schließlich geht es ja um die Herstellung eines künstlerischen Werkes. Und für einen kreativen Geist kann es durchaus demotivierend sein, wenn er von vornherein das Gefühl vermittelt bekommt, dass er mit Einschränkungen bei der Erschaffung seines Werkes – noch dazu basierend auf der Einschätzung aus kaufmännischer Sicht – konfrontiert wird. Aber erfahrene Autoren haben dies durchaus auf dem Schirm und sind sich der Tatsache, dass die Budgets in der Regel gedeckelt sind, bewusst und somit auch durchaus kompromissbereit, wenn die Anmerkungen gerechtfertigt und nachvollziehbar sind.

17.1 Entwicklungsphase & Soft Prep

Mord in Studio 1

Bei Mord in Studio 1 haben wir nun den Projekt- und Stoffentwicklungsvertrag des Senders vorliegen, welcher uns die Finanzierung der Drehbuchentwicklung senderseitig garantiert. Es handelt sich hierbei um einen Vertrag gemäß GVR (vgl. Abkürzungsverzeichnis) zwischen der ARD und dem VDD (vgl. Abkürzungsverzeichnis), bei dem wir – im Falle einer Verfilmung des Drehbuchs – insgesamt 65.000 Euro für die Drehbuchentwicklung gezahlt bekommen. Davon werden gemäß der Vereinbarung Raten wie folgt fällig:

- 1/3 bei Vertragsunterzeichnung (21.666,67 Euro)
- 1/6 bei Lieferung der 1. Fassung (= 10.833,33 Euro)
- 1/6 bei redaktioneller Abnahme (=10.833,33 Euro)
- 1/3 bei Verfilmung, fällig zum 1. Drehtag (= 21.666,67 Euro)

Basierend auf diesen Zahlen und der Sender-Staffelung der Raten schließen wir analog dazu einen deckungsgleichen Drehbuchvertrag mit unserem Autor ab.

Im Sendervertrag ist ferner ein Zielbudget in Höhe von 1,675 Mio. Euro Nettoherstellungskosten festgehalten.

Bei dem uns vorliegenden Exposé von „Mord in Studio 1" sticht uns als versierter Herstellungsleiter sofort ins Auge, dass ein nicht unerheblicher Anteil der Szenen in Norwegen spielt und es zahlreiche Nachtbilder gibt. Ferner ist uns aufgefallen, dass es eine Vielzahl von Rollen mit wenigen Drehtagen gibt, die sowohl einen kleinen Spiel-Anteil in Norwegen als auch in Deutschland haben. In diesem frühen Entwicklungsstadium, noch vor Erstellung der 1. Drehbuchfassung, sensibilisieren wir unseren kreativen Produzenten dahingehend, dass die drei genannten Faktoren in Kollision mit dem avisierten Zielbudget stehen könnten und bitten Ihn, diese im Hinblick auf eine inhaltliche und dramaturgische Notwendigkeit zu überprüfen.

Nun vergeht wieder einiges an Zeit, und wir machen einen etwas größeren Zeitsprung in der Entwicklungsphase unseres Beispiels „Mord in Studio 1", welche auch erste Handlungen, die sich der soft prep zuordnen lassen, enthält:

> **Mord in Studio 1**
> Mittlerweile liegt uns die erste Drehbuchfassung vor. Zu unserer Freude stellen wir fest, dass die Anmerkungen aus unserer kaufmännischen Sichtweise berücksichtigt wurden und von unserem Produzenten in Rücksprache mit der Redaktion und dem Autor die Entscheidung gefällt wurde, dass die Szenen in Norwegen ohne inhaltlich-dramaturgische Einbußen problemlos auf das Münchner Umland umgeschrieben werden können, was auch geschehen ist. Somit haben wir für unser gesamtes Team und die besagten Nebenrollen durch Wegfall eines Auslands-Drehs eine nicht unerhebliche Summe an Reisekosten gespart. Die Anmerkung, dass wir zu viele Nachtbilder im Buch haben, wurden zwar zur Kenntnis genommen, jedoch für inhaltlich unabdingbar erklärt.
>
> Nun ist es an der Zeit auf Basis dieser ersten Drehbuchfassung einen ersten Drehplanentwurf für „Mord in Studio 1" erstellen zu lassen, welcher als Grundlage für die erste fundierte und aussagekräftige Kalkulation dient. Außerdem müssen wir eine erste Kosteneinschätzung seitens eines Kostümbildners und eines Szenenbildners vornehmen lassen.

Bei der Erstellung des Drehplans ist es wichtig, dem Ersteller des Drehplans eine ungefähre Zielmarke im Hinblick auf die Anzahl der Drehtage mit an die Hand zu geben. Bei einem normal budgetierten TV-Film ohne großen Reiseanteil reden wir hier in der Regel von 22 bis 24 Drehtagen, abhängig vom Aufwand des Buchs.

Gleiches gilt für ein ungefähres Zielbudget im Hinblick auf die Ausstattung (Kostüm-und Szenenbild).

> **Mord in Studio 1**
> Der Drehplanentwurf auf Basis der ersten Drehbuchfassung von „Mord in Studio 1" umfasst 23 Drehtage. Die erste Einschätzung des Szenenbildners beläuft sich auf 90.000 Euro, die des Kostümbilds auf 30.000 Euro.
>
> Die auf dem Drehplan und der ersten Einschätzung der Ausstattung basierende Kalkulation ergibt ein Gesamtbudget (NHK) in Höhe von 1,75 Mio. Euro und liegt somit noch rund 75.000 Euro über dem vorgegebenen Zielbudget.
>
> Nachdem der Autor inzwischen eine zweite Fassung vorgelegt hat, in welche überwiegend dramaturgische Änderungen eingeflossen sind, unterrichten wir unseren Produzenten-Kollegen über die Notwendigkeit, weitere Buchanpassungen vornehmen zu müssen, da wir aktuell noch „over budget" liegen.

17.1 Entwicklungsphase & Soft Prep

> Bei der Betrachtung des Drehplans und der Kalkulation sticht uns hier eine Rolle ins Auge, welche trotz – aus unserer Sicht – nicht so großer inhaltlicher Relevanz, sage und schreibe 10 Drehtage hat.
> Ferner hat sich herausgestellt, dass wir eine enorm hohe Anzahl an Motiven haben, die sich natürlich auch nicht unerheblich auf die Kostenseite (Motivmieten & Ausstattung) auswirkt. Dies sind zwei Aspekte, die wir auf Basis des Exposés natürlich noch nicht voraussehen konnten und die erst jetzt in der ersten Drehbuchfassung sichtbar wurden.
> Natürlich sind uns nach wie vor auch die zahlreichen Nachdrehtage (A/N) ein Dorn im Auge. Während wir im Dialog mit dem Produzenten auf Verständnis für die Motiv- und Darstellerproblematik stoßen, blockt dieser die Nacht-Thematik rigoros ab, da die Außenaufnahmen bei Nacht aus inhaltlichen Gründen „explizit von der Redaktion gewünscht seien und deren Streichung somit indiskutabel sei".

Diese Phase der Drehbuchentwicklung stellt in der Regel immer eine Gratwanderung für Sie dar. Auf der einen Seite sind Sie verantwortlich dafür, dass der Film nicht von vornherein unterbudgetiert (=„over budget" geht) ist, auf der anderen Seite können Sie keine Elemente streichen lassen, die unter Umständen ausschlaggebend für die Entscheidung des Senders waren, das Drehbuch zu entwickeln.

Ein besonderes Augenmerk sollte in dieser Phase auf einer offenen Kommunikation Ihrerseits liegen sowie der guten Zusammenarbeit zwischen Ihnen und dem inhaltlich-kreativen Produzent, welcher letztendlich derjenige ist, der Ihre Einsparungsvorschläge inhaltlich umsetzen, bzw. diese mit Redaktion und Autor besprechen muss. Wohlgemerkt ohne dabei das Gefühl zu vermitteln, dass das Projekt „kaputtgespart" wird. Übertreiben Sie es hier oder kommunizieren Sie an dieser Stelle nicht offen, laufen Sie Gefahr, dass dieses Gefühl bei Ihrem inhaltlich-kreativen Produzenten-Kollegen aufkommt. Dies wäre im Hinblick auf die Zusammenarbeit im weiteren Projektverlauf fatal. Denn schließlich können Sie das Projekt nur gemeinsam zur Zufriedenheit aller durchführen – nicht aber, wenn sich schon in solch einem frühen Stadium die Fronten zwischen der kaufmännischen und der kreativen Seite verhärten.

Kommen wir nun zurück zu „Mord in Studio 1":

> **Mord in Studio 1**
> Ihre Anmerkungen wurden in die dritte Drehbuchfassung aufgenommen. Seitens des Autors wurden die Handlungen der besagten Rolle von einigen Bildern in andere Bilder umgeschrieben, was Dreh- und somit auch Gagentage für diese Rolle einspart. Die Anzahl der Motive konnte reduziert werden, da der Autor die Handlung an einigen Stellen so überarbeitet hat, dass Motive zusammengelegt bzw. in Summe reduziert werden konnten. Die Info hinsichtlich des Wegfalls einiger Motive erspart Ihnen rund 10.000 Euro für Motivmieten inkl. Nebenkosten sowie weitere 15.000 Euro Ausstattungskosten nach Rücksprache mit dem Szenenbildner.
> Das Drehbuch ist nun aus redaktioneller Sicht inhaltlich auch auf einem sehr guten Stand. Parallel konnte Ihr Produzenten-Kollege die Redaktion mit LOIs vom Wunsch-Cast versorgen. Ebenso haben beide Regie-Wunschkandidaten der Redaktion eine LOI abgeben, welcher ihre Bereitschaft signalisiert, das Drehbuch zu inszenieren.

Der Sender würde nun – rein theoretisch – das „Go" für die Produktion erteilen. Doch Sie ahnen es sicherlich: Ganz so einfach ist es nicht! Denn zunächst muss das im Drehbuchvertrag avisierte Zielbudget verifiziert werden. Es folgt der Übergang in die nahezu kritischste Phase der Entwicklungs- und soft prep Phase:

In Zusammenarbeit zwischen Ihnen, Ihrem kreativen Produzenten, der Sender-Redaktion und dem Sender-Produktionsmanagement gilt es nun in einem Gespräch darzustellen, dass das avisierte Zielbudget als realistisch eingestuft werden kann. Hier steht und fällt nun die Entscheidung, ob die finale Hürde vor dem „Produktions-Go" genommen wird: Das finale Kalkulationsgespräch.

Dieses finale Gespräch wird es nur geben, wenn das Produktionsmanagement von den Argumenten des Herstellungsleiters und des Produzenten der Produktionsfirma überzeugt ist und der Meinung ist, dass man sich im finalen Kalkulationsgespräch auf ein Budget verständigen und somit eine vertragliche Einigung erzielen kann.

Warum ist diese Phase für die Produktionsfirma besonders kritisch? Ganz einfach: Sie müssen nun intern eine hieb-und stichfeste Kalkulation erstellen, damit Sie und Ihr Produzent sicher sein können, dass das avisierte Zielbudget nicht unrealistisch ist und einbehalten werden kann. Das kostet Geld.

Denn schließlich müssen Sie im Rahmen der soft-prep-Phase einen realistischen Drehplan erstellen lassen und auch vom Szenebild und Kostümbild eine Kostenschätzung erhalten, welche wiederum in Ihre Gesamtkalkulation einfließen muss. Umsonst tut dies niemand.

Sie könnten dies zwar nach dem Motto „Pi mal Daumen" und auf Basis Ihrer Erfahrung selbst kalkulieren, hiervon rate ich jedoch dringend ab. Dies kann man unter Umständen bei einer langlaufenden TV-Reihe oder Serie machen, nicht jedoch bei einem für sich alleine stehenden Filmprojekt.

Worst case aus kaufmännischer Sicht wäre nun, dass Sie auf Basis dieser Drehbuchfassung merken, dass das Projekt doch deutlich teurer werden würde, als im Drehbuchvertrag avisiert. Hier müssten Sie sich – und dem Produzenten – wahrscheinlich unterstellen, Ihre Arbeit nicht richtig gemacht zu haben. Dann hätten wir ein Dilemma: Denn einfach rausstreichen geht nicht mehr, da das Drehbuch ja in dieser Form von der Redaktion für gut befunden wurde und diese davon ausgeht, dass Sie die Klausel bzgl. des Zielbudgets im Drehbuchvertrag stets im Hinterkopf hatten. Folglich kann es in diesem Stadium vorkommen, dass das Projekt doch noch abgesagt wird und es kein Produktions-Go gibt. Dann hätten Sie einen wirtschaftlichen Schaden. Alle Kosten, die Sie über das vereinbarte Drehbuchhonorar hinaus im Sinne des Projekts investiert hatten, würden auf Ihrer Kostenstelle zurückbleiben und Sie hätten diese zu tragen.

Von daher kann ich Ihnen nur die Empfehlung geben, im Rahmen der Buchentwicklung stets die Kosten im Auge zu behalten. Sofern sich ein inhaltlich bedingter und vom Redakteur gewünschter, finanzieller Mehraufwand abzeichnet, ist dieser unmittelbar von Ihnen zu kommunizieren. Somit ist allen Beteiligten- auch senderseitig- klar, dass dieser inhaltliche Wunsch nicht für das avisierte Zielbudget realisiert werden kann. Höchstwahrscheinlich werden Sie damit beauftragt, den Mehraufwand in etwa zu beziffern und dann wird entschieden, ob dieser inhaltliche Weg in der nächsten Fassung gegangen wird oder nicht. Sollte dies der Fall sein, sehen Sie solch eine Entscheidung jedoch nie als eine Art „Freifahrtschein", das Budget ins Unermessliche hochtreiben zu können. Es muss realistisch bleiben.

Kommen wir nun aber zurück zu „Mord in Studio 1" – und in diesem Fall zum „best case":

> **Mord in Studio 1**
> Wir hatten bereits unsere Anmerkungen zu den früheren Drehbuchfassungen abgeliefert und unsere kaufmännischen Aspekte wurden von Fassung zu Fassung inhaltlich umgesetzt. Folglich blicken wir den anstehenden Gesprächen mit dem Produktionsmanagement des Senders positiv entgegen.
>
> Und siehe da: Das Vorgespräch mit allen Beteiligten verlief gut. Wir konnten das Produktionsmanagement davon überzeugen, dass wir das Projekt im avisierten Zielbudget realisieren können. Somit wird ein Kalkulationstermin festgelegt.

> Wir haben klar kommuniziert, und das wurde auch aufgrund inhaltlicher Begründungen anerkannt, dass das ursprünglich avisierte Zielbudget nicht auf den Punkt zu treffen ist. Wir haben angemeldet, dass wir aktuell davon ausgehen, ca. 5 % darüber zu liegen.
> Uns wurde auferlegt, die Kalkulation bis zum Termin, welcher in 14 Tagen stattfinden wird, noch einmal zu optimieren, um möglichst noch etwas näher an das Zielbudget zu kommen.

Wichtig an dieser Stelle ist, dass Sie zu diesem Zeitpunkt für Ihr Projekt eine absolute Schmerzgrenze definieren, für die Sie bereit sind, dass Projekt zu realisieren. Ich empfehle Ihnen hier eine Obergrenze (=Verhandlungsziel) sowie eine Untergrenze (=Schmerzgrenze) im Vorfeld des Kalkulationsgesprächs zu definieren.

> **Mord in Studio 1**
> Im Fall von „Mord in Studio 1" gehen wir einmal von folgendem aus: Wir haben nach ausgiebigem Rechnen und in Rücksprache mit Regie, Kostüm -und Szenenbild festgestellt, dass wir die Produktion mit einem finalen Budget, welches ca. 1,5 % über dem ursprünglichen Zielbudget liegt, ohne Verluste realisieren können. Unsere Schmerzgrenze liegt somit bei Nettoherstellungskosten (NHK) in Höhe von 1.700.000 Euro. Als Verhandlungsziel definieren wir für uns Nettoherstellungskosten (NHK) in Höhe von 1.725.000 Euro.

Nun haben Sie als Produktionsfirma, bzw. als Herstellungs- oder Produktionsleiter eine Frist: Bis spätestens eine Woche vor dem festgelegten Kalkulationstermin (Beispiel ZDF, Abweichung bei anderen Sendern möglich) muss eine detaillierte Kalkulation nebst allen relevanten Angeboten (Technik, Postproduktion, Fahrzeuge, Unterkünfte, etc.) beim Sender abgegeben werden.

Natürlich wird von Ihnen nicht verlangt, eine Punktlandung zu machen und schließlich erhoffen Sie sich als Produktionsfirma auch, das bestmögliche Gesamtbudget final zu verhandeln. Sollten Sie nun jedoch plötzlich deutlich und nicht nur, wie besprochen, 4–5 % über dem avisierten Gesamtbudget einreichen, wird sich Ihr Gegenüber hintergangen fühlen – denn schließlich gab es genau deshalb das grobe Kalkulationsvorgespräch.

Es liegt nun also an Ihnen und Ihrem Verhandlungsgeschick, das bestmögliche Ergebnis zu verhandeln. Das bestmögliche Ergebnis, so hat es sich gezeigt, ist je-

17.1 Entwicklungsphase & Soft Prep

nes, mit dem beide Seiten ohne Bauchschmerzen leben können. Hierzu sagte einmal ein Sender-Produktionsmanager sehr diplomatisch zu mir: „Leben und leben lassen". Ich kann Ihnen folgenden Tipp mit auf den Weg geben: Versetzen Sie sich immer in die Lage Ihres Gegenübers und stellen sich folgende Frage: Wie würden Sie ihre Verhandlungsstrategie und ihr Auftreten empfinden, wenn Sie sich selbst gegenüber als Senderverantwortlicher sitzen würden?

Dies ist meiner Meinung nach einer der wichtigsten Gedanken, den man sich im Vorfeld machen sollte. Es gilt stets hart, aber fair zu sein. Genauso sollten Sie das Verhalten ihres Gegenübers im Blick behalten und sich nicht in die Enge treiben lassen. Denn bei aller wirtschaftlicher Härte und einem großen Wettbewerbsdruck: Es hat keinen Sinn, ein Projekt von vornherein unterfinanziert zu beginnen.

Es sei denn, sie können es sich erlauben, mit weniger Projektdeckungsbeitrag zu leben. Aber auch dies sollten Sie sich genauestens überlegen (s. Abschn. 6.4). Denn schließlich setzen Sie mit jedem akzeptierten Budget auch eine Duftmarke, die dann bei einer möglichen Fortsetzung oder anderen Projekten wieder ins Spiel gebracht werden würde.

Kommen wir nun wieder zurück zu „Mord in Studio 1":

> **Mord in Studio 1**
> Wir haben alle Unterlagen pünktlich abgeliefert. Die final eingereichte Kalkulation beläuft sich auf Nettoherstellungskosten (NHK) in Höhe von 1.742.000 Euro und liegt somit 4 % über dem ganz ursprünglich vom Sender avisierten Zielbudget. Somit haben wir nach dem Vorgespräch unsere Bereitschaft signalisiert, etwas näher an das ursprüngliche Zielbudget heranzukommen. Eine Woche später findet die finale Kalkulationsverhandlung statt.
>
> Nach einem knapp vierstündigen Kampf in den Räumlichkeiten des Senders, zahlreichen Tassen Kaffee und einer kurzen Unterbrechung der Verhandlung konnten wir uns einigen: Wir erhalten Nettoherstellungskosten (NHK) in Höhe von 1.720.000 Euro, was rund 2,7 % mehr als das ursprünglich im Entwicklungsvertrag genannte Zielbudget bedeutet. Somit haben wir zwar nicht unser absolutes Verhandlungsziel (1.725.000 Euro) erreicht, gehen jedoch noch gut über unserer Schmerzgrenze (1.700.000 Euro) – und somit einem zufriedenstellenden Ergebnis – aus der Verhandlung heraus. Zusätzlich bekommen wir noch einige Fahrzeuge im Bild, welche wir ursprünglich kalkuliert hatten, vom Sender im Rahmen einer sog. Kooperationsvereinbarung (s. Abschn. 5.3.6) über das Budget hinaus beigestellt. Dies entlastet unser Budget nochmals ein wenig.

Die Nettoherstellungskosten (NHK) in Höhe von 1.720.000 Euro bedeuten bei „Mord in Studio 1" Nettofertigungskosten (NFK) in Höhe von 1.509.433,96 Euro. Die Differenz zwischen NFK und NHK stellen den kalkulierten „HU & Gewinn". In Summe beträgt dieser hier 210.566,04 Euro. Verläuft bei der Produktion alles nach Plan und bleiben wir im Budget, liefert uns „Mord in Studio 1" 210.566,04 Euro Deckungsbeitrag für unser Unternehmen. In den Kostenständen stellen die NFK in Höhe von 1.509.433,96 Euro ab sofort die magische Kostengrenze dort. Diese Summe darf uns die Produktion maximal kosten, damit wir den avisierten Deckungsbeitrag erzielen. Im Umkehrschluss bedeutet dies, dass jeder Euro mehr an Kosten unseren Deckungsbeitrag schmälert. Unser Ziel bei „Mord in Studio 1" ist es also, die NFK in Höhe von 1.509.433,96 Euro nicht zu überschreiten. Bestenfalls unterschreiten wir diese sogar ein Wenig, was uns einen Deckungsbeitrag bescheren würde, der über den avisierten 210.566,04 Euro läge.

A.	Netto-Fertigungskosten			1.509.433,96
B.	Handlungskosten	6,00	% von A.	90.566,04
C.	Zwischensumme			1.600.000,00
D.	Gewinn	7,50	% von C.	120.000,00
E.	Zwischensumme			1.720.000,00
F2.	zzgl. Buy out			0,00
F3.	zzgl. ohne HU + Gewinn			0,00
G.	Zwischensumme			1.720.000,00
H.			% von G. Zusatz	
I.	Netto-Herstellungskosten			1.720.000,00
J.	Festpreis		☐ Brutto-Festpreis	
K.	Brutto-Preis	inkl.	7,00 % Mwst.	1.840.400,00

In der vorausgegangenen Abbildung sehen wir eingerahmt die NHK (Position I.), sowie die gesondert ausgewiesenen Zuschläge für HU (Position B.) und Gewinn (Position D.), welche wiederrum auf den NFK (Position A.) basieren. In Position K. sehen wir noch das Bruttogesamtbudget (inkl. 7 % Mwst.), welches für uns als Unternehmen jedoch – außer ggf. kurzfristiger Liquiditätsüberbrückung (s. Abschn. 13.3) keine Rolle spielt, da die Mehrwertsteuer ein durchlaufender Posten ist. In diesem Zusammenhang sei nochmal erwähnt, dass die NHK bei allen Projekten für Sender/Auftraggeber außerhalb des ARD-Verbundes das Projektbudget darstellen. Ausschließlich im ARD-Verbund (Degeto sowie Landesrundfunkanstalten) würden die NHK zzgl. 7 % Mwst. das Projektbudget aus Sicht des Senders darstellen (s. Abschn. 6.5).

Es folgt nun die finale Zusage des Senders in Form des sog. „Produzentenbriefs". Bei manchen Sendern wird hierbei auch von der sog. „Auftragsbestätigung" gesprochen. Dies ist ein Schreiben, in dem der Sender das Projekt nebst Budget – vorbehaltlich der finalen Genehmigung des Programmdirektors o. ä. – zusagt. Die Zusage von diesem ist mehr als Formalie zu betrachten, da das Projekt schon vorab senderseitig umfangreiche Genehmigungszyklen mit entsprechenden Budgetfreigaben durchlaufen hat. Mir persönlich ist kein Projekt bekannt, dass nach erfolgtem Kalkulationsgespräch und Zusendung des Produzentenbriefs noch abgesagt wurde.

Dieses Dokument hat sich etabliert, da die Erstellung des finalen Produktionsvertrages noch einige Zeit in Anspruch nimmt, Versicherungen und Banken jedoch eine halbwegs verbindliche Schriftform benötigen, um weitere Schritte in die Wege zu leiten, damit das Projekt zum einen versichert, zum anderen zeitnah bebürgt werden kann. Zeitgleich stellt diese schriftliche Bestätigung des Senders den Übergang in Phase 3 – der Pre-Production – dar.

Mord in Studio 1

Wir haben den Produzentenbrief für „Mord in Studio 1" erhalten, das Produktionsmanagement hat zeitgleich eine Meldung an die Versicherung weitergeleitet, da wir das „Film-Komplettschutz"-Paket über den Sender beigestellt bekommen. Einige Tage später erhalten wir seitens der Versicherung die sog. „vorläufige Deckungsnote" für das Projekt. Somit halten wir nun zwei essenzielle Unterlagen in den Händen, welche wir für unsere Bank benötigen. Im Fall von „Mord in Studio 1" arbeiten wir mit einer Bank zusammen, welche ausschließlich das Projektgeschäft anbietet. Wir beantragen bei der Bank nun schon einmal ein Projektkonto und finalisieren die Zusammenstellung der Unterlagen (s. Abschn. 11.3), welche die Bank zur Prüfung eines Kreditrahmens (Aval- und Kontokorrent) benötigt und reichen diese vollständig bei der Bank ein.

17.2 Pre-Production

Unter der „Pre-Production" versteht man i. d. R. jene Phase, in der das gesamte Team unter Vertrag genommen wird bzw. seine vorbereitende Arbeit aufnimmt. Motive werden final gesucht und ausgestattet, die Drehplanung wird finalisiert, noch nicht besetzte Rollen werden besetzt, u. v. m.

Aus kaufmännischer Sicht bedeutet der Start der Pre Production-Phase, dass fortan massive Kosten ausgelöst werden. Sie sollten folglich niemals mit dieser

Phase beginnen, bevor Sie die Finanzierung zu 100 % geschlossen, bzw. gesichert haben.

Neusprachlich würde man den Beginn dieser Phase als „Point of no return" bezeichnen. Sofern Sie nun noch das Projekt absagen, bleiben Sie eben nicht auf ein paar Flügen, Bewirtungs- und sonstigen Nebenkosten sitzen. Nein, ab diesem Zeitpunkt gehen Sie zahlreiche vertragliche Verpflichtungen ein, deren Auflösung Sie sehr teuer zu stehen kommen würde.

In Laufe meiner beruflichen Laufbahn kam es zwar nicht oft vor, aber hin und wieder – vor allem bei Kinoproduktionen – bekam ich mit, dass ein Projekt in der Pre-Production gecancelt wurde und Filmschaffende wieder „verfügbar" waren. In manchen Fällen bedeutete solch eine Entscheidung leider auch die Insolvenz der Produktionsfirma, und manchmal bedeutete dies auch für die Filmschaffenden, dass ihre Forderungen oder vertraglich zustehenden Löhne nicht mehr beglichen werden konnten.

Warum ein Produzent solch eine Entscheidung trifft, kann verschiedene Ursachen haben. Am häufigsten ist es der Wegfall eines fest eingeplanten Finanzierungsbausteins. Es gab auch Fälle, da wurden Produzenten aufgrund diverser Umstände (Zeitdruck, o. ä.) mehr oder weniger „gezwungen", die Pre-Production-Phase zu starten (=im Fachjargon zu „greenlighten"), obwohl noch eine Förderentscheidung ausstand. Rein rational betrachtet ist dies ein großes Risiko. Aber manchmal wird in unserer Branche nicht rational gehandelt, gerade wenn es sich vielleicht um ein echtes Herzensprojekt des Produzenten handelt und er viele Jahre Zeit und Geld investiert hat, um das Projekt so weit zu bekommen, wie es ist und die Realisierung nun zu scheitern droht.

Mit dem notwendigen Abstand kann ich den Ratschlag geben: Treffen Sie eine solche Entscheidung niemals aufgrund der Liebe zum Projekt, sondern stets rational unter Abwägung aller Risiken. Dies ist einer der Momente im Filmherstellungsprozess, in dem Sie ausschließlich aus kaufmännisch/unternehmerischer Sichtweise entscheiden und jegliche Emotionen ausblenden sollten. Es sei denn, Sie haben als Inhaber der Produktionsfirma einen „Plan B" in Form von bisher nicht angetasteten Rücklagen o. ä. – aber wer hat diese schon? Und außerdem wäre es meiner Meinung nach obendrein nicht wirklich sinnvoll, bare Rücklagen über eine gewisse Bagatellgrenze hinaus in ein Projekt einfließen zu lassen.

Bei der Entscheidung, die PreProduction zu starten, sollten Sie sich weder von Dritten beeinflussen oder gar unter Druck setzen lassen, noch nach Bauchgefühl entscheiden. Es zählen nur Fakten. Denn letztendlich sind Sie als Inhaber oder Budgetverantwortlicher einer Produktionsfirma derjenige, der für eine Fehlentscheidung geradestehen muss. Denn dies tun eben nicht all die Personen, die kurz zuvor noch sagten:

„Ach, das wird schon. Bei dem Cast und dem Regisseur wird die Förderung schon kommen".

Sie glauben gar nicht, wie plötzlich diese Leute dann nicht mehr erreichbar wären oder vielleicht noch sagen würden: *„Naja, ein gewisses Restrisiko gibt es halt immer".*
Sollten Ihnen einmal in einer solchen Entscheidungsphase Personen mit ähnlichen Aussagen in die Quere kommen, empfehle ich Ihnen, diese immer zu fragen:

„Versetze dich mal in meine Lage, wie würdest du entscheiden?"

Wenn dann immer noch ein euphorisches *„Machen!"* ertönt, empfehle ich Ihnen folgende, zweite Frage zu stellen:

„Und du haftest dann auch dafür, wenn der worst case eintritt? Würdest du mir dies schriftlich versichern?"

Sicherlich gibt es hier immer noch den ein oder anderen, der weiter auf seiner Meinung beharren würde. Aber glauben Sie mir: Ich bin sehr, sehr vielen Leuten begegnet, die viel geredet haben und auch oft überzeugend wirkten. Aber wenn es darum ging, Verantwortung zu übernehmen oder in die Haftung zu gehen, wurden diese für ihre Verhältnisse doch relativ schnell sehr leise.
Ich persönlich musste ein Projekt zum Glück nur ein einziges Mal zu Beginn der Pre-Production Phase nach Rücksprache mit Produzent und Geschäftsführung canceln. Dies war eine sehr unangenehme Situation, da ich daraufhin viele Vertragsauflösungsgespräche führen musste, mit dem Ziel, den wirtschaftlichen Schaden zu begrenzen. Zu diesem Zeitpunkt stieß ich sowohl auf verständnisvolle Personen, die bereit waren gegen gewisse Zahlung oder Vermittlung eines Alternativprojekts, vorzeitig den Vertrag aufzulösen. Gerade bei Personen, mit denen man schon häufiger zusammengearbeitet hatte, war dies der Fall. Ich stieß aber auch auf Personen, die auf die vollumfängliche Erfüllung ihres Vertrags bestanden. Letztendlich konnte ich mich jedoch – mit Ausnahme einer Person – mit allen auf einen Kompromiss einigen. Dennoch belief sich der finanzielle Schaden damals auf eine hohe fünfstellige Summe.
Kommen wir nun aber wieder zurück zu unserem Projekt „Mord in Studio 1" und tauchen in die fortgeschrittene Pre-Production Phase ein:

Mord in Studio 1
Wir befinden uns nun sechs Wochen vor avisiertem Drehbeginn. Die Bank hat unsere Unterlagen geprüft und nach einer kurzen Rückfrage seitens eines prüfenden Analysten einen Kreditrahmen in Höhe von 2,4 Mio Euro genehmigt. Dieser ist aufgeteilt in ein Aval (vgl. Glossar) in Höhe von knapp 1,55 Mio Euro und ca. 850.000 Euro Kontokorrentkredit, welchen wir gemäß unseres eingereichten Cashflow-Plans, voraussichtlich im Peak zur Zwischenfinanzierung bis zum senderseitigen Geldeingang benötigen.

Das Team ist – bis auf wenige Ausnahmen – optioniert oder unter Vertrag genommen. Zu diesem Zeitpunkt nimmt der Produktionsleiter nebst Assistenz sowie der Szenenbildner seine Arbeit vor Ort im Produktionsbüro in München auf. Auch der Regisseur, der nicht aus München stammt, zieht in seine Wohnung im Glockenbachviertel ein und steht ab sofort täglich zur Verfügung. Aufgrund der Vielzahl an Motiven und der hohen Darstelleranzahl nimmt zu diesem Zeitpunkt auch schon der 1. Aufnahmeleiter seine Tätigkeit auf.

Sehr positiv: Unser Szenenbildner hat schon vor einigen Wochen, als wir Ihn angefragt haben, vorbildlich sein Formular zur Statusfeststellung ausgefüllt und uns zukommen lassen. Er hat angegeben, für seine Tätigkeit Rechnungen stellen zu wollen. Unter der aufschiebenden Bedingung des positiven Statusfeststellungsverfahrens haben wir einen Werkvertrag mit ihm abgeschlossen. Wie wir später feststellen werden, hat die DRV (vgl. Abkürzungsverzeichnis) dem Antrag positiv entsprochen und somit steht einer selbstständigen Tätigkeit des Szenenbildners nun auch aus amtlicher Sicht nichts mehr im Wege.

Die Vorbereitungsphase schreitet weiter voran, und fünf Wochen vor Drehbeginn nehmen folgende Filmschaffende ihre Arbeit auf.

- Szenenbildassistenz
- Regie-Assistenz
- Kostümbild

Bei all diesen Positionen handelt es sich um lohnsteuerpflichtiges Personal.

Im Auftaktgespräch mit Regie und Produzent werden gemeinsam letzte Unwägbarkeiten am Drehplan beseitigt, nahezu alle Nebenrollen können im avisierten Tagesgagen-Budgetrahmen in Zusammenarbeit mit der Casting-Agentur und der Redaktion besetzt werden.

17.2 Pre-Production

Fortan finden regelmäßig Besprechungen zwischen Regie, Szenenbild, Produzent und Produktionsleitung statt. Es geht vor allem um Ausstattungs-Themen und Entwürfe.

Basierend auf diesen Gesprächen bitten Sie den Szenenbildner um ein Update seiner Kalkulation. Bei diesem Update stellt sich heraus, dass die aktuelle Szenenbild-Kalkulation aufgrund zweier sehr aufwändiger Motive im Vergleich zum kalkulierten Wert deutlich erhöht ist. Ursprünglich waren hier nach der ersten Anpassung in der soft-prep-Phase maximal 75.000 Euro vorgesehen, inzwischen liegt die Kalkulation wieder bei 90.000 Euro.

Nach unserem Briefing an den Produzenten kann dieser in Rücksprache mit dem Regisseur und dem Redakteur des Senders einen inhaltlichen Kompromiss finden, welcher das Zusammenlegen der beiden teuer ausgestatteten Motive zur Folge hat. Die erneute Hochrechnung des Szenenbildners zeigt, dass die Ausstattungskalkulation nun wieder im Budget liegt.

Circa vier Wochen vor Beginn nehmen weitere Filmschaffende ihre Arbeit auf:

- Motivaufnahmeleitung
- Außenrequisite
- Kostümbildassistenz
- Filmgeschäftsführung

Die Ereignisse überschlagen sich. Wir bekommen eine Absage eines Schauspielers für eine tragende Nebenrolle, dessen Besetzung wir schon für so gut wie sicher hielten. Aufgrund der Tatsache, dass es sich hierbei um einen absoluten Wunschkandidaten von Regie und Sender handelte, hatte der 1. Aufnahmeleiter dessen Sperrtermine bereits im Drehplanentwurf berücksichtigt. Die Sperrtermine des neu vorgeschlagenen Schauspielers, welcher letztendlich auch zusagt, decken sich – mit einer Ausnahme – glücklicherweise mit jenen, des ursprünglichen Wunschkandidaten. Der 1. Aufnahmeleiter muss somit nicht noch einmal mit einer sehr umfangreichen Drehplanumstellung fortfahren, wie zunächst befürchtet wurde.

Als Produktionsleiter übergeben wir der Filmgeschäftsführung die final verhandelte Kalkulation zur Einarbeitung in SESAM, und zeitgleich definieren wir mit dieser den Kontenrahmen für das Projekt. Wir bitten die Filmgeschäftsführung darüber hinaus um Erstellung eines Cashflow-Plans auf Basis der avisierten Daten für Lohnabrechnungen und Zahl-Läufe. Dieser Plan dient uns vor allem zum Abgleich mit jenem Plan, den wir unmittelbar nach dem Kalkulationsgespräch für die Bank erstellt haben. Der Plan der Filmgeschäftsführung deckt sich im Großen und Ganzen mit unserem Plan. Hätte es hier größere Abweichungen gegeben, hätten wir diese unmittelbar an die Bank kommunizieren müssen.

Aufgrund unserer Erkenntnisse der ersten Hälfte der Vorbereitungszeit können wir nun auch einen ersten Kostenstand erstellen, welche auch die aktuellen Hochrechnungen der HODs enthält. Da wir uns gegen die Nutzung eines Purchase-Order-Systems entschieden haben, haben wir diese Zahlen kontinuierlich persönlich bei den jeweiligen HODs angefordert. Und siehe da, wir haben alles im Griff: Die Kostenprognose zu „Mord in Studio 1" sieht sogar eine leichte Budgetunterschreitung vor. Die aktuelle Prognose der finalen Nettofertigungskosten (NHK) beläuft sich auf 1.500.000 Euro, was einen zusätzlichen Deckungsbeitrag i. H v. 9.433,96 Euro bedeuten würde.

Doch in Woche 3 vor Drehbeginn werden wir vor eine größere Herausforderung gestellt – organisatorischer und finanzieller Natur. Die gute Kostenprognose steht vorerst auf der Kippe.

Denn es stellt sich heraus, dass uns die Eigentümerfamilie eines unserer Hauptmotive, in dem wir die komplette erste Drehwoche drehen wollen, einen Strich durch die Rechnung macht.

Bei Durchsicht des Motivvertrags-Entwurfs stellt der Vertreter der Familie fest, dass sie von einer späteren Nutzung des Motivs ausgingen und das Motiv zum eigentlich benötigten Zeitpunkt nicht zur Verfügung gestellt werden kann.

Es kommt zu keiner Unterzeichnung des Motivvertrags. Alle Versuche, die Eigentümer zu überreden und mit einer Woche Luxusurlaub umzustimmen, schlagen fehl. Denn ausgerechnet in dieser Woche soll auf dem Anwesen der 90. Geburtstag des Familienoberhaupts gefeiert werden.

Es bleibt uns nichts Anderes übrig, als das Motiv abzuhaken. Wir müssen schnell handeln und einen zusätzlichen Locationscout beauftragen, der aufgrund der zeitlichen Knappheit parallel zum bereits engagierten Scout auf die Suche geht, damit wir ein neues Hauptmotiv finden, welches zum avisierten Drehzeitpunkt zur Verfügung steht. Denn die Sperrtermine einer Hauptdarstellerin, die an allen Drehtagen in diesem Motiv vor der Kamera steht, lässt keine Umstellung des Drehplans – und damit einhergehend Verschieben der Drehtage im besagten Motiv – zu. Wir müssen zwingend in der ersten Drehwoche in diesem Hauptmotiv drehen. Für die Aufnahmeleitung bedeutet der Wegfall des Motivs einen Super-Gau, da basierend auf der Annahme, dass das Motiv feststeht, bereits alle logistischen Planungen vorgenommen und auch bei den zuständigen Behörden sämtliche Halteverbotszonen für das Abstellen des Fuhrparks in Motivnähe beantragt wurden.

Die Vorgabe seitens der Aufnahmeleitung an die Location-Scouts ist nun, möglichst ein Motiv mit eigenen Stellflächen zu finden, da die Anträge für Halteverbotszonen beim KVR (vgl. Abkürzungsverzeichnis) in der Regel mind. 14 Tage im Voraus gestellt werden müssen und ohne diese Genehmigung ein logistisches Drama droht.

Leider stellt sich jedoch heraus, dass das neue Hauptmotiv, in das sich Regie und Redaktion verliebt haben und zu dem es tatsächlich auch keine Alternative gibt, tatsächlich über keine eigenen Stellplätze verfügt. Dies erfordert seitens der Aufnahmeleitung einen wahren Kraftakt. Als Produktionsleiter bleibt uns nichts Anderes übrig, als hier mit erhöhten Kosten zu rechnen. Jedoch ist es nun umso wichtiger, nah dran zu bleiben und die Mehrkosten möglichst gering zu halten.

Nur aufgrund der Tatsache, dass wir einen sehr erfahrenen 1. Aufnahmeleiter und Motivaufnahmeleiter mit Ortskenntnis unter Vertrag genommen haben, gelingt es, das Hauptmotiv kurzfristig für den anstehenden Dreh aus logistischer Sicht vorzubereiten. Zum einen ist dies den sehr guten Beziehungen des Aufnahmeleiters zu der Behörde zu verdanken, da er den Vorgang mit entsprechender Priorität vorantreiben konnte, zum anderen wurde der Parkplatz einer nahe liegenden Schule als Basis auserkoren. Dies entspannt die Situation direkt am Motiv. Die Darsteller-Aufenthalte und das Catering können auf diesem Parkplatz aufgestellt werden, anschließend wird vom Parkplatz zum Motiv geshuttled. Zum Glück fällt der Drehzeitraum in die Osterferien – denn während der Schulwochen hätten wir den Parkplatz der Schule niemals anmieten können. Aber bei allem, was bisher schiefliief, dürfen wir ja auch einmal Glück haben! Dennoch prognostizieren wir die Mehrkosten für Motivsuche, zusätzlich benötigtes Personal und Logistik für den Moment mit rund 12.500 Euro.

An dieser Stelle möchte ich betonen, dass es sich bei den geschilderten Vorfällen nur um einen Bruchteil von Geschehnissen handelt, mit denen sich das Team in der Pre Production-Phase konfrontiert sieht. Es existiert die Traumvorstellung von der perfekten Vorbereitungsphase, in der alles nach Plan verläuft. Eine Vorbereitungsphase kann auch, wenn Sie von Profis geplant ist, nahezu perfekt verlaufen.

Den Glauben an eine zu 100 % perfekt und ohne Komplikationen verlaufende Vorbereitungsphase habe ich im Laufe meiner Karriere jedoch aufgegeben. Die eine oder andere Überraschung wird es in der Vorbereitungsphase eines jeden Projekts geben.

Zeitsprung: Eine Woche vor Drehbeginn von „Mord in Studio" 1:

Mord in Studio 1

Nachdem die finale Motivbesichtigung zwei Wochen zuvor positiv verlaufen ist und die Ausstattung in einem Kraftakt – welche zusätzliche Manpower im Bereich Baubühne bedeutete – das neue Hauptmotiv abschließen konnte, haben mittlerweile rund 90 % des Teams ihre Arbeit aufgenommen. Neben der Setrequisite sind inzwischen auch die Garderobieren und die Produktionsfahrer im Einsatz. Es finden finale Kostümfittings und Leseproben mit Regie und Hauptcast statt.

Leider mussten wir eine erneute, krankheitsbedingte Umbesetzung einer Nebenrolle vornehmen. Die neue Besetzung hat leider nicht ihren Wohnsitz am Drehort. Somit entstehen zusätzliche, bisher nicht kalkulierte Reisekosten. Ferner hat die neue Motivsituation einen zusätzlichen Shuttlefahrer sowie eine breitere personelle Aufstellung im Bereich der Setaufnahmeleitung erfordert. Alles andere scheint für den Moment wie geplant zu verlaufen.

Es ist an der Zeit für ein weiteres Update des Kostenstands. Leider hatten wir uns in Woche 4 vor Drehbeginn zu früh gefreut. Mittlerweile liegt in der Prognose keine leichte Unterschreitung des Budgets mehr vor – im Gegenteil: Nach aktueller Hochrechnung beläuft sich die Prognose auf Nettoherstellungskosten (NHK) in Höhe von 1.512.500 Euro, was eine minimale Budgetüberschreitung – und im Umkehrschluss – eine Minderung des Deckungsbeitrags um 3.066,04 Euro bedeuten würde. Unter Herstellungs-und Produktionsleitern spricht in diesem Moment umgangssprachlich davon, „dass man in die HUs geht". Diese Redewendung basiert darauf, dass man die ursprünglich für sicher verdienten HUs antasten muss, um die erhöhten Projektkosten decken zu können.

In diesem Zusammenhang möchte ich erwähnen, dass solch eine kleine Überschreitung noch kein Beinbruch ist. Auf der anderen Seite möchte ich Ihnen die Illusion nehmen, dass Sie so kurz vor Drehbeginn noch eine wesentliche Verbesserung der Kostenprognose erwarten können. Die Kosten für Personal, Logistik,

17.2 Pre-Production

Technik und Motive sind so gut wie in Stein gemeißelt. Als erfahrener Produktionsleiter sollten Sie sich bestenfalls noch im Bereich der Postproduktion einen kleinen Puffer aufgespart haben, und ich gebe Ihnen den Ratschlag, auch im Bereich der Ausstattung einen Puffer im Kostenstand für unvorhergesehene Dinge einzubauen.

Ein weiterer Ratschlag: Kalkulieren Sie in der internen Kalkulation zu diesem Zeitpunkt im Kostenstand mit der maximal möglichen Anzahl an Überstunden, es sei denn, es handelt sich um die 100. Folge einer langlaufenden Studioproduktion. Denn Sie wissen nicht, wie der Dreh verläuft und wie lange die Drehtage werden. Ich halte es für fatal, schon vor Drehbeginn die Überstunden im Kostenstand anzutasten, nur weil manche Drehtage über relativ geringe Tagespensen verfügen. Natürlich darf dies im Umkehrschluss kein Freifahrtschein für die Regie sein, täglich Überstunden im maximalen Ausmaß zu machen. Im Gegenteil. Sie sollten hier soweit wie möglich an die Regie appellieren, möglichst stets „in time" zu bleiben. Fallen später jedoch weniger Überstunden an, trägt dies natürlich auch zu einem positiveren Projektkostenstand bei.

Natürlich soll Ihr Kostenstand nicht voll mit Puffern sein und Sie sollten Ihren Partnern und Vorgesetzten eine möglichst realistische Prognose liefern können. Denn das macht natürlich einen Vollprofi wie Sie aus. Übermäßige Puffer werden von erfahrenen Produzenten-Kollegen oder Vorgesetzten in der Regel ausfindig gemacht. Wenn Sie diese verschweigen, werden Sie nicht sonderlich professionell wirken, zum anderen könnte dadurch das Vertrauen ihrer Partner und Vorgesetzten verloren gehen.

Zeitsprung: 1 Tag vor Drehbeginn von „Mord in Studio 1":

Mord in Studio 1
Wir haben Montag und befinden uns einen Tag vor Drehbeginn. Einige Tage zuvor hat uns der unterzeichnete Produktionsvertrag erreicht, welchen wir umgehend gegengezeichnet zurückgesendet haben. Einmal in Papierform im Original und einmal vorab per Scan. Parallel ging ein Scan an unsere Bank, welche uns daraufhin wissen ließ, dass sie nun umgehend die Bürgschaftsurkunde ausstellen und binnen weniger Bankarbeitstage an den Sender schicken werden. Das Vorliegen der originalen Bürgschaftsurkunde ist Bedingung für die Zahlung durch den Sender. Mit diesem Wissen im Hinterkopf können wir nun die erste Rate (Vertragsabschlussrate) an den Sender in Rechnung stellen.

> An diesem Montag vor Drehbeginn nehmen die verbleibenden, rund zehn Prozent des Teams ihre Arbeit auf. Das Team der Setaufnahmeleitung lädt den Set-Sprinter, die Licht- und Kameracrew hat ebenfalls Ladetag. Der Kameratest am Freitag zuvor verlief reibungslos. Einer der auswärtigen Hauptdarsteller wird vom Produktionsfahrer am Flughafen abgeholt und ins Hotel geshuttled. Am Abend dieses letzten Vorbereitungstages finden wir uns alle zu einem Warm Up im Restaurant um die Ecke ein, bei dem das Team auch die Dispo für den anstehenden Drehtag, welche es auch schon per E-Mail erhalten hat, ausgehändigt bekommt.

Es ist Usus, dass sich die gesamte Crew inklusive Darstellern, sofern diese schon anwesend sind, zu einem Warm Up zusammenfindet. Bei diesem Warm Up handelt es sich in der Regel um ein gemeinsames Abendessen, o. ä. bei dem sich die gesamte Crew in lockerer Atmosphäre kennenlernt und auf die anstehenden Drehtage eingestimmt wird. Neben einer Ansprache des Produzenten findet hier in der Regel auch eine kurze Ansprache des Produktions-Stabs, gepaart mit der Sicherheitsunterweisung des Teams statt. Die Durchführung dieser ist für die Berufsgenossenschaft zwingend zu dokumentieren. Die Kosten für das Warm Up sind nicht Bestandteil der externen Kalkulation, müssen jedoch im Rahmen der internen Kalkulation von Ihnen berechnet worden und folglich auch in den Kostenstand als zu erwartende Kosten eingeflossen sein.

17.3 Dreh

> **Mord in Studio 1**
> Der erste Drehtag von „Mord in Studio 1" beginnt pünktlich um 8:30 Uhr und verläuft nach Plan, Drehschluss kann etwa 30 min nach avisiertem Drehende vermeldet werden. Da die komplette erste Drehwoche an diesem Motiv verbracht wird, kommt es im weiteren Verlauf zu nahezu keinen Überstunden in dieser Woche. Lediglich von der Chefmaskenbildnerin wurde nach dem zweiten Drehtag angemerkt, dass die Maskenzeit für den überaus eitlen Hauptdarsteller zu kurz angesetzt ist, was ab dem dritten Drehtag in der Dispo berücksichtigt wurde.
> Die Rechnung mit der zweiten Rate (Drehbeginn) haben wir pünktlich am Dienstag an den Sender rausgeschickt. Wir befinden uns kurz vor dem

17.3 Dreh

Monatsende – zahlreiche Löhne und sonstige Verbindlichkeiten stehen kurz bevor. Jedoch haben wir die Rechnungen gerade erst an den Sender rausschicken können. Diese durchlaufen nun noch den Freigabeprozess. Doch genau aus diesem Grund und der Erfahrungswerte unsererseits haben wir bei der Bank hier mittels Cashflow-Plan den Peak von rund 850.000 Euro Liquiditätsbedarf zur Überbrückung bis zum Geldeingang des Senders angemeldet und diese hat ihm Rahmen des Projektkreditvertrages auch genehmigt. Wir können somit unmittelbar auf einen Kontokorrentrahmen in dieser Höhe auf unserem Projektkonto zurückgreifen und dies temporär bis zu 850.000 Euro überziehen. Somit sind jegliche Zahlungen gegenüber Team, Kreditoren und Behörden gesichert.

Der Kostenstand zum Ende von Drehwoche 1 bleibt nahezu unverändert zur Vorwoche. Nach kurzer Überlegung, die Überstunden in den „zu erwartenden Kosten" manuell nach unten zu korrigieren, sehen wir für den Moment ab. Insbesondere aufgrund anstehender, aufwändiger Drehwochen mit einigen Nachtdrehs sowie leider auch einer negativen Wetterprognose für die anstehende Woche, die ein gewisses Maß an Flexibilität und unter Umständen auch einige zeitliche Einschränkungen mit sich bringt.

Der Beginn von Drehwoche 2 verläuft katastrophal. Nachdem am fünften Drehtag (Montag) noch wie geplant gedreht werden konnte, sehen wir uns am sechsten Drehtag mit sintflutartigen Regenfällen konfrontiert, welche einen Dreh der verbleibenden Außenbilder am Motiv von Montag unmöglich machen. Da diese Bilder redaktionsseitig schon immer als „Schönwetterbilder" deklariert waren, hat unser Aufnahmeleiter vorgesorgt und glücklicherweise genau aus diesem Grund ein Covermotiv in unmittelbarer Nähe in diese Drehwoche eingeplant. Die Dreharbeiten können somit – wenn auch mit einiger Verzögerung – fortgesetzt werden.

Glücklicherweise meint es der Wettergott gut mit uns, und wir können am nächsten Drehtag zum Ursprungsmotiv zurückkehren und an Drehtag 7 die Anschlüsse vom Montag drehen. Der Rest der Drehwoche verläuft aufgrund der hohen Tagespensen und zwei hängen gebliebenen Bildern weiterhin holprig und erfordert zahlreiche Überstunden. An allen Drehtagen müssen wir das höchstmögliche Kontingent an Überstunden ausreizen. Am neunten. Drehtag müssen wir, nachdem das Team im Voraus zugestimmt hat, sogar ausnahmsweise in die 13. Stunde gehen. Dies ist gemäß Tarifvertrag nur aufgrund der Tatsache möglich, da uns das Motiv ausschließlich an diesem Tag zur Verfügung steht und dies von Beginn an vom Motivgeber kommuniziert war. Ebenso hatten wir diesen Fakt von Anfang an offen an das Team kommuniziert.

Gegen Ende der zweiten Drehwoche erhalten wir seitens der Filmgeschäftsführung die Nachricht, dass unsere Rechnungen senderseitig beglichen und die ersten beiden Raten des Senders auf dem Projektkonto eingegangen sind. Somit verändert sich unser Kontostand von rund – 800.000 Euro (50.000 Euro Puffer auf dem Konto wurde nicht benötigt) auf rund + 193.000 Euro. Fast Tag genau identisch mit unserer zu Drehbeginn erstellten Cashflow-Planung.

Natürlich läuft es mit den Geldeingängen nicht immer ganz so rund. Manchmal kann es hier auch zu weiteren Verzögerungen kommen. Sei es senderseitig oder aufgrund eines Formfehlers in Ihrer Rechnung oder in den Unterlagen der Bank. Konservativ planen heißt hier das Stichwort. Und im Falle einer Abweichung von der Planung lautet das Stichwort „Kommunikation" (s. Abschn. 11.1).

Mord in Studio 1
Ansonsten stehen noch einige kleinere Gespräche auf der Tagesordnung:
Seitens des Teams wurde sich über die fehlende Abwechslung und nicht immer hohe Qualität beim Catering beschwert, weshalb wir ein Gespräch mit unserem Catering-Dienstleister führen.
Darüber hinaus gibt es mit einigen Team-Mitgliedern Gesprächsbedarf im Hinblick auf das Ausfüllen der Stundenzettel. Unserer Produktionsassistenz ist aufgefallen, dass es in zwei Departments Mitarbeiter gibt, die einen früheren Arbeitsbeginn aufschreiben als disponiert. Hier stellt sich heraus, dass die beiden Mitarbeiter bei den Dreharbeiten im südlichen Münchner Umland einen Teil ihrer Anfahrt als Arbeitszeit gerechnet haben, da sie an der nördlichen Münchner Stadtgrenze wohnen. In einem klärenden Gespräch weisen wir die beiden mit Verweis auf den Tarifvertrag darauf hin, dass die zusätzlich aufgeschriebenen Zeiten nicht akzeptiert und abgerechnet werden, da sich das Motiv weniger als 20 km von der Münchner Stadtgrenze entfernt befindet.
Ein Darsteller hat den Wunsch eines Fahrer-Tausches geäußert, da „seiner unangenehm nach Rauch riechen würde." Natürlich kommen wir, im Sinne des positiven Projektverlaufs, diesem Wunsch nach. Wenngleich wir hier Fingerspitzengefühl walten lassen. Die Fahrer-Dispo wird aus „logistischen Gründen" abgeändert. Denn zum einen wurde sich von keinem anderen über den vermeintlichen Geruch beschwert, zum anderen ist es in der Branche bekannt, dass der besagte Darsteller immer etwas zu meckern hat.

17.3 Dreh

In diesem Zusammenhang möchte ich erwähnen, dass Sie natürlich keinem Ihrer Mitarbeiter, auch wenn Sie noch so viel Kontakt auf engstem Raume zu Kollegen und Darstellern haben, das Rauchen oder den Genuss von knoblauchhaltigen Nahrungsmitteln o. ä. verbieten können. Sollte sich jedoch einmal ein Darsteller über den Fahrstil des Fahrers oder über Alkoholgeruch beschweren, sollten Sie durchaus ein Personalgespräch führen und dies mit entsprechendem Fingerspitzengefühl thematisieren. Darüber hinaus gebe ich Ihnen den guten Ratschlag, sich von jedem Mitarbeiter, der ein Fahrzeug bewegt, bei jedem Projekt den Führerschein vorlegen zu lassen. Auch wenn Sie diesen Mitarbeiter schon öfter beschäftigt haben oder über einen längeren Zeitpunkt kennen. Sie können nie wissen, ob ihm dieser nicht zwischenzeitlich entzogen wurde.

> **Mord in Studio 1**
> Zu Beginn der dritten Drehwoche, wir befinden uns an Drehtag 10 von 23, nehmen wir uns die Zeit, um gemeinsam mit der Filmgeschäftsführung ein Update des Kostenstandes zu erstellen. Die vorausgegangene Woche war voll mit Überstunden, insbesondere die 13. Stunde am Freitag, welche wir ausnahmsweise gemäß Tarifvertrag Ziffer XY ansetzen durften, schlägt zu Buche. Aus diesem Grund können wir froh sein, die Überstunden nach der perfekt gelaufenen ersten Drehwoche im vorherigen Kostenstand nicht manuell nach unten korrigiert zu haben. Aufgrund dieser weisen Voraussicht verschlechtert sich der Kostenstand unterm Strich somit nicht und bleibt im etwa auf dem Niveau der Vorwoche (Überschreitung der NFK in Höhe von rund 3000 Euro).
>
> Eine harte Drehwoche steht bevor, da wir in dieser Woche versetzt drehen und zum Wochenende tief in der Nacht enden werden. Eine besondere Herausforderung stellt die Tatsache dar, dass wir einige Außenszenen im Dunklen mit unserem 12-jährigen Hauptdarsteller drehen müssen. Per Gesetz dürfen wir diesem maximal 3 Stunden Arbeit täglich zumuten, wobei Nachtarbeit verboten ist. Aus diesem Grund haben wir diesen Drehtag an Tag 14 angesetzt, da wir an diesem Tag um 19 Uhr mit dem Dreh beginnen und die zwei Bilder mit dem jungen Hauptdarsteller mit Einbruch der Dunkelheit gegen 20 Uhr drehen können.

Kinder- und Jugendarbeit bei Filmdrehs ist ein sehr heikles Thema. Zwar gibt es Sonderregelungen für unsere Branche, was die Beschäftigung von Kindern und Jugendlichen vor der Kamera betrifft, jedoch gibt es hierfür sehr enge Vorgaben. Per Gesetz reden wir bei Personen zwischen 15 und 17 Jahren von „Jugendlichen". Bei „Kindern" unterteilen wir in zwei Altersgruppen: Von 0–6 Jahre und von 7 bis 14 Jahre. Generell gilt für Kinder und Jugendliche ein Nachtarbeitsverbot. Jugendliche dürfen maximal 8 Stunden pro Tag im Zeitraum von 6 bis 23 Uhr arbeiten. Kinder von 7 bis 14 Jahre dürfen maximal 3 Stunden pro Tag im Zeitraum von 8 bis 22 Uhr arbeiten, wohingegen für 0- bis 6-Jährige eine Beschränkung von maximal 2 Stunden pro Tag im Zeitraum von 8 bis 17 Uhr gilt.

Ein weiterer Fallstrick ist die Tatsache, dass nicht jeder Minderjährige per se ab einem Alter von 15 Jahren als „Jugendlicher" gilt. Hier spielt vor allem eine Rolle, ob der Minderjährige die Vollzeitschulpflicht absolviert hat. Das Besondere: In manchen Bundesländern in Deutschland beträgt die Vollzeitschulpflicht neun, in anderen hingegen zehn Jahre. Ich empfehle Ihnen deshalb jeden Fall unter Berücksichtigung des geltenden Gesetzes und der entsprechenden Regelungen im jeweiligen Bundesland einzeln zu prüfen.

Prinzipiell müssen vor der Beschäftigung von Kindern und Jugendlichen die Erziehungsberechtigten zustimmen, und Sie müssen als Produktionsfirma zwingend rechtzeitig vor der geplanten Beschäftigungsaufnahme einen Antrag zur Genehmigung der Tätigkeit beim Gewerbeaufsichtsamt am Hauptsitz ihres Unternehmens stellen.

Ein weiteres Muss bei der Arbeit mit Kindern und Jugendlichen im Rahmen eines Filmdrehs ist das Engagieren von qualifiziertem Betreuungspersonal, welches sich am Drehtag um die Betreuung des Kindes/Jugendlichen kümmert,

Ich kann Ihnen nur ausdrücklich raten, sich als Herstellungs- oder Produktionsleiter im Rahmen von Dreharbeiten mit Kindern und Jugendlichen strikt und ohne Kompromisse an die gesetzlichen Vorschriften zu halten. Bei Verstößen werden Sie alleine, persönlich haftbar gemacht und zu Recht bestraft. Lassen Sie sich in ihrer Funktion als Produktionsleiter niemals und von niemanden in diesem Zusammenhang unter Druck setzen oder beeinflussen. Auch wenn Sätze wie *„jetzt hab dich doch nicht so, es sind doch nur 15 Minuten mehr"* fallen – bleiben Sie rigoros und konsequent. Denn schließlich gibt es die strengen gesetzlichen Vorgaben nicht umsonst – und darüber hinaus geht es hier um nichts Geringeres als den Schutz von Kindern und Jugendlichen.

Es gibt nur einen legalen Trick, wie Sie die o. g. Beschränkungen umgehen können: Sofern es sich um Rollen mit einem Spielalter zwischen 15 und 17 Jahren handelt, wird Ihnen ein erfahrener Casting-Agent ein Gros an Kandidaten vorschlagen, welches bereits das Alter von 18 Jahren erreicht hat, aber aufgrund des äußeren Erscheinungsbildes die o. g. Altersspanne glaubhaft darstellen kann.

17.3 Dreh

Mord in Studio 1
Die Drehwoche schreitet voran, und die Drehtage 12 und 13 verlaufen ohne besondere Vorkommnisse. Durch unsere gute Vorbereitung kann auch der 14. Drehtag, bei dem wir die A/N-Bilder mit dem Kind drehen, problemlos abgeschlossen werden. Alles verläuft ohne Verzögerung, und die zwei Bilder mit dem Kind können pünktlich begonnen und in time im Rahmen der gesetzlichen Vorgaben abgedreht werden. Auch der 15. Drehtag endet am Morgen des Samstags pünktlich und wie geplant. Das Team begibt sich nach einer erfolgreichen Woche in das wohlverdiente Wochenende.

Der darauffolgende Montag beginnt zwar drehtechnisch wie geplant, dennoch mit einem kleinen Dämpfer, der uns im Produktionsbüro für einen Moment die Luft anhalten lässt. Seitens des Postproduktionshauses wurde im Drehmaterial von Freitagnacht im Quality-Check ein Bildfehler festgestellt, wie wir an diesem Montagmorgen dem Bericht entnehmen konnten. Nun heißt es von unserer Seite aus: handeln und vollste Priorität auf dieses Thema. Als erstes geben wir eine obligatorische Schadensmeldung an die Versicherung, damit diese, falls sich der Materialfehler bestätigen sollte und grobe Fahrlässigkeit ausgeschlossen werden kann, für den finanziellen Schaden aufkommt. Denn schließlich sind wir im Rahmen des Film-Komplettschutzpakets auch im Hinblick auf solche Schäden abgesichert. Die Schadensmeldung an die Versicherung erfolgt per E-Mail mit genauen Angaben, wie und wann der Fehler entdeckt wurde und seit wann er uns bekannt ist. Darüber hinaus machen wir gegenüber der Versicherung weitere Angaben über das geplante weitere Vorgehen unsererseits.

Im Falle eines versicherungswürdigen Schadens sollten Sie immer unmittelbar eine formlose Schadensmeldung per E-Mail an Ihren Ansprechpartner der Versicherung senden. Hier ist stets Eile geboten, da der Versicherer in der Regel umgehend weitere Rückfragen oder Anweisungen im Hinblick auf die Schadensminimierung hat. Schieben Sie, auch wenn es noch so viel anderen Stress gibt, solch eine Meldung nicht auf die lange Bank.

Ein versicherungswürdiger Schaden liegt in der Regel vor, wenn dieser nicht auf (grob) fahrlässiges Handeln unsererseits zurückzuführen ist oder wenn der zu erwartende Schaden über der Höhe der Selbstbeteiligung je Schadensfall, welche Sie der Versicherungspolice entnehmen können, liegt.

Das oben genannte Vorgehen ist bei allen anderen Versicherungsfällen anzuwenden. Vom einfachen Haftpflichtschaden, über einen Materialschaden bis hin zu einem Personenausfall gilt hier der Grundsatz der unmittelbaren Meldung an die Versicherung. Ich habe in unserem Beispiel bewusst einen kleineren Fall gewählt, da man über das Vorgehen bei einem aufwändigen Schaden im Falle eines Personenausfalls (z. B. Regie oder Hauptdarsteller) nahezu ein ganzes Buch schreiben könnte. Und selbst dann wären wahrscheinlich nicht alle Eventualitäten abgedeckt. Hier zählt Erfahrung über Erfahrung! Wichtig ist, dass Sie für dieses Thema sensibilisiert sind und auch im weiteren Fortgang eines Schadensfalls jede Kleinigkeit dokumentieren und für eventuelle Rückfragen der Versicherung zur Verfügung stehen.

Mord in Studio 1
Nachdem wir den Materialschaden an die Versicherung gemeldet haben, fragen wir zunächst ein Kostenupdate beim Szenen- und Kostümbild ab. Erfreulicherweise können beide Departments vermelden, dass sie voraussichtlich sogar etwas unter Budget landen werden. „Man solle sie nicht festnageln – denn schließlich wisse man ja nie, was noch Unvorhergesehenes kommt – aber Stand heute gäbe es zumindest auf gar keinen Fall eine Überschreitung des Abteilungsetats."

Mit dieser Information im Hinterkopf setzen wir uns zum wöchentlichen Update des Kostenstands mit der Filmgeschäftsführung zusammen. Die Kosten für Kostüm und Szenenbild lassen wir für den Moment im Hauptkostenstand noch unangetastet. Aufgrund der Tatsache, dass wir nun in der dritten Drehwoche nur wenige Überstunden hatten, können wir die Überstunden von insgesamt 35.000 Euro auf 25.000 Euro manuell herabsetzen. Somit weist unser Kostentand zu Beginn der vierten Drehwoche keine Überschreitung mehr, sondern aufgrund der Einsparung von 10.000 Euro bei den Überstunden nun sogar wieder eine Unterschreitung in Höhe von rund 7000 Euro auf. Die avisierten Nettofertigungskosten werden nun mit 1.502.500 Euro prognostiziert.

Die vierte und vorletzte Drehwoche beginnt mit Drehtag 15 und verläuft nahezu ohne Komplikationen und mit nur einer Überstunde. Über das Catering kommen mittlerweile keine Beschwerden mehr und auch die Stundenzettel unserer zwei Spezialisten aus Woche 2 sind beanstandungslos.

Am Morgen des 16. Drehtags kommt eine Entwarnung im Hinblick auf den Materialfehler der Vorwoche. Das Material kann mittels technischen Möglichkeiten aufgearbeitet werden. Der Schaden wird sich in Grenzen halten. Worst Case wäre eine Unbrauchbarkeit des Materials und somit ein erforderlicher Nachdreh gewesen. Diese Info leiten wir an die Versicherung nebst einem Kostenvoranschlag in Höhe von 2700 Euro für die Reparatur des Materials weiter. Im weiteren Verlauf erhalten wir die Bestätigung der Versicherung für die Kostenübernahme. In Summe werden wir von den

2700 Euro insgesamt 2200 Euro erhalten, da unsere Versicherungspolice eine Selbstbeteiligung in Höhe von 500 Euro je Schadensereignis vorsieht. Dies ist eine Information, die wir natürlich umgehend an die Filmgeschäftsführung weitergeben. Diese fügt die Kostenarten „Materialschaden" sowie „zu erwartende Versicherungserstattungen" in den Kostenstand ein. Denn schließlich fallen die Kosten im Projekt an, verhalten sich jedoch nahezu neutral aufgrund der gegenzurechnenden Erstattung seitens der Versicherung.

Die restliche vierte Drehwoche verläuft durchwachsen. Insbesondere die Drehtage 18 und 19 werden aufgrund untertägigen Motivwechseln, einhergehend mit einem Stau auf dem mittleren Ring, zur Herausforderung. Doch nach einem kleinen Krisengespräch mit der Regie und deren Zusage, die Auflösung in den letzten beiden Bildern des 19. Drehtags zu vereinfachen, schaffen wir es, alle geplanten Bilder im Kasten zu haben. Natürlich jedoch mit je zwei Überstunden an den besagten Drehtagen.

Unser wöchentliches Gespräch mit Szenen-und Kostümbild bestätigt die Aussagen der Vorwoche. In beiden Departments wird eine Budgetunterschreitung von je rund 3000 Euro prognostiziert.

Die fünfte und letzte Drehwoche beginnen wir mit unserem wöchentlichen Kostenstands-Update. Wir wagen uns nun, da nur noch drei Drehtage anstehen, die Überstunden noch etwas nach unten zu korrigieren und lassen ebenfalls jeweils 50 % der Ersparnis-Prognose von Kostüm- und Szenenbild in die Zahlen einfließen. Somit beginnen wir die Woche mit einem erfreulichen Kostenstand, welcher sich erneut um 4000 Euro verbessert hat (−1000 Euro Überstunden, jeweils −1500 Euro bei Kostüm-und Szenenbild). In Summe starten wir mit einem Kostenstand, der eine Gesamtunterschreitung in Höhe von rund 11.000 Euro ausweist, in die letzte Drehwoche.

Die Drehtage 20–23 verlaufen inhaltlich und organisatorisch reibungslos. Lediglich beim Rückbau eines Motivs aus der Vorwoche wird durch einen Unfall ein hochwertiger, antiker Eichentisch beschädigt. Hier machen wir erneut eine formlose Meldung nebst Schadenshergang an die Versicherung, da der Eigentümer von „mehreren tausend Euro" spricht. Später wird sich herausstellen, dass die Behebung des Schadens lediglich 470 Euro kostet, da dieser nur die erste Oberflächenschicht des Holzes betraf. Somit teilen wir diese der Versicherung mit. Eine Erstattung findet aufgrund der Selbstbeteiligung in Höhe von 500 Euro nicht statt. Den Schaden müssen wir als Kosten ohne dazugehörige Erstattung seitens der Filmgeschäftsführung einbuchen lassen.

Drehtag 23 endet überpünktlich und nach einem kurzen Dankeschön seitens der Regie am Set versammeln wir uns gemeinsam mit dem Team und den Darstellern zu einem Abschlussfest am Abend.

Wie auch beim Warm Up gilt für das Abschlussfest: Dieses wird nicht in der externen Kalkulation seitens der Sender anerkannt, wird jedoch als Bestandteil in ihre interne Kalkulation integriert.

17.4 Abwicklung

Mord in Studio 1
Die Tage nach dem Ende des Drehs verlaufen routiniert. Licht und Kamera beenden ihre Tätigkeit mit einem Rückladetag, die Fahrer erledigen noch einige Rückgaben und beenden nach zwei Abwicklungstagen ihre Tätigkeit. Langsam aber sicher kehrt Ruhe im Produktionsbüro ein und nachdem nach und nach die Rückabwicklung der Aufnahmeleitung, des Kostüm- und Szenenbilds erfolgt ist, erhalten wir deren finale Kostenstände in der Folgewoche. Erfreulicherweise haben sich die Prognosen größtenteils bestätigt. Das Kostümbild bleibt bei einer Unterschreitung des Etats in der Höhe von 3000 Euro. Im Bereich Szenenbild kam es noch zu einer unerwarteten Rechnung in Höhe von 2000 Euro, welche der Szenenbildner aufgrund der Hektik in Woche 3 nicht auf dem Schirm hatte. Da insgesamt jedoch noch eine Unterschreitung des Szenenbildetats vorliegt (−1000 Euro), sehen wir über diesen Fehler hinweg.

Natürlich können wir nun auch die dritte Rate gemäß Produktionsvertrag zum Drehende an den Sender stellen, in diesem Zusammenhang setzen wir uns auch mit einem Update des Kostenstands sowie des Cashflow-Plans mit der Filmgeschäftsführung zusammen. Ausgangspunkt der Vorwoche war eine Unterschreitung in Höhe von 11.000 Euro. Diese enthielt bereits je −1500 Euro für Kostüm-und Szenenbild. Beim Kostümbild können wir nun weitere −1500 Euro einstellen, die Zahl beim Szenenbild müssen wir jedoch um +500 Euro korrigieren, was eine Zwischensumme der Gesamt-Unterschreitung in Höhe von 12.000 Euro mit sich bringt.

Zusätzlich können wir die Überstunden erneut um 1000 Euro reduzieren, da nun alle Stundenzettel der Vorwoche ausgewertet wurden. Hinzu kommen jedoch zusätzliche Kosten in Höhe von 2000 Euro für Motivnebenkosten, die uns in der Schlussaufstellung der Aufnahmeleitung prognostiziert wurden.

> Obwohl die Motivnebenkosten höher ausfallen, bleibt es aufgrund der bisher nicht eingestellten Ersparnisse bei den Überstunden sowie beim Kostümbild bei einer Gesamtunterschreitung in Höhe von etwas über 10.000 Euro. Dies bedeutet in Summe vorläufige Nettofertigungsendkosten in Höhe von rund 1.500.000 Euro, was einen Gesamt-Deckungsbeitrag (kalkulierter HU + Gewinn + Summe der Unterschreitung) von exakt 220.000 Euro bedeuten würde. Ein sehr zufriedenstellendes, aber vorläufiges Ergebnis!

Trotz vorliegender Prognosen unmittelbar nach Drehende sollten Sie bei einem Update des Kostenstands immer noch von einem vorläufigen Ergebnis sprechen. Die Praxis hat gezeigt, dass es immer noch kleine Nachzügler bei den Rechnungseingängen gibt oder aber Verluste bei technischem Zubehör nach Rücklieferung festgestellt werden. Aus diesem Grund empfehle ich Ihnen noch nicht alle Positionen auf Basis der Kostenschätzungen der jeweiligen Departments zu nullen. Gerade Städte und Kommunen sind manchmal sehr langsam, was die Berechnung von Drehgenehmigungen oder Gebühren für Halteverbotszonen betrifft. Mir sind hier Beispiele bekannt, bei denen solche Kostenbescheide erst zwei bis drei Monate nach Drehende eintreffen.

17.5 Endfertigung

Zeitsprung: 2 Wochen nach Drehende von „Mord in Studio 1":

> **Mord in Studio 1**
> Der Regisseur befindet sich nun regelmäßig im Schneideraum, die Stimmung von dieser Seite ist auch sehr gut, wie Ihnen der kreative Produzent mitteilt. Wir erstellen nun einen letzten Kostenstand in unserer Funktion als Produktionsleiter, ehe auch unsere vertragliche Abwicklungszeit abläuft. Es kamen noch Rechnungen von Dienstleistern wie z. B. dem Caterer oder dem Lichtverleih und einige V-Geldabrechnungen von Filmschaffenden auf dem Postweg rein. Gerade erstere waren höher als erwartet. Insbesondere der Verschleiß und Verlust im Licht-Department fiel höher als im Durchschnitt aus. In Summe verschlechtert sich unser Kostenstand somit um 2500 Euro.

> Wir nullen nun, nach jeweiligen Rücksprachen mit den Departments, in denen noch ausstehende Positionen stehen, den Großteil dieser aus. Lediglich die Postproduktion lassen wir unangetastet stehen, ebenso wie einen kleinen Puffer im Bereich „Drehgenehmigungen" für eventuelle Nachzügler von Kostenbescheiden von Städten und Kommunen. Wir übergeben somit an unseren Vorgesetzten einen – aus Produktionsleitersicht – Endkostenstand mit einer Gesamtunterschreitung in Höhe von 7500 Euro. Ein immer noch sehr gutes Ergebnis.

Mit Übernahme dieses Schlusskostenstands endet nun auch die vertragliche Beschäftigung des Produktionsleiters. Wir springen nun wieder in die Sichtweise des Herstellungsleiters bis zur Fertigstellung des Films.

> **Mord in Studio 1**
> In Woche 3 nach Drehende können wir den Geldeingang für die Drehschlussrate des Senders auf unserem Projektkonto verzeichnen. Außerdem findet nun die finale Abwicklung und Übergabe der Filmgeschäftsführung an unsere Hauptbuchhaltung statt. Zum einen erfolgt eine finale Überspielung in die Hauptbuchhaltung, zum anderen übergibt die Filmgeschäftsführung die Lohn-Sicherungen, welche im .iso-Format gespeichert werden und als wichtige Dateien für spätere Lohnsteuerprüfungen zu archivieren sind.

Die Übergabe der Projektbuchhaltung in ihre Hauptbuchhaltung ist ein sehr wichtiges und hochsensibles Thema. Hier empfehle ich Ihnen in jedem Fall ausführliche Gespräche mit ihrer Hauptbuchhaltung und der Filmgeschäftsführung im Vorfeld. Was wird benötigt? In welchem Format und in welchem Zeitraum? Insbesondere wenn Sie in zwei unterschiedlichen Systemen buchen, ist eine Absprache im Hinblick auf technische Erfordernisse unabdingbar. Es gibt einige Produktionsfirmen deren Hauptbuchhaltung in DATEV erfolgt, die Projekte jedoch natürlich in SESAM gebucht werden. Mittlerweile gibt es hier eine sehr zuverlässige Schnittstelle. Es ist alles eine Sache der Abstimmung und Kommunikation. Sollten Ihnen nach Lesen meines Buches übrigens Fragen aufkommen, die den Wirkungskreis der „Filmgeschäftsführung" betreffen, empfehle ich Ihnen die Lektüre des gleichnamigen Standardwerks oder des Webauftritts von Markus Yagapen (www.filgeschäftsführer.de).

Zeitsprung: Woche 5 nach Drehende von „Mord in Studio 1"

17.5 Endfertigung

> **Mord in Studio 1**
> Mit Freude wird aus dem Schneideraum verkündet, dass der Rohschnitt fertig gestellt ist. Einige Tage später findet die Rohschnittabnahme seitens der Redaktion des Senders statt. Der Picture Lock wird vorgenommen.
> Auf Basis dieser Info schicken wir die vierte und vorletzte Rechnung an den Sender.
> Zeitgleich erhalten wir zwei Rechnungen des Postproduktionshauses. Mit diesem hatten wir uns auf eine Dreiteilung des Angebotspreises (1/3 nach Drehende, 1/3 nach Rohschnittabnahme /1/3 nach Sendebandauslieferung) geeinigt. Die beiden Rechnungen lassen wir von unserer Buchhaltung in den Kostenstand einbuchen.
> Schon während der Rohschnittphase hat sich ein Wunschkandidat in Punkto Musik- Komposition bei Regie und Redaktion herauskristallisiert. In weiser Voraussicht hatten wir bereits im Vorfeld die finanziellen Rahmenbedingungen mit diesem abgeklärt. Unmittelbar nach dem Picture Lock hat der Komponist nun zugesagt, und der Kompositionsvertrag kann zur Unterschrift gebracht werden. So denken wir es zumindest. Jedoch kommt noch die Anmerkung des Komponisten zurück, dass er die Verlagsrechte an seiner Komposition behalten und selbst auswerten möchte. Nach kurzer Rücksprache mit dem Sender geht dies in Ordnung, und wir nehmen eine entsprechende Passage in den Vertrag auf, welcher anschließend zur Unterzeichnung kommt.

Neben der klassischen Vergütung für Komposition und Produktion stellen Einnahmen durch Verwertungsgesellschaften (in Deutschland: GEMA) im Nachgang zur Ausstrahlung eine zusätzliche, nicht zu vernachlässigende Einnahmequelle für den Komponisten dar. Meist liegt dem Komponisten viel daran, diese Rechte selbst oder über einen eigenen Musikverlag wahrnehmen zu lassen. Manche TV-Sender stellen jedoch die Bedingung auf, dass diese Rechte an einem dem Sender verbundenen Musikverlag übertragen werden. Größere Filmproduktionsunternehmen gründen oftmals ebenfalls eine eigene Edition, welche einem Musikverlag angeschlossen ist und lassen die Verlagsrechte auf diese übertragen, um ebenfalls noch ein wenig an den Tantiemen zu partizipieren. Je nachdem, ob der Komponist die Verlagsrechte im Rahmen der Auftragskomposition behalten darf oder nicht, kann das Honorar für Komposition und Produktion durchaus um einige tausend Euro variieren. Wie in so vielen Fällen gilt auch hier: Stimmen Sie sich mit dem beteiligten/Auftrag gebenden Sender ab und wägen Sie auch Ihre eigenen Vor- und Nachteile der jeweiligen Varianten ab.

> **Mord in Studio 1**
> Nach dem Picture Lock (vgl. Glossar) finden einige technische Synchronaufnahmen statt. Im Postproduktionsangebot haben wir einen Tag technischen Synchron enthalten, weshalb keine gesonderte Studiomiete o. ä. zu Buche schlägt. Drei der fünf Darsteller, die in den technischen Synchron müssen, sind jedoch aktuell in anderen Städten tätig, weshalb diese in ein Studio vor Ort gehen. Miete und Personal hierfür wird gesondert von den Studios in Rechnung gestellt, weshalb wir diese Kosten von unserer Buchhaltung als zusätzliche Kosten im Bereich „Postproduktion" einbuchen lassen. Zum aktuellen Zeitpunkt liegt somit eine Überschreitung in diesem Bereich vor. Jedoch hängt eine tatsächliche Überschreitung davon ab, ob die Schlussrechnung des Postproduktionshauses tatsächlich ein Drittel des Angebotspreises beträgt oder unter Umständen niedriger ausfällt. Für den Moment gehen wir jedoch von ersterem aus, weshalb sich unser Kostenstand um 500 Euro auf ein Ergebnis in Höhe einer Unterschreitung von 7000 Euro verschlechtert.
> Parallel folgt die Fertigstellung der finalen Farbkorrektur.
> Mittlerweile hat auch die finale Lohnabrechnung des Cutters stattgefunden und kann ohne Mehrkosten in den Kostenstand eingebucht werden. Da der Cutter Mitglied der Pensionskasse Rundfunk war, haben wir diese Abrechnung noch abgewartet. Nun stellen wir die für das gesamte Projekt angefallenen Arbeitgeberanteile (=Anstaltsanteil) an Beiträgen für die Pensionskasse Rundfunk nebst Kopien der offiziellen Beitragsbestätigungen an den Auftrag gebenden Sender in Rechnung.

In einem Projektkostenstand sind die Kosten für die Arbeitgeberanteile der Pensionskasse als neutrale Posten zu betrachten, da neben den Kosten auf der einen Seite auch die Erstattung des Senders bereits als „zu erwartender Erlös" eingebucht wird. Die Kostenerstattung spielt somit leidglich im Hinblick auf die Liquidität eine Rolle und sollte bei der Cashflow-Planung zum Projektende berücksichtigt werden.

> **Mord in Studio 1**
> Wir befinden uns nun in Woche 12 nach Drehende, und die finalen Arbeiten in der Postproduktion werden durchgeführt. Nachdem der Komponist zur vollen Zufriedenheit in zwei Etappen geliefert hatte, fand die Mischung im Beisein des Regisseurs statt.

17.5 Endfertigung

> Es folgt die Auslieferung der Sendefiles an den Sender, einige Tage danach erfolgt dessen technische Abnahme. Mit Eingang dieser schriftlichen Bestätigung können wir die Schlussrate an den Sender in Rechnung stellen, zeitgleich gibt der Sender die Bürgschaftsurkunde an unsere Bank zurück. Dies hat zur Folge, dass wir die finale bankenseitige Abrechnung der Bürgschaftskosten seitens der Bank erhalten und diese die Gebühren von unserem Projektkonto einzieht.

Je nach Sender werden die Bürgschaftskosten nun gegen Rechnungstellung, inkl. Nachweis in Form der bankenseitigen Abrechnung, erstattet. Dies ist jedoch nicht bei allen Sendern der Fall (s. Abschn. 6.11) und individuell zu prüfen.

Zurück zur finalen Abrechnung der Postproduktion und der Erstellung des Schlusskostenstandes zu „Mord in Studio 1":

> **Mord in Studio 1**
> Tatsächlich wurden anstelle von vier veranschlagten Tagen die Farbkorrektur nur 3,5 Tage benötigt. Die finale Rechnung des Postproduktionshauses fällt somit 500 Euro niedriger aus, als erwartet. Doch eine Besserung des Kostenstands hat dies nicht zur Folge, da diese 500 Euro bereits für den Fremdsynchron aufgebraucht wurden.
>
> Wir sind folglich nun drauf und dran, den Kostenstand final mit einem Ergebnis von einer Unterschreitung in Höhe von 6000 Euro abzuschließen, da wir für etwaige Nachzügler behördlicher Rechnungen noch 1000 Euro aufgespart hatten. Diese könnten wir nun nullen. Doch – wie soll es anders sein – erreicht uns just in diesem Moment seitens des Haupthauses eine Info, dass tatsächlich noch Nachzügler-Kostenbescheide für Halteverbotszonen seitens des KVR München in Höhe von 457,50 Euro eingegangen sind. Nachdem diese von unserer verbucht wurden, schließen wir das Projekt „Mord in Studio 1" mit einem immer noch sehr guten Ergebnis – einer Unterschreitung in Höhe von 6542,50 Euro, und somit finalen NFK in Höhe von 1.502.891,46 Euro, zur Zufriedenheit aller Beteiligten ab. Das Projekt „Mord in Studio 1" steuert unserem Unternehmen somit einen Gesamtdeckungsbeitrag in Höhe von 217.108,54 Euro bei.

Anlage 1: Exemplarischer Herstellungsplan

Bei einem Herstellungsplan handelt es sich um das organisatorische Herzstück des gesamten Filmherstellungsprozesses. Im Gegensatz zum Drehplan enthält der Herstellungsplan alle wichtigen Meilensteine bis zur Ablieferung des finalen Filmprojekts beim Auftraggeber. In Abb. 18.1 finden Sie einen exemplarischen Herstellungsplan für einen klassischen TV-Movie, beginnend ab der redaktionellen Abnahme des Drehbuchs. Bei diesem Beispielplan wurden die Meilensteine im Rahmen der Endfertigung etwas ausführlicher beschrieben. Es steht Ihnen frei, hier kompaktere Varianten im Rahmen ihres Projekts zu erstellen. In der Praxis empfiehlt sich, gemeinsam mit dem jeweiligen Fachpersonal, kleinteiligere Pläne für die jeweiligen Projektstadien zu erstellen und diese als Grundlage für die Meilensteine im übergeordneten Herstellungsplan zu nutzen.

Exemplarischer Herstellungsplan – 1x90 min TV-Movie (Auftragsproduktion)

Meilenstein/Arbeitsschritt	Zeitpunkt	Anmerkung
Redaktionelle Abnahme Drehbuch	02.02.2021	
Kalkulationsverhandlung	09.03.2021 – 23.03.2021	1 Tag, spätestens 8 Wochen vor Drehbeginn. Kalkulation mind. 1 Woche vorher an Sender
Drehzeitraum:	20.04.2021 – 20.05.2021	23 Drehtage
Rohschnittabnahme:	02.07.2021	
	07.07.2021	
Technischer Synchron:	12.07.2021 – 23.07.2021	2 bis 3 Tage im genannten Zeitraum
Tonbesprechung	09.07.2021	
Sounddesign	12.07.2021 – 30.07.2021	
Beginn Komposition	12.07.2021	
Titeldesign + Titel setzen	12.07.2021 – 23.07.2021	3 bis 4 Tage im genannten Zeitraum
VFX	12.07.2021 – 27.08.2021	kontinuierliche Abnahme einzelne Shots finale Abnahme alle Shots spätestens 27.08.2021
Colour Grading	31.08.2021 – 03.09.2021	4 Tage
Grading-Abnahme:	06.09.2021	
Abnahme Komposition:	31.08.2021	Teil-Abnahmen kontinuierlich im Voraus
Mischung	07.09.2021 – 10.09.2021	
Mischungsabnahme:	13.09.2021	
Sende bandausspielung & Anlieferung	15.09.2021 – 16.09.2021	

Abb. 18.1 Exemplarischer Herstellungsplan. (Quelle: Eigene Darstellung)

Anlage 2: Exemplarischer Finanzierungsplan

19

Beim Finanzierungsplan handelt es sich um ein wichtiges Werkzeug im Bereich der Herstellungsleitung. Dieser Plan zeigt auf, aus welchen Quellen Sie für ihr Projekt finanzielle Mittel erhalten. Es empfiehlt sich, eine Statusspalte einzufügen, damit Sie auf einen Blick erkennen können, ob der jeweilige Finanzierungsbaustein verbindlich zugesagt ist oder unter Umständen noch wegbrechen oder geringer ausfallen könnte. Letzteres ist vor allem im Rahmen von Förderentscheidungen der Fall. Ein Finanzierungsplan wird aus diesem Grund im Rahmen der Finanzierungsphase meist mehrfach angepasst und dient als wichtiges Monitoring-Instrument im Hinblick auf die Schließung der Finanzierung eines Filmvorhabens. In Abb. 19.1 finden Sie einen exemplarischen Finanzierungsplan, bei dem alle Bausteine zugesagt und die Finanzierung somit geschlossen ist.

© Der/die Autor(en), exklusiv lizenziert an Springer Fachmedien
Wiesbaden GmbH, ein Teil von Springer Nature 2022
F. Post, *Film-Herstellungsleitung*,
https://doi.org/10.1007/978-3-658-38375-6_19

"Musterprojekt"			
Finanzierungsplan			
Finanzierungspartner	Art der Finanzierung	Betrag netto	Status
Sender			
Sender 1	Senderbeteiligung	1.800.000,00 €	zugesagt
Sender 2	Senderbeteiligung	300.000,00 €	zugesagt
Förderung			
Förderinstitution XY	Produktionsförerung/Darlehen	400.000,00 €	zugesagt
Weltvertrieb			
Weltvertrieb XY	Minimumgarantie	112.500,00 €	zugesagt
Eigenmittel			
Produzent	Eigenmittel	137.500,00 €	eingebracht
Gesamt		2.750.000,00 €	

Abb. 19.1 Exemplarischer Finanzierungsplan. (Quelle: Eigene Darstellung)

Anlage 3: Exemplarische Tagesdisposition

Die Tagesdisposition zeigt allen Filmschaffenden die wichtigsten Eckpunkte eines Drehtages kompakt auf. Neben der Uhrzeit des Drehbeginns können die Departments der Disposition ihren jeweiligen Arbeitsbeginn entnehmen. Außerdem wird ersichtlich, wie der Ablauf des Drehtages im Detail geplant ist. In Deutschland wird die Tagesdisposition in der Regel durch die 1. Aufnahmeleitung erstellt. Dies geschieht nach Rücksprache mit den einzelnen Gewerken innerhalb der Drehtage. Die Tagesdisposition wird den Filmschaffenden spätestens bei Drehende für den nächsten Drehtag ausgehändigt. In Abb. 20.1 finden Sie eine vereinfachte, exemplarische Tagesdisposition. Diese beschränkt sich auf die wesentlichen Eckpunkte und dient dazu, dass Sie einen groben Eindruck von den Inhalten erhalten. In der Praxis fällt die Tagesdisposition oft ausführlicher aus und wird durch diverse Elemente wie einer Gefährdungsbeurteilung oder einem Ausblick auf den übernächsten Drehtag ergänzt.

20 Anlage 3: Exemplarische Tagesdisposition

Set: Max Mustermann, Erika Mustermann, Egon Mustermann, etc.
Darsteller: Hauptdarsteller 1, Hauptdarsteller 2
Büro: PL, PL Assistenz, AL, SZB, FGF
Per Mail:, Dienstleister

Produktionsbüro Adresse:		
Muster GmbH ABC-Str.1 PLZ ORT mustermail@muster.de	*PRODUKTIONSTITEL*	Redaktion:Name Produktionsnummer: Produzent:Name Producer:Name Herstellungsleitung:Name Produktionsleitung:Name Regie:Name Kamera:Name Szenenbild:Name Kostümbild:Name

DISPOSITION DREHTAG 21
Tag, Datum

MOTIV	PERSONEN	ARBEITSBEGINN	MOTIV
MOTIV „Motivname" (aus Drehbuch) XYZ-Str.1 PLZ ORT Parken Technik und Basis Am Motiv laut Plan und Einweisung Motiv AL Achtung keine Stellplätze für private PKWS	Team am Set: 30 Darsteller: 2 KD/Komparsen: 5 Mittagessen: 40 Rettungsdienst: Notruf 110 oder 112 Ersthelfer: NAME Sicherheitsbeauftragter: NAME Arbeitssicherheitsb.: NAME Elektrofachkraft: NAME Brandschutzhelfer: NAME Wetter: wechselhaft min 15°C max 24°C SA: 06:29/ SU: 20:34 Fahrzeit zum Motiv PKW min 30 LKW min 35 20km	Motiv AL Set-AL Split Catering Frühstück ab Regie Kamera Kameraassistenz Licht Grip Ton/Script Maske Kostüm Ausstattung Requisite **DREHBEGINN** **MITTAGSPAUSE** **DREHSCHLUSS**	

SET-HANDY: 0176/2346xxxx

Bild	Stimmung Spieltag	Vorstopp	Motiv Synopsis	Rollen	Sonstiges
47	I/N abgeh. 2	1:10	BÜRO XY	14 / 16 /	Ausstattung: Fenster abgehängt für Nachtbild
20	I/T 2	0:50	BÜRO SXY	14 / 16	
28 T1	I/T 2	0:30	FLUR	14 / 16 /	
30	I/T 2	1:50	FOYER	14 / 16 /	
36	I/T	1:30	Tiefgarage	14 / 16 /	

Rollen	Name	Abholung	Ankunft	Kostüm	Maske	drehfertig an Basis	drehfertig am Set
14 Egon Müller	Max Mustermann						
16 Frauke Müller	Erika Mustermann						

Fahrer	Zeit	Abholung	Abholadresse	Ziel	Ankunft

Abb. 20.1 Exemplarische Tagesdisposition. (Quelle: Eigene Darstellung)

Anlage 4: Exemplarischer Tagesbericht

Der Tagesbericht ist eine kompakte Zusammenfassung eines Drehtages und stellt ein wichtiges Controllingwerkzeug während der Dreharbeiten dar. Er zeigt auf, ob alle Bilder wie geplant gedreht wurden und gibt darüber hinaus Aufschluss darüber, wie häufig ein Bild gedreht werden musste, bis es technisch und inhaltlich einwandfrei aufgenommen wurde. Auf Basis dieser Informationen lässt sich auch das Drehverhältnis errechnen. Ferner sind dem Tagesbericht auch besondere Vorkommnisse wie beispielsweise Unfälle am Set, Schäden an Technik und Motiven oder aber auch diverse andere, unvorhergesehene Ereignisse am Drehort zu entnehmen. Ein weiteres, wichtiges Element des Tagesberichtes ist die Anzahl der Drehtage der jeweiligen Schauspieler. Diese werden im Tagesbericht kontinuierlich aufsteigend erfasst und stellen einen wichtigen Faktor für die finale Abrechnung der Schauspieler dar. Außerdem wird aus den Tagesberichten ersichtlich, ob an einem Drehtag Überstunden angefallen sind. Für den Produktionsleiter stellt das im Tagesbericht erfasste offizielle Drehende einen wichtigen Faktor für den Abgleich mit den später eintreffenden Stundennachweisen aller Filmschaffenden dar.

Die Tagesberichte werden auch an den auftraggebenden Sender geschickt, wobei Sie im Vorfeld der Dreharbeiten mit den dort verantwortlichen Personen klären sollten, in welchem Rhythmus dies gewünscht ist. Ferner stellen die Tagesberichte im Falle eines Versicherungsfalls ein wichtiges Dokument für Gutachter dar, weshalb ein besonderes Augenmerk darauf zu richten ist, dass diese vollständig und mit allen relevanten Informationen ausgestattet, erstellt werden. In Abb. 21.1 finden Sie eine vereinfachte Darstellung eines exemplarischen Tagesberichts (Abb. 21.2).

© Der/die Autor(en), exklusiv lizenziert an Springer Fachmedien
Wiesbaden GmbH, ein Teil von Springer Nature 2022
F. Post, *Film-Herstellungsleitung*,
https://doi.org/10.1007/978-3-658-38375-6_21

21 Anlage 4: Exemplarischer Tagesbericht

Tagesbericht Nr.: 1		Datum: xx.xx.2022	
Prod.-Titel:	Mord in Studio 1	Produktionsfirma:	XYZ GmbH
		Projekt-Nr:	XYZ

Motive:	1.1.) Studio 1
Drehorte:	Fantasiestr.12, 80805 München

Anwesende Darsteller		Gedrehte Einstellungen			
(x) = nicht gedreht	( ) = Drehtagszahl Darsteller	() = Anzahl Kameras		W = Wiederholung	
Herren	Damen	Z = Zusatz		(1:1) = Take : Kopierer	
14 Max Mustermann (1) *abgedreht	16 Klara Musterfrau (1)	20 (1) 1 (4:1)	28 (1) 1 (3:1)	30 (1) 1 (2:1) 2 (1:1) 3 (1:1) 4 (5:1) 5 (2:1) 6 (1:1) 7 (3:1)	36 (1) 1 (3:2) 2 (1:1) 3 (1:1) 4 (4:2)
		47 (1) 1 (4:1) 2 (1:1) 3 (1:1) 4 (1:1) 5 (3:2)			
				Anzahl Einstellungen:	18
				Anzahl Einstellungen Gesamt:	18

Heute gedrehte Szenen					Szeneninformation	
Szene (✓ = abgedreht)	Seiten	VS	DS	Differenz	Heute Abgedreht:	30, 36, 47
20 (offen)	0	00:45	00:35	-00:10	Heute Angedreht:	20, 28
28 (offen)	0	00:35	00:50	+00:15	Heute Gestrichen:	
30 (✓)	0	01:50	02:10	+00:20	Heute Wiederholt:	
36 (✓)	0	01:30	01:45	+00:15	Heute Zusatz:	
47 (✓)	0	01:10	01:20	+00:10	Heute Geplant:	
Gesamt	0	05:50	06:40	+00:50	Heute Nicht Gedreht:	
					Angedreht Gesamt:	20, 28
					Gestrichen Gesamt:	
					Wiederholung Gesamt:	
					Zusatz Gesamt:	
					Gedreht, aber nicht geplant:	20, 28, 30, 36, 47
					Nicht Gedreht Gesamt:	

Einstellungen							
#1: 20/1	#2: 28/1	#3: 30/1	#4: 30/2	#5: 30/3	#6: 30/4	#7: 30/5	#8: 30/6
#9: 30/7	#10: 36/1	#11: 36/2	#12: 36/3	#13: 36/4	#14: 47/1	#15: 47/2	#16: 47/3
#17: 47/4	#18: 47/5						

Sonstiges Personal				Materialverbrauch					
Beleuchter	4	Data Wrangler	1		Materialzeit	Kopierzeit	GB ges	Clips:	Ton:
Drehbühne	2	Garderobe	2	Heute:	00:00:00	00:00:00	0	42	0
Kamera	1	Kameraassistenz	2	Bisher:	00:00:00	00:00:00	0	0	0
Kostümbild	1	Maske	2	Ges.:	00:00:00	00:00:00	0	42	0
Oberbeleuchter	1	Standfotograf	1						
Steadicam		Stunt							
Szenenbild	2	Ton	1						
Tonassistent	1	Komparsen	12						

Abb. 21.1 Exemplarischer Tagesbericht Seite 1. (Quelle: Eigene Darstellung)

21 Anlage 4: Exemplarischer Tagesbericht

Arbeitszeiten				Zeitablauf	
	Beleuchter	Kamera	Ton	Arbeitszeit	Drehzeit
Beginn:	07:30	08:00	08:00	Beginn: 08:00	09:30
Ende:	00:00	16:00	16:00	Ende: 16:00	15:30
Pausen:	00h 45m	00h 45m	00h 45m	Gesamt: 07h 15m	05h 15m
Gesamt:	-08h 15m	07h 15m	07h 15m	1. Pause	
				Beginn: 12:00	
	Drehbühne	Maske	Garderobe	Ende: 12:45	
Beginn:	08:00	07:00	08:00	Gesamt: 00h 45m	
Ende:	00:00	00:00	00:00	Erste Klappe: 00:00	
Pausen:	00h 45m	00h 45m	00h 45m		
Gesamt:	-08h 45m	-07h 45m	-08h 45m		

Statistik		Karten	
Drehverhältnis Heute (DS):	1:0,00	Kamerakarten	Cam A: A002, A003
Drehverhältnis Ges. (DS):	1:0,00		
Drehverhältnis Heute (VS):	1:0,00	Soundkarten	
Drehverhältnis Ges. (VS):	1:0,00		
Kopierverhältnis Heute:	1:0,00		
Kopierverhältnis Ges.:	1:0,00		

Drehübersicht	Gesamt			
	Szenen	Seiten	VS	DS
Laut Buch	69	0	1:31:20	1:28:00
Heute Gedreht	3	0	0:05:15	0:05:50
Bisher Gedreht	0	0	0:00:00	0:00:00
Gesamt	3	0	0:05:15	0:05:50
Gestrichen (Gesamt)	0	0	0:00:00	0:00:00
Zusatz (Gesamt)	0	0	0:00:00	0:00:00
Noch zu drehen (VS)	66	0	1:26:05	
Noch zu drehen (Bis Sendeläng)			1:22:45	1:22:10
Drehstand				1:31:55
Alternativer Drehstand				0:00:00

	Vorbau	Umbau/ Ein-leuchten	Abbau	Vor-proben	Atelier Dreh	Außen-dreh	Gesamt-dreh	Mischen	Synchro-nisation	Ge-räusche	Musik
					Stand nach Tagen						
Veranschlagt							23				
Heute							1				
Bisher							0				
Noch offen							22				

Erläuterungen

Zusatzequipment:
Spielfahrzeuge: Porsche GTS
Personal: Tiertrainer

Für die Richtigkeit der obigen Angaben:

Ort: Datum: Produktionsleitung: Aufnahmeleitung:

Anlage zum Tagesbericht Nr. 1   Datum: xx.xx.2022

Zeitübersicht	
Sendelänge	01:28:00
Buchvorstopp	01:31:20
Heute	00:05:50
Bisher	00:00:00
Gesamt	00:05:50
Noch zu drehen	01:26:05

Bildübersicht	
Laut Buch	69
Heute	3
Bisher	0
Gesamt	3
Gestrichen	0
Noch zu drehen	66

Abb. 21.2 Exemplarischer Tagesbericht Seite 2. (Quelle: Eigene Darstellung)

Anlage 5: Erläuterung der gängigsten Filmberufe

In dieser Anlage sollen Ihnen die Kernaufgaben der einzelnen Filmberufe, welche Sie im Organigramm in Kap. 3 vorfinden, erläutert werden. Die jeweiligen Definitionen und Job-Beschreibungen stammen aus Broschüren und Webseiten von Berufsverbänden, Ausbildungsinitiativen sowie diversen Fachartikeln. Wie bereits in Kap. 3 erwähnt, existiert bei internationalen Projekten eine andere Teamstruktur, welche unter anderem auch zusätzliche Berufsbilder umfasst, die im deutschsprachigen Raum unüblich sind. Die nachfolgenden Ausführungen beziehen sich jedoch explizit auf die Berufsbilder im deutschsprachigen Raum.

Alleine mit den theoretischen Definitionen und Beschreibungen der Berufsbilder könnte man ganze Kapitel füllen. Nicht zuletzt, da diese stellenweise fachlich sehr in die Tiefe gehen. Da es sich bei diesem Buch jedoch um einen Praxisleitfaden handelt, der das „große Ganze" vermitteln soll, wurden die Beschreibungen stellenweise gekürzt oder meinerseits mit Anmerkungen versehen, sodass sie für ein generelles Grundverständnis sorgen, ohne sich dabei im Detail zu verlieren. Dies soll keinesfalls als eine bewusste Auf-oder Abwertung einzelner Berufsbilder gewertet werden. Am Ende dieser Anlage finden Sie die detaillierten Quellenangaben, mittels welcher Sie sich bei tiefergehendem Interesse ausführlicher über die jeweiligen Berufsbilder informieren können.

Aufnahmeleitung/1. Aufnahmeleitung:

> „Erste Aufnahmeleiter:innen, auch 1. AL genannt, sind der Produktionsleitung direkt unterstellt, arbeiten aber weitgehend eigenständig und tragen viel Verantwortung. Sie planen und organisieren Dreharbeiten unter Berücksichtigung zeitlicher, örtlicher, finanzieller und dramaturgischer Rahmenbedingungen, die sie vorab ausführlich mit Produktionsleitung und Regie besprechen. Sie entwickeln Drehpläne und

Tagesdispositionen gemeinsam mit der Regieassistenz, erstellen Reisepläne in Zusammenarbeit mit der Produktionsassistenz und koordinieren die verschiedenen Gewerke und Arbeitsschritte." (Brunk et al. 2022 S. 26)

Außenrequisite

„Die Aufgabe der Außenrequisite besteht in der Recherche und Beschaffung der zur szenischen Ausstattung eines Filmes benötigten Einzelteile. Szenenbilderinnen geben den Look der einzelnen Räume/Szenen vor, sowie Möblierungs- und Dekorationsvorschläge, die Außenrequisite organisiert die dafür notwendigen Gegenstände. Das für Requisiten auszugebende Budget wird gemeinsam erstellt und von der Außenrequisite ständig überwacht. Ihr allein obliegt die organisatorische Abwicklung der Requisitenbeschaffung." (VSK 2021)

Baubühne

„Der|Dem Leiter|in der Baubühne untersteht die Umsetzung aller Bauten. Sie|er ist direkter Ansprechpartner|in für Szenenbildner|innen, viele Detailfragen in der Durchführung werden gemeinsam entwickelt und budgetiert. Sie verantworten die Materialbeschaffung und zeitgemäße Fertigstellung aller Filmbauten." (VDK 2021)

Dem Leiter der Baubühne sind meist diverse Baubühnenarbeiter unterstellt, die die Bauten unter seiner Anleitung anfertigen.

Datawrangler

Sofern das Datenmanagement nicht vom DIT übernommen wird, erstellt er technisch identische Kopien der Kamera-Originaldaten auf mehrere, eigenständige und geeignete Datenträger und führt eine Check-Summen-Überprüfung sowie eine Sichtung in Echtzeit der Kopien durch. Auch die Materiallogistik, z. B. zur Übergabe der Aufnahmen an die Postproduktion, gehört zur Aufgabe des Datawranglers (SSVF 2021b).

Filmgeschäftsführer

„Filmgeschäftsführer:innen sind in einem zentralen Bereich der Bewegtbildproduktion tätig, ohne den Kinofilme, Serien oder große TV-Shows nicht zustande kommen würden: die Finanzierung und Buchhaltung. Sie arbeiten mit der Produktionsleitung eng zusammen. In ihren Verantwortungsbereich fällt auch die korrekte Finanz- und Lohnbuchhaltung der Produktion. Die Filmgeschäftsführung ist bei der Verwaltung des Produktionsbudgets und der Beantragung von Fördergeldern beteiligt und für die ordnungsgemäße Zuordnung der Kosten zuständig. Auch die Kostenkontrolle durch die Buchung von Belegen und die Erstellung von Kostenständen fällt in ihren Aufgabenbereich. Sie ermittelt den Finanzbedarf und gewährleistet eine zuverlässige Begleichung offener Rechnungen. Filmgeschäftsführer:innen sind außerdem für die Auszahlung der Gagen und Honorare zuständig." (Brunk et al. 2022 S. 34)

Garedrobier(e)
Wird heutzutage auch als „Setkostüm" bezeichnet.

„Das Setkostüm (vormals Garderobiere) verwaltet alle benötigten Kostüme während der Dreharbeiten. Es ist verantwortlich für deren sorgfältige Handhabung, Pflege und Reperatur und sorgt dafür, dass jedes Kostüm rechtzeitig am gewünschten Drehort für die Schauspieler|innen bereitliegt". (VSK 2021)

Herstellungsleiter
Der Herstellungsleiter ist einem oder mehreren Produktionsleitern direkt vorgesetzt. Er ist meist fest angestellt und verantwortet alle Produktionsaktivitäten des Unternehmens. Im Gegensatz zum meist temporär beschäftigten Produktionsleiter ist er schon in einem sehr frühen Projektstadium mit der finanziellen Projektplanung betraut. Er verantwortet und koordiniert gemeinsam mit den Produzenten die Finanzierung von Projekten, indem er Budgetgespräche mit Sendern und sonstigen Auftraggebern führt, Fördermittel beantragt und zusätzliche Finanzierungsquellen (z. B. tax rebates) prüft und gegebenenfalls in die Finanzierung einfließen lässt. Eine weitere, übergeordnete Aufgabe des Herstellungsleiters ist die enge Zusammenarbeit mit der Hauptbuchhaltung sowie das Bankenreporting im Hinblick auf die Gewährung von Bürgschaften und Zwischenfinanzierungen seitens der Bank. Letzteres wird in großen Unternehmen, die über mehrere Herstellungsleiter verfügen, manchmal auch von kaufmännischen Leitern/CFOs übernommen.

Das Tätigkeitsfeld des Herstellungsleiters umfasst somit neben kaufmännisch-organisatorischen Aufgaben auch strategische Überlegungen, die zur Realisierung eines Projekts beitragen können. Disziplinarisch ist er allen projektbezogen beschäftigten Filmschaffenden vorgesetzt, wobei er die Leitung der einzelnen Filmteams dem jeweiligen Produktionsleiter zu Beginn seiner Beschäftigungsaufnahme überträgt. In der heißen Vorbereitungsphase sowie während des Drehs agiert der Herstellungsleiter somit mehr im Hintergrund des jeweiligen Einzelprojekts. Dabei wird er stets vom Produktionsleiter über den Projektverlauf unterrichtet (allgemeines Reporting, wöchentliche Kostenstände). In den Drehverlauf schreitet der Herstellungsleiter in der Regel nur bei gravierenden Problemen oder schwerwiegenden Konflikten ein, die den reibungslosen Fortgang des Projekts gefährden könnten. Nach Abschluss der Dreharbeiten der Einzelprojekte bekommt er die Projekte wieder vom Produktionsleiter zurückübertragen und verantwortet diese bis zur Ablieferung des fertigen Sendefiles.

Im Zeitalter von hochbudgetierten High End Serien kann es vorkommen, dass ein Herstellungsleiter ebenfalls nur projektbezogen und für ein Großprojekt angestellt wird oder das ein festangestellter Herstellungsleiter einen weiteren Herstellungsleiter mit diesen übergeordneten Tätigkeiten betraut, da die für Ihn selbst die Ausübung dieser aufgrund des hohen Projektvolumens kapazitär nicht zu bewerkstelligen ist.

Kamera (lichtsetzend)
Wird in der Praxis oft auch als DOP – Director of Photography – bezeichnet.

„Kamerafrauen und -männer sind bei Bewegtbildproduktionen für die Bildgestaltung sowie die Bildaufnahme verantwortlich. In Absprache mit der Regie entscheidet der Director of Photography (DoP) als Leitung des Kamerateams vor Drehbeginn über die visuelle Umsetzung des Drehbuchs. Hierzu werden Ideen zur visuellen Gestaltung, Kameraführung und Beleuchtung erarbeitet und Vorgespräche mit Szenen-, Kostüm- und Maskenbild geführt. Mit der Produktionsleitung erfolgen Abstimmungen zu Budget, Technik- und Personalbedarf." (Brunk et al. 2022 S. 21)

Kamera-Assistenz

„Der Kameraassistent führt alle für den technischen Betrieb der Kamera und die Realisierung der Bildführung relevanten Arbeiten durch. Er ist für Ausrüstung und Handhabung der Kamera zuständig, installiert die Objektive, setzt Filter ein, zieht die Schärfe und kontrolliert die Laufgeschwindigkeit der Kamera." (von Harpen 2022)

Kamerabühne
Diese Position wird vielerorts auch als „Gripper" bezeichnet.

„Er ist verantwortlich für den Aufbau sämtlicher Arten der Kamerabühne, dafür das alles gerade aufgebaut wird und alle Sicherheitsvorschriften eingehalten werden. Ihm unterstellt ist der Kamerabühnenassistent (Zweite Kamerabühne). Den Bereich Kamerabühne umfassen alle Dinge, an denen eine Kamera befestigt werden kann. Hierzu gehören Stative, Kamerawagen (Dollies), Kamerakräne, Kamerabefestigungssysteme für Autos, Flugzeuge, Schiffe, Hubschrauber, spezielle Kamerafahrzeuge oder Seilkonstruktionen wie z. B. Spidercam." (Movieki 2008).

Kostümbild

„Ein Drehbuch enthält zunächst nur im Wort aufgeführte, oft fiktive Personen; erst die schöpferische Fantasie der Kostümbildners kleidet sie in ein Kostüm und lässt damit die Zeit, das Milieu, den sozialen Status, die Befindlichkeit der Filmfigur erstehen." (VSK 2021)

Kostümbild-Assistenz

„Die Kostümbild-Assistenz wirkt nach Anweisung der Kostümbildner|innen – ausführend, weiterführend, unterstützend und oft auch eigenverantwortlich mit an der Planung, Ausführung und Organisation der Kostüme. Sie sollten in Abwesenheit der|s Kostümbildner|in selbstständig Entscheidungen treffen und mit der Regie klären können." (VSK 2021)

Locationscout

„Der|Die Locationscout sucht nach geeigneten Drehorten für einen Film nach den Maßgaben der Szenenbildner|innen. Sie|er legt Fotos der gefundenen Orte den Szenenbildner|innen vor und organisiert die Begehung der ausgewählten Motive im kleinen Rahmen (Szenenbild + Regie), bei Gefallen werden alle zur Vertragsverhandlung notwendigen Daten an die Aufnahmeleitung weitergeben." (VDK 2021)

In der Praxis kommt es häufig vor, dass Location Scouts auch schon grobe Vorgaben im Hinblick auf das Budget für einzelne Motive genannt bekommen, damit Sie im Vorfeld die seitens des Motivgebers avisierte Motivmiete abfragen können.

Maskenbild

„Der Maskenbildner ist für das Aussehen von Haut und Haaren der Schauspieler verantwortlich. Seine Schminke kann dazu beitragen, die natürliche Schönheit eines Gesichts möglichst perfekt zum Ausdruck zu bringen, körperliche Mängel zu kaschieren, aber auch – beim Spezialeffekt-Make-up – einen Menschen hinter Latex und Prothesen verschwinden zu lassen und ihn in ein Monster, einen Alien oder ein anderes fremdes Wesen zu verwandeln." (Hevemeyer 2021)

Bei größeren Filmprojekten gibt es einen Chef-Maskenbilder, welcher für den Gesamtlook verantwortlich ist und der sich im Vorfeld der Produktion eng mit Regie und Kamera abstimmt und die daraus gewonnenen Erkenntnisse an die weiteren Maskenbildner in einem fachlichen Briefing weitergibt.

Materialassistenz

Die Bezeichnung „Materialassistenz" wird zwar noch häufig verwendet, jedoch haben sich in den letzten Jahren auch Definitionen wie „2. Kameraassistenz" oder „Clapper Loader" etabliert.

„Die für den außenstehenden wohl sichtbarste und bekannteste Aufgabe der Materialassistenz ist das Vorbereiten und Schlagen der Klappe am Set, wenngleich zu betonen ist, dass dies nur einen Bruchteil des Tätigkeitsfeldes darstellt. Die wichtigste

Aufgabe des Zweiten Kameraassistenten besteht in der Verwaltung und Organisation des Gerätepools. Darüber hinaus unterstützt der Zweite den Ersten Kameraassistenten/Focus Puller in allen handwerklich- technischen und organisatorischen Belangen, insbesondere beim Einstellen der Schärfe. Bei Aufnahme auf Film kommt dazu die Handhabung und Verwaltung des Rohfilmmaterials respektive des belichteten Negativs." (BVK 2018)

Motivaufnahmeleitung

„Motiv-Aufnahmeleiter:innen kümmern sich in erster Linie um das Motiv- Management, also die Logistik der Drehorte von der Vorbereitung bis zur Abwicklung, indem sie beispielsweise Drehgenehmigungen einholen und Absprachen mit den Motivgeber:innen treffen." (Brunk et al. 2022 S. 26)

In den meisten Fällen ist der Motivaufnahmeleiter auch für die Verhandlung von Motivmieten-und Verträgen verantwortlich. Er berichtet direkt an den 1.Aufnahmeleiter.

Oberbeleuchter + Beleuchter

„Der Oberbeleuchter ist der verantwortliche Lichttechniker. Er setzt mit seinem Team die Lichtvorstellungen des Kameramannes/der Kamerafrau technisch und gestalterisch um. Der Oberbeleuchter ist der Ansprechpartner des Kameramannes/der Kamerafrau. Er koordiniert die Arbeit in seinem Beleuchterteam." (SSVF 2021a)

Das Beleuchterteam besteht, je nach Projektgröße, neben dem Oberbeleuchter aus zwei bis drei Beleuchtern sowie einer Lichthilfe, welche widerrum den Beleuchtern zuarbeitet. Bei besonderen Projekten und Erfordernissen kann das Beleuchterteam auch größer ausfallen oder bei erschwerten Dreharbeiten temporär durch Zusatzbeleuchter ergänzt werden.

Produktionsleiter

„Produktionsleiter:innen managen Bewegtbildprojekte in wirtschaftlicher und organisatorischer Verantwortung. In der Vorbereitungszeit erstellen sie anhand des Drehbuchs oder eines inhaltlichen Konzepts eine Kostenkalkulation sowie einen Drehplan, der den Ablauf der Dreharbeiten festlegt. Zudem sind sie maßgeblich an der Zusammenstellung des Produktionsteams und der Aufgabenverteilung beteiligt. Sie überwachen die gesamte Produktion hinsichtlich des finanziellen und organisatorischen Rahmens, ohne dabei das künstlerische Ergebnis aus dem Blick zu verlieren." (Brunk et al. 2022 S. 54).

Ein weiterer, wesentlicher Aufgabenbereich zu Beginn des Projektes ist die Zusammenstellung und vertragliche Verhandlung aller Teammitglieder nach Rücksprache mit den HODs. Der Produktionsleiter berichtet direkt an den Herstellungsleiter und/oder (sofern kein Herstellungsleiter vorhanden ist) den Produzenten.

Produktionskoordination (Produktionsassistenz)/Produktions-Sekretariat
Die Produktionskoordination (teilweise auch Produktionsassistenz genannt) unterstützt den Produktionsleiter im Tagesgeschäft. Sie übernimmt oft organisatorische Teilaufgaben wie etwa die Koordination der Produktionsabläufe, das Erstellen von Einsatzplänen (Anm.: z. B. Dispos), die Reiseplanungen und -buchungen (Anm.: Hotels, Flüge, Mietwagen, etc.) oder das Berichtswesen (Anm.: z. B. finalisieren und Versand der Tagesberichte) (Brunk et al. 2022 S. 54).

Außerdem ist die Produktionskoordination mit der Ausfertigung und dem Versand der Cast-und Stabverträge betraut. In vielen Fällen wird diese Position als „gute Seele der Produktion" bezeichnet, da sie für alle Filmschaffenden, Schauspieler, Agenturen sowie Dienstleister der erste Ansprechpartner auf Produktionsseite ist.

Bei größeren Filmprojekten wird seitens des Produktionsleiters neben der Produktionskoordination noch ein(e) Produktions-Sekretär(in) eingestellt, welche die Produktionskoordination in Verwaltungsaufgaben (Schriftverkehr, Vertragsausfertigung-und Versand, u. a.) entlastet.

Produktionsfahrer

„Der Produktionsfahrer erledigt in eigener Verantwortung Personen- und Materialtransporte im Auftrag der Produktion. Er ist vertraut mit demLenken von kleinen und großen Fahrzeugen. Während den Dreharbeiten bringt der Produktionsfahrer die Darsteller und gelegentlich auch das Team an den Drehort gemäß Disposition." (Schedl 2021)

Produzent

„Der Filmproduzent entscheidet (nicht alleine), welche Filme realisiert werden sollen und ob es sich lohnt, für ein bestimmtes Thema, eine Idee und eine Geschichte zu kämpfen. Er muss abwägen, ob ein Film Zuschauer anziehen wird, wie viel Geld er kosten wird und woher das Budget kommen soll. Ist seine Entscheidung für einen Film gefallen, spricht der Produzent mit Redakteuren, Referenten von Filmförderungen, Geldgebern und wichtigen Stabmitgliedern, die an der Umsetzung beteiligt sein sollen. Der Produzent trägt in allen Phasen der Filmproduktion, von der Finanzierung, der Projektentwicklung über den Dreh bis zur Postproduktion und Vermarktung die finanzielle Verantwortung." (Eckert 2014)

Im Rahmen der Stoffentwicklung gilt die inhaltliche Zusammenarbeit mit Autoren zur wichtigsten Aufgabe des Produzenten. Von der ersten Idee, über das Exposé und/oder Treatment bis hin zum kurbelfertigen Drehbuch wird seitens des Produzenten sehr eng mit dem Autor zusammengearbeitet. Dieser wird aus produzentischer Sicht gebrieft und im Rahmen von Drehbuchbesprechungen werden inhaltlich/dramaturgische Anmerkungen, sofern Einigkeit darüber zwischen Autor und Produzent herrscht, seitens des Autors in die weiteren Drehbuchfassungen eingearbeitet. In der Praxis wird zwischen klassischen Produzenten und ausführenden Produzenten unterschieden, im amerikanischen System existieren meist noch weitere produzentische Positionen.

Regie

„Der Regisseur ist die ausführende künstlerische Kraft hinter der Produktion. Er hat bereits zu Beginn genaue Ideen zur Umsetzung des fertigen Werkes und ist zuständig für gestalterische Aspekte im Film, wie zum Beispiel Dramaturgie, musikalische bzw. visuelle Inszenierung, Auswahl der Darsteller, Schauplätze, Kostüme und Requisiten. Die Regie arbeitet am Set eng mit der Kamera zusammen." (MDR 2019)

Regie-Assistent (Erste Regie-Assistenz/Zweite Regie-Assistenz)

„Die Erste Regieassistenz ist der engste Mitarbeiter der Regie. Sie steht der Regie zur Seite und vertritt sie gegebenenfalls. Sie unterstützt die Regie bei der Umsetzung ihrer gestalterischen Konzeptionen. Innerhalb dieses Rahmens fallen ihr eigenverantwortliche Aufgaben und Tätigkeiten im organisatorischen, künstlerischen und technischen Bereich der Produktion zu.

Während der Dreharbeiten gehören u. a. folgende Tätigkeiten zu den Kernaufgaben der Regie-Assistenz:

Erstellung eines konkreten Zeitablaufplans für den einzelnen Drehtag als Grundlage für die Tagesdisposition durch die Aufnahmeleitung. Überprüfung und Freigabe der Disposition aller Gewerke für den folgenden Drehtag. Koordination des Drehablaufs am Set: Erstellung einer Drehreihenfolge i.A. mit Regie, Kamera, die an alle am Dreh beteiligten Kollegen und Darsteller durch die Setaufnahmeleitung kommuniziert wird." (BVR 2021)

Bei größeren Projekten – insbesondere bei Produktionen mit vielen Komparsen- gibt es neben der ersten Regieassistenz noch eine zweite Regieassistenz. Die zweite Regieassistenz unterstützt die erste Assistenz in der Vorbereitungszeit und am Set nach deren Vorgaben. Während des Drehs gehören u. a. folgende Tätigkeiten zu den Kernaufgaben der zweiten Regie-Assistenz: Komparseninszenierung in Zusammenarbeit mit der ersten Assistenz, Komparsenbriefing, Aktualisierung der Komparsenlisten bei Umstellung des Drehplans (BVR 2021).

Requisitenfahrer

„Requisitenfahrerlinnen sorgen unter der Anleitung der Außenrequisite oder Requisite für den rechtzeitigen und heilen Transport der am Set benötigten Gegenstände vom und zurück zum Beschaffungsort." (VDK 2021)

Script/Continuity

„Der Beruf des Script/Continuity besteht aus zwei Kernaufgaben. Erstens in der Gewährleistung der Kontinuität. Um die Film-Illusion für den Zuschauer aufrecht zu erhalten, müssen einzelnen Einstellungen eines Films übereinstimmen. Zweitens in der Protokollierung aller Angaben, die der Cutter später im Schnitt zu den aufgenommenen Filmbildern haben muss." (Olsson 2022)

Set-Aufnahmeleitung (Set-AL)/Set-Aufnahmeleitungsassistenz/Set Runner

„Die Set-Aufnahmeleitung ist die Stellvertretung der Aufnahmeleitung am Set. So koordiniert die Aufnahmeleitung am Set alle organisatorischen Abläufe während der Dreharbeiten. (Movie College 2021). Sie arbeitet eng mit der Regieassistenz zusammen. Dabei leitet sie einen bedarfsgerechten Stab bestehend aus der Set-Aufnahmeleitungsassistenz und sogenannten Set-Runnern." (Brunk et al. 2022 S. 26)

Die Assistenzen und Runner arbeiten dabei auf Anweisungen des Set-Aufnahmeleiters und übernehmen dabei alle anfallenden organisatorischen Aufgaben am Set, die für einen reibungslosen Ablauf der Dreharbeiten von Nöten sind.

Set-Requisite

Früher auch unter „Innenrequisite" geführt.

„Die Aufgabe der|s Setrequisiteur|in besteht darin, die während des Drehs benötigten Requisiten zu betreuen. Die Aufgabe der|s Setrequisiteur|in ist die szenische Betreuung der einzelnen Dekorationen während des eigentlichen Drehvorgangs in Abstimmung mit der Regie, dem Szenenbild, der Außenrequisite und der Kamera, sowie allen damit verbundenen Vorbereitungsarbeiten. Sie|er ist außerdem im Bereich Einrichtung und Requisite für die Sicherstellung aller Anschlüsse verantwortlich." (VSK 2021)

Szenenbild

„Hierbei handelt es sich um die künstlerisch und konzeptionell eigenverantwortlichen Gestalter des räumlich-visuellen Erscheinungsbilds eines Filmwerks. Durch die von ihnen in Szene gesetzten Landschaften, Räume und Gegenstände verbildlichen die einer Geschichte innewohnenden Emotionen. Das Tätigkeitsfeld von Szenenbildnern umfasst alle Bereiche der Gestaltung szenischer Räume in Film und Fernsehen." (VSK 2021)

Tonmeister

„Der Tonmeister ist dafür verantwortlich, dass am Drehort ein authentischer Ton zum Bild aufgezeichnet werden kann. Seine Arbeit umfasst also die Gestaltung der akustischen Bedingungen am Drehort und die Wahl der erforderlichen technischen Mittel." (Lucke et al. 2015)

Ton-Assistenz

„Der Originaltonassistent (englisch: „boom operator", französisch: „perchman") ist zusammen mit dem Originaltonmeister für die Sprach- und Geräuschaufnahmen am Set zuständig. Schwerpunkt der Arbeit ist in der Regel das Führen und Nachführen des an einer „Angel", einer ausfahrbaren Stange (englisch: „boom"), befestigten Mikrofons." (Lucke et al. 2015).

Video Operator

„Der Video Operator ist jene Person am Set, die die von der Filmkamera kommende Videoausspiegelung der Aufnahmen betreut und für das Team verfügbar hält." (Lucke et al. 2015)

Literatur

Brunk, L. Geschke, M. Müller, J Steußloff, W. „Career Guide Film 2022. Arbeit und Ausbildung für Kino, Streaming und TV".

BVK (2018) „Berufsbild: Zweite Kameraassistenz". https://www.crew-united.com/downloads/Berufsbilder_BVK_2018_Zweite_Kameraassistenz.pdf. Abgerufen am 19.03.2022

BVR (2021) „Regieassistenz". https://www.regieverband.de/node/439. Abgerufen am 19.03.2022

Eckert, K. (2014) „Wissensdurst. Wer was beim Film macht". https://www.tagesspiegel.de/berlin/wissensdurst-wer-was-beim-film-macht/10770394.html. Abgerufen am 19.03.2022

Harpen, J. von (2022) „Kameraassistent". https://filmlexikon.uni-kiel.de/doku.php/k:kameraassistent-8112. Abgerufen am 19.03.2022

Hevemeyer, K. (2021) „Die Aufgabe des Maskenbildners". https://www.vierundzwanzig.de/de/filmbildung/maskenbild/. Abgerufen am 19.03.2022

Lucke, P. von Rüdell, C. Voigt-Müller, E. (2015) „Kameramann, Operator & Co: Berufe rund um die Kamera". https://www.filmundtvkamera.de/branche/kameramann-operator-co-berufe-rund-um-die-kamera/. Abgerufen am 19.03.2022

Lucke, P. von Rüdell, C. Voigt-Müller, E. (2015) „Tonmeister & Tonassistent: Berufe rund um den Ton". https://www.filmundtvkamera.de/branche/tonmeister-tonassistent-berufe-rund-um-den-ton/. Abgerufen am 19.03.2022

MDR (2019) „Schon gewusst? Das sind die Aufgaben der einzelnen Gewerke am Set". https://www.mdr.de/machmal/beschreibung-gewerke-100.html. Abgerufen am 19.03.2022

Literatur

Movie College (2021) „Set Aufnahmeleitung". https://www.movie-college.de/filmschule/ausbildung/berufsbilder/set-aufnahmeleitung. Abgerufen am 19.03.2022

Movieki (2008) „Erste Kamerabühne". https://sites.google.com/site/moviekimovieki/Home/Jobs/crew/erste-kamerabuhne. Abgerufen am 19.03.2022

Olsson, C.P. (2022) „Adlerauge mit Elefantengedächtnis am Filmset: Script/Continuity als Beruf". https://filmpuls.info/berufe-beim-film-script-continuity/. Abgerufen am 19.03.2022

Schedl, G. (2021) „Produktionsfahrer/Runner". http://www.filmsupport.at/download_Seiten/download/PRODUKTIONSFAHRER.pdf. Abgerufen am 19.03.2022

SSVF (2021a) „Berufsbild Chefbeleuchter". https://www.ssfv.ch/?action=get_file&language=de&id=105&resource_link_id=162. Abgerufen am 19.03.2022

SSVF (2021b) „Berufsbild Data Wrangler/Datenassistent". https://www.ssfv.ch/?action=get_file&language=de&id=105&resource_link_id=153. Abgerufen am 19.03.2022

VSK (2021) „Berufe". https://www.v-sk.de/home. Abgerufen am 19.03.2022

Glossar

Aval Anderer Begriff für „Bürgschaft", welcher überwiegend im Bankenwesen üblich ist.

Beistellung Finanzielle Zusage eines Senders, bestimmte Bestandteile oder Dienstleistungen, losgelöst vom verhandelten Budget auf eigene Rechnung in das Projekt einzubringen. Dies kann z. B. eine unentgeltliche Nutzung von Studios oder Requisiten oder aber auch das zur Verfügung stellen von Personal sein.

Chief Financial Officer Kaufmännischer Geschäftsführer

DCP File Digitale Filmkopie zur Vorführung in Kinos.

Head of Department Abteilungsleiter

Hintersetzer Flächiger Dekorationsteil, der im Hintergrund einer Dekoration verwendet wird, um der Szene Tiefe zu geben oder um sie gegen den Hintergrund abzuschirmen. (vgl. „Das Lexikon der Filmbegriffe"). Besonders oft werden diese Elemente bei Wohnungs-Studiobauten hinter Fenstern positioniert, da dort kein realer Ausblick in die Tiefe zur Verfügung steht

Kreisverwaltungsreferat Städtische oder kommunale Behörde, bei der in der Regel Drehgenehmigungen für den öffentlichen Raum oder Halteverbotszonen für den Fuhrpark, o. ä. auf öffentlichem Grund beantragt, bzw. genehmigt werden.

Letter of Intent Hierbei handelt es sich um eine Absichtserklärung, die in der Regel seitens einer Person/Firma abgegeben wird, bevor ein fester Vertrag abgeschlossen ist, bzw. werden kann. Sie dient meist zur Vorlage bei potentiellen

© Der/die Herausgeber bzw. der/die Autor(en), exklusiv lizenziert an Springer Fachmedien Wiesbaden GmbH, ein Teil von Springer Nature 2022
F. Post, *Film-Herstellungsleitung*,
https://doi.org/10.1007/978-3-658-38375-6

Entscheidungsträgern und kann entweder für wie z. B. Kreditanalysten, Sender-Redakteuren

Motivaufnahmeleitung Motiv-Aufnahmeleiter:innen kümmern sich in erster Linie um das Motiv- Management, also die Logistik der Drehorte von der Vorbereitung bis zur Abwicklung, indem sie beispielsweise Drehgenehmigungen einholen und Absprachen mit den Motivgeber:innen treffen.

Picture Lock Zeitpunkt in der Postproduktion, ab dem keine Änderungen mehr am Schnitt vorgenommen werden. In der Regel gleichzusetzen mit dem Zeitpunkt der Rohschnittabnahme.

Polish Minimale Anpassung an einem Drehbuch oder einer vorgelagerten Werkstufe, die keine grundlegende Änderung an der inhaltlichen Struktur auslösen und sich somit klar von einer (inhaltlichen) Überarbeitung abhebt. Findet beispielsweise sehr häufig bei Dialogen (stilistische Anpassung) Anwendung.

Score Eigens für den Film komponierte Musik

Set-Aufnahmeleitung Während der Dreharbeiten vertritt die Set-Aufnahmeleitung die Erste Aufnahmeleitung und arbeitet eng mit der Regieassistenz zusammen. Dabei leitet sie einen bedarfsgerechten Stab bestehend aus der Set-Aufnahmeleitungsassistenz und sogenannten Set-Runnern. Die Set-Aufnahmeleitung ist vor allem für einen reibungslosen Ablauf der Dreharbeiten vor Ort verantwortlich und ist geprägt durch ein hohes Organisationstalent

Steiger Hierbei handelt es sich um ein technisches Gerät, mit welchem technisches Equipment wie z. B. Licht oder Kamera in einer gewissen Höhe positioniert wird. Außerhalb der Branche auch oft als Areitsbühne bezeichnet. Alternative Begriffe sind Hubsteiger oder Scherenbühne. Sehr häufig angewendet zum Einleuchten von Dreharbeiten in Wohnungen in höher gelegen Stockwerken.

Tagespensum Anzahl der Film-Minuten, die an einem Tag abgedreht werden

Wet down Großflächiges Nässen von Straßen und Flächen bei Außenaufnahmen, bei denen aus inhaltlichen Gründen (z. B. Regen oder Überflutung) ein nasser Untergrund benötigt wird, obwohl Schönwetter herrscht.

The manufacturer's authorised representative in the EU is Springer Nature Customer Service Centre GmbH, Europaplatz 3, 69115 Heidelberg, Germany. If you have any concerns regarding our products, please contact ProductSafety@springernature.com

Printed and bound by CPI Group (UK) Ltd, Croydon, CR0 4YY
25/03/2026
02078232-0002